精准读心的心理秘籍
灵巧处世的办事宝典

交际技巧
必读手册

懂心理
更能
看对人办好事

李平 ◎ 编著

中国纺织出版社

内容提要

看穿人心才能在说话办事中有的放矢,言辞到位才能在人际交往中获得他人的青睐,办事得体才能在社交场上站稳脚跟!读懂他人心理进而掌控人心,这是说对话办好事的前提。

本书层次分明地阐释了读懂人心的心理知识,教会你合理运用各种心理策略,看对人、说对话、做对事,令你左右逢源、受人欢迎,成为自己人生的主宰者,坐拥成功与幸福。

图书在版编目(CIP)数据

懂心理更能看对人办好事/ 李平编著. —北京:中国纺织出版社,2012.4(2024.4重印)
ISBN 978-7-5064-8149-6

Ⅰ.①懂… Ⅱ.①李… Ⅲ.①心理交往—社会心理学—通俗读物 Ⅳ.①C912.1-49

中国版本图书馆 CIP 数据核字(2011)第 259865 号

策划编辑:曲小月 闫 星 责任编辑:于磊岚 责任印制:陈 涛
中国纺织出版社出版发行
地址:北京东直门南大街6号 邮政编码:100027
邮购电话:010—64168110 传真:010—64168231
http://www.c-textilep.com
E-mail:faxing@c-textilep.com
北京兰星球彩色印刷有限公司印刷 各地新华书店经销
2012年4月第1版 2024年4月第2次印刷
开本:710×1000 1/16 印张:17.5
字数:193千字 定价:79.80元

凡购本书,如有缺页、倒页、脱页,由本社图书营销中心调换

前言

何谓心理学？其实，心理学与我们的生活可以说是息息相关；它可以帮我们领悟人生，更好地驾驭人生。在生活中，从某种程度来说，每个人都是一名业余的心理学家。很多时候，我们都在揣摩别人的心思，例如，我们懂得从他人的神情和语气中判断出对方是否在生气。诸如此类的种种行为，都是源于我们对他人的行为以及心理进行观察和揣摩所得出的。

在古镇上有一家小店，门口放着一只大木桶，桶上写着这样四个大字："禁止偷看"。但店里却没有任何禁止偷看的措施，于是，许多人路过此地都会感到十分纳闷："究竟是什么东西放在木桶里呢？"

心里揣着一种好奇，过路的人总是要凑过去瞧一瞧，一瞧才知道原来桶里还写着字："美味啤酒，甘甜爽冽，五元一杯，敬请品尝。"看到这样一行字，路人觉得好笑之余，却都想进去品尝一下令自己好奇的"啤酒"。

这就是心理学在生活中的妙用，其实，在现实生活中，这样的例子、故事可以说是不胜枚举。如果我们自己也能懂得一些心理学，并将它应用到工作中、生活中，那么我们就会发现，不管是摸清一个人的性格，还是对某种事物的认知过程，还包括情绪、语言、人际交往，等等，它们都与心理学有着密不可分的关系。在我们身边，心理学可以说是无处不在，当然，懂得了心理学，我们才能看对人、办好事，也才能游刃有余地生活、工作。

本书是一本关于心理学的书籍，主要是针对如何揣摩人的心理、如何办成事这两个方面所论述的。一个人的眼睛、神态、体态、生活习性、语言都将在某种程度上泄露其内心的秘密，在这里，我们将教你如何揣摩人的心思，识人，辨人。另外，还将针对我们每天所接触最多的人，诸如上司、同事、朋友，通过他们的某些行为来摸清其真实想法。在现实生活中，我们的大部分时间不是正在办事中，就是正在办事的路上，办事几乎成了我们生活的一部分。许多人抱怨"为什么办事总是这么困难"，其根源在于缺乏心理战术，要想办好事，应该熟知一些心理战术，所谓"知己知彼，百战不殆"。换句话说，一旦我们熟悉了这些心理战术，办事将无往不利。在这里，我们将一些常见的心理战术以生动形象的案例，再加以解说，一一展示给大家，希望能对正在为办事苦恼的你有所帮助。

在日常生活中，还存在着许多心理学规律，有时候，我们已经能运用熟练但却没能意识到它们的存在。对此，要想识别他人、办好事，我们应该懂得一些与之密切相关的心理学知识。每天花上一点时间随意读上一小段本书中的内容，在不知不觉间，你就会掌握一些重要的心理学规律，再将其应用到日常生活与工作中，相信，你的人生一定会有所改变，祝你好运！

编著者
2011 年 11 月

目录

第一章 眼为心门，透过眼睛洞察他人心 ……… 1
- 一、眼部小动作出卖人的心 ……… 3
- 二、眼部表情透露人的心情 ……… 5
- 三、留意眼部的细微动态，识别对方的真诚与谎言 ……… 7
- 四、透过视线看懂对方的心思 ……… 9
- 五、透过眼神辨明对方的真实用意 ……… 12

第二章 观察神态，细微表情中把握对方想法 ……… 15
- 一、自然态的表情也透露着几分真性情 ……… 17
- 二、面部表情是其内心世界的真实映照 ……… 19
- 三、探究各种笑容背后的真正心理动机 ……… 22
- 四、别以为鼻子不会出卖你的心理活动 ……… 24
- 五、嘴巴的"小动作"暴露对方真实的态度 ……… 27
- 六、眼角眉梢总传"情"，了解其内心意图 ……… 29
- 七、面部微表情，露出他的本性 ……… 32

第三章 体态表现，一举一动展现个性心理 ……… 35
- 一、对方的某个姿势透露他的潜意识 ……… 37
- 二、看头部的动态来判断对方所想 ……… 39
- 三、小小手势里藏着多少你不知道的秘密 ……… 42

四、由站姿看出对方的性格特点 …………………………… 44
五、坐姿反映出对方的内心状态 …………………………… 47
六、通过走姿透视一个人的心理世界 ……………………… 49
七、睡相体现着最真实的个性特点 ………………………… 51

第四章 生活习性，习惯正暗示着对方的性格 …………… 55
一、着装习惯显示了对方的个性心理 ……………………… 57
二、观察桌面摆设，了解对方的性格特点 ………………… 59
三、食物爱好往往展露对方的性情 ………………………… 62
四、看对方的购物方式，表现其生活态度 ………………… 64
五、开车的方式体现对方的脾气秉性 ……………………… 66
六、签名的方式体现对方的内心素养 ……………………… 68
七、由阅读习惯了解对方的内心 …………………………… 71

第五章 识别语音，倾听对方言语背后的真实心理 ……… 75
一、音色是性格的密码，让你看懂对方 …………………… 77
二、倾听语调了解对方的内心意图 ………………………… 79
三、习惯性的口头禅展露对方的真性情 …………………… 82
四、表面的客套话也能透视对方的真实心理 ……………… 84
五、由语速洞察对方的心理状态 …………………………… 86
六、学会听懂对方的"弦外之音" ………………………… 89
七、注意对方的声调，也许是在给你暗示 ………………… 91

第六章 职场慧眼，方方面面看清同事的本质 …………… 95
一、从打电话方式，了解同事的心理 ……………………… 97
二、电梯口看穿同事的潜在心理 …………………………… 99
三、刁难你的同事究竟是何居心？ ………………………… 101
四、谨防某些同事的"糖衣炮弹" ………………………… 104

五、心明眼亮,识别某些同事的"小人"表情 …………………… 106
六、看同事的小动作,解码他的小心思 …………………………… 109

第七章 用心"攀爬",了解上司方能事业顺心 ……………… 113
一、每个领导都有基本的"上司心理" …………………………… 115
二、如何摸透上司的性格 ………………………………………… 117
三、应对不同上司,需要一定的"心理战术"。 ………………… 120
四、判断上司眼神,轻松理解其心理 ……………………………… 122
五、识别上司的真实意图,拿捏住主动 …………………………… 124
六、把握上司的情绪心理,处处留个"心眼儿"。 ……………… 126

第八章 解析朋友,学会识别友情的真心分量 ………………… 131
一、解析友人的心理,给朋友分分级别 …………………………… 133
二、分辨出你身边的损友和益友 …………………………………… 135
三、当考验降临,看清友情的真心分量 …………………………… 137
四、学会真正理解最亲密朋友的心理 ……………………………… 139
五、慧眼识人,巧妙识别朋友中的小人 …………………………… 142
六、友情诚可贵,几种类型的朋友要诚心理解 …………………… 144

第九章 展现风采,先用自信心理让别人记住你 ……………… 149
一、想办成事,先让别人记住你 …………………………………… 151
二、自信的心理暗示,能够给他人传递力量 ……………………… 153
三、自信使你:想要什么,就能得到什么 ……………………… 155
四、用自信的手势,彰显自我 ……………………………………… 157
五、反冰山理论:尽可能多地展露你的风采 ……………………… 159
六、莱斯托夫效应:突出你的个性 ………………………………… 161
七、首因效应:初次见面,就让对方牢牢记住你 ………………… 163

第十章　做事得力,完美行事风格令你百战不殆 …… 167
一、奥卡姆剃刀定律:简约的行事风格更得力 …… 169
二、反羊群效应:做事不跟风,拥有独到见解 …… 171
三、巴纳姆效应:从客观的视角看问题 …… 174
四、雷鲍夫法则:取得他人对你办事能力的信任 …… 176
五、飞轮效应:点滴积累让你的"大楼"更高、更稳 …… 178
六、半途效应:有过人的意志力方能事半功倍 …… 180

第十一章　交际心理,主动出击方能掌握全局 …… 183
一、懂得巧妙拒绝,才能让交际更顺畅 …… 185
二、近因效应:最后时刻,改变他人对自己的看法 …… 187
三、投射效应:善于挖掘对方的欲望点 …… 189
四、看准对方性格,选择应对策略 …… 192
五、适时暴露缺点,让你受到更多人的亲近 …… 194
六、利用同理心,与对方产生心理共鸣 …… 197
七、妙用最后时限,让对方主动就范 …… 199

第十二章　场面心理,没有"面子"办事难得力 …… 203
一、留面子效应:令对方主动让步,给你留个面子 …… 205
二、得体装束打扮"唬住"他人 …… 206
三、巧说好听话,将对方真诚地"捧一捧" …… 209
四、特里法则:承认错误反而让你保住"面子" …… 211
五、场面真真假假,千万不可透支人情 …… 214
六、让别人赢你,利用"面子"让办事更容易 …… 216

第十三章　职场心理,激励自己不断取得新成就 …… 219
一、权威效应:以崇拜心理,令他人深信不疑 …… 221
二、德西效应:抓住兴趣的关键砝码更有利 …… 223

三、冷热水效应:欲扬先抑,迎合对方心理 …………………… 225
四、敏锐触角,挖掘客户的兴趣点 …………………………… 228
五、不值得定律:不要把时间浪费在"不值得"上 …………… 230
六、异性效应:婉求异性,办事更容易 ………………………… 232

第十四章　沟通有"心计",说话就是要打动人心 …………… 235
一、威尔德定理:倾听永远凌驾于"说"之上 ………………… 237
二、白德巴定理:话不在多,精练才行 ………………………… 239
三、杰亨利法则:真诚的沟通永远最受用 ……………………… 242
四、位差效应:双方平等的基础上沟通更自然 ………………… 244
五、登门槛效应:说话有层次感才易被接受 …………………… 246
六、用你的神态语言抓住对方的心 …………………………… 249

第十五章　谈判有道,字字珠玑方能稳得头筹 ……………… 253
一、先让对方开口,你才能句句对准其心理 …………………… 255
二、"僵局"出现,灵巧缓和场面 ………………………………… 257
三、木桶定律:勿让对方攻击你的短处 ………………………… 260
四、墨菲定律:把话说得滴水不漏,才能稳赢不败 …………… 262
五、巧装糊涂,让对方主动不想与你"纠缠" ………………… 264

参考文献 …………………………………………………………… 267

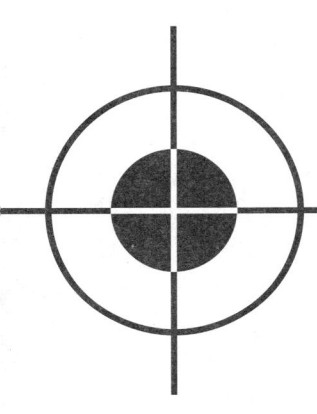

第一章
眼为心门,透过眼睛洞察他人心

人们都说"眼睛是心灵的窗户",可见人心是能够通过眼睛探究出来的。孩子的眼睛是最清澈的,因为孩子的心灵最简单、最纯洁,而随着阅历的增多,我们眼神中所包含的内容也会随之增多,很多时候,一个眼神就能够透露出一个人诸多复杂的情绪,所以说仔细观察他人的眼神,一些细节能够让你掌握对方的内心。

一、眼部小动做出卖人的心

科学家的一项研究表明：人眼部的一些"小动作"可以泄露其内心的一些小秘密，比如人眼的眨动就是一个人头脑正在想别的事情的一种迹象。研究人员认为，眨眼睛可以切断大脑对外界的信息输入，而一个人的内心在想些什么，是否全神贯注，也可能通过一些眼部下意识的小动作表现出来。眼皮的张合、眼球的转动、眼睛与五官的配合都传递着一些信息，传递着一个人内心的秘密。

心理学家为此做了一个实验，他们要求15名志愿者从电脑屏幕上阅读一些内容，同时利用一个传感器实时跟踪他们眼睛的一举一动，记录任何包括眨眼在内的行为。实验结果证明志愿者在不太关注阅读内容的时候眼睛发生了更多的眨动。心理学家斯密莱克说："我们认为当人开始分心的时候，会通过眨眼等方式使较少的信息进入到大脑。"

除此之外，过于频繁的眨眼动作还意味着一个人可能过于紧张。心理学认为人的眨眼频率与内心的紧张程度是成正比的。心理学教授约瑟夫曾做过这样一项研究：他在1996年的总统大选中统计备选人的眨眼次数，发现克林顿平均每分钟眨眼48次，而他的对手戈尔，平均每分钟105次。克林顿看起来轻松自如，给人以自信的印象，而戈尔似乎过于紧张、局促不安，结果自然落选。从这次拓展开，他还研究了1960年、1980年、1984年、1988年和1992年总统辩论的候选人眨眼睛的次数，发现每分钟眨眼次数最多的候选人在大选中总是失利。

一个人在正常情况下，每分钟的眨眼次数为30~50次，当心里感到有压力、紧张，内心难以承受时，眨眼的次数就会增多。因此谈判或者洽谈中不妨观察一下对方是否频频眨眼，就可以弄清对方的情绪起伏了。

任何眼部的小动作都足以出卖一个人的内心，比如一个人说话时，或者说话前后用手触摸眼角、眼皮或下眼睑，往往表示那个人刚刚说的话或正在说的话是违心的，这是捂嘴不想说的延伸；另外，用手触摸眼睛或者将眼镜取下再戴上也有违心的意思；尤其男人说谎时，常常会用力揉眼睛；同时说出违心之论，人们还会下意识地把视线转往别处，避开人们的视线。当一个人嘴里说着同意某个观点，却下意识地用手指抚一下下眼睑，或者刮一下眉梢，说不定他的内心正反对这种意见，或者还在思考当中。

另外，瞳孔的扩大和收缩，也往往反映着复杂的心理活动，当你从一个人的脸上看不出他对你提出的条件是否满意时，不妨观察一下对方的瞳孔，因为瞳孔的变化是不受控制的。当一个人感到愉悦、喜爱、兴奋时，他的瞳孔就会扩大；当一个人感到生气、讨厌、疲倦时，瞳孔就会缩小；而如果对方对你的提议无动于衷、漠不关心时，瞳孔则不会起变化。

眼球的转动也可能意味着一个人不同的心里活动，眼球快速地左右运动时，往往意味着对方正在忙碌地思考，一个人紧张、不安，或怀有警戒心时，同样会左右运动眼球。眼珠滴溜溜地转动，则表示对方一有机会就会见异思迁，接受你的条件或建议只是暂时的。

眼睛眯起，配合其他部位的不同动作，表示情绪的愉悦、伤心、厌恶、轻蔑、威慑，等等；眼睛瞪大表示兴奋、愤怒、恐惧、惊讶，等等。比如在鸿门宴中有这样一段描述"哙遂入，披帷西向立，瞋目视项王，头发上指，目眦尽裂。"樊哙听到刘邦赴宴情况危急时，强闯宴会，瞪着项王，头发竖直，眼角裂开，充分表示了他的愤怒情绪。

当然无论是眼部怎样的小动作，都要配合五官、语言、表情去仔细观察，体会别人心中的情绪，才能准确揣摩对方的心理。如果单独就眼睛的动作而妄自揣测，就难免失之偏颇。如果想要显示自己的庄重，就不要轻易挤眉弄眼；如果想要显示自己的高深莫测，就要有意识地避开对方对你的观察,可以将眼睛尽量眯起,将情绪波动藏起,才会产生更大的威慑力。

二、眼部表情透露人的心情

一个人的心情怎样,往往能够透过眼角眉梢的表情看出来,春风得意时,一个人往往满面含春,眼角眉梢处处都隐含着笑意。听到令人振奋的消息,或者令人兴奋的事,一个人的眼睛往往会刷地一下闪亮,满面都会放光。一个喜怒形于色的人,他的心情好坏往往能够通过一个眼神就表现出来,而对于高深莫测的人,就要仔细观察才能体会到对方的情绪。

对于每个人来说,只有善于察言观色、体察别人的心情,然后做出适当的反应,才更容易达成自己的目的。在不恰当的时间,表达出不恰当的情绪,是一种很失礼的行为,甚至可能使自己正在做的事,正在进行的谈话因此遭到严重阻碍。《史记》中有这样一段:西汉窦皇后的弟弟窦广国与家人失散,后来终于与成为皇后的姐姐相见,"窦后持之而泣,泣涕交横下。""侍御左右皆伏地泣,助皇后悲哀。"如果在此时,有人表现出其他情绪,那么肯定会被皇后记恨。察言观色,然后决定自己的反应,是一个人自我保护与成功的基础,在现代社会中,免不了求人,在他人心情愉快的时候做出请求,被拒绝的概率就会降低,相反,如果不管别人的情绪,不但容易被拒绝,而且会失去再次提出请求的机会。

体察别人的情绪如此重要,怎样才能做到察颜观色呢?主要通过一个人脸上的表情来判断其情绪,人类的情绪分为喜、怒、哀、厌、惊、恐、忧七种,与之基本对应的面部表现分别为如下所述。

心情愉悦时,眼神平静明亮、注意力集中;高兴时,一个人的眼睑会收缩,眼睛尾部会形成鱼尾纹,兴奋时,眼睛的瞳孔还会突然放大,眼睛会突然发亮。如果配合嘴角翘起的表情,就表明一个人真的精神愉悦。但在微笑时,表情不超过三秒钟的往往为假笑。

愤怒时,眉毛会下垂、眼睑上扬,嘴唇以及眼睛周围的肌肉会紧张,眼神发出怒火,同时眼睛会变得明亮;下巴会下意识地上扬、嘴唇紧抿、也有人会瞪大眼睛表达自己的愤怒,这种人性子比较直率、鲁莽。当然真正的愤怒会慢慢形成,绝不会突然形成和爆发,突然爆发的愤怒多数是假装的。因愤怒而进行有计划的攻击前,眉毛会紧皱,眼睑会扬起,眼袋紧绷,然后可能进行一连串的攻击。

伤心时,眼睛会眯起,眼神黯然、眉毛收紧、嘴角下拉、下巴收紧。

厌恶某个人或某件事时,眉毛会下垂,眼睛眯起,嗤之以鼻;如果对眼前的谈话厌恶或疲倦而又不得不继续下去时,则会注意力不集中,心不在焉,眼神游移不定,视线向着地面,或者做若有所思状,有更频繁的眨眼动作。当因为厌恶而出现轻蔑情绪时,嘴角一侧会抬起,呈讥笑状,而眼睛会不自觉地斜瞟一下,或者瞥视一眼,尤其当令人轻蔑的对象就在眼前时。

惊讶时,眼睛会突然瞪大,眼睑和眉毛都会微微抬起,与此同时,下颚会下垂,嘴唇和嘴巴都会微微放松。错愕时,嘴会微张,眼会瞪大。

恐惧害怕时,眉毛上扬,挤在一起,眼睛会张开,嘴巴和鼻孔也会略微张大。另外,出现极度恐惧时,瞳孔会瞬间缩小,因为视觉需要对恐惧事物进行确认,缩小瞳孔可以以更好的视角来观察和确认对象,这种变化不受意志控制,是最精准判断一个人真正恐惧的方法之一。

思考或思念时,眼睛会眯起或闭上,眨眼次数会明显增多。心中有某些忧愁而思虑时,眉毛会挂下来,目光黯然;思念远方的亲人时,眼神会下意识地看向远方。眼球的转动也可以显示其正在进行的思维活动。如果两人交谈时眼球比较稳定、很少转动,说明他态度诚恳;如果目光游移闪烁,往往说明他暗藏打算。

当一个人感到愧疚或羞愧时,目光通常会转向地板或看向旁边;感到迟疑时,头部会略微抬高,眼睛会向上看;沮丧懊恼时,会耷拉下眼皮,做事或说话都会有气无力。

当然这些都是真正的情绪表露时人们的表现,有些人还会假装透露出某种情绪,从而左右其他人的判断,使人们做出错误的判断和决定,怎样识别这些表情陷阱呢？如果一个人语言、表情和肢体语言三者之间有时间差,那么对方的情绪往往就是假装的;另外,当表达某种情绪时,脸部表情左右不对称,也可以视为情绪是假装出来的;眼神游移、左顾右盼而不敢直视说话人的时候,他表现出的情绪通常也是假装的。

识别出一个人情绪的真假,正确体察一个人的心情,说话、做事才能有的放矢,做事情才会更顺利,因此学会透过眼神识别对方的心情是很重要的。

三、留意眼部的细微动态,识别对方的真诚与谎言

美国心理学家经过长时间观察与研究指出,人是爱说谎的动物,每天平均最少说谎25次,比自己所意识到的说谎更多。无论是否基于自我保护心理,谎言都会时时出现在我们每个人日常生活中,对于这一现象,麻省理工大学社会心理学家费尔德曼的解释是"懂得在适当的时候撒谎或扭曲事实,是待人接物的技巧。"当然,说谎并不一定让你更愉悦,揭穿别人的谎言也不一定会让你更快乐,更有成就感。但是,如果在某些场合,能够觉察到别人的谎言,透视某种"假象",有利于自己正确地应对。

一个人撒谎时,通常有哪些典型反应呢？根据对方的话和对方的反应,也许能够推断出对方的真实态度,并做出更正确的反应,也许可以避免某些语言的陷阱和他人的谎言可能给自己带来的麻烦、不利。

一般来说,说谎的人首先会尽量避免和别人的眼神、视线接触,所以说谎的人大多数会表现得比较慌乱,眼神闪烁游移不定、目光散乱不集中、表情僵硬,低着头或者看向其他方向。同时还可能伴随着一些其他的肢体动作,比如双手对称下压,表示正在掩饰些什么。摩擦鼻子或者颈部,因为说谎会刺激鼻子或者颈部的神经末梢,引起发痒,人们就会下意识地在鼻子下方或者颈侧摩擦几下。

美国神经学者深入研究了克林顿在莱温斯基事件中的表现,他们发现,他在向陪审团陈述证词时,只要一涉及谎言,他的眉毛就会下意识地微微一皱,然后摩擦一下鼻翼部位,在整个陈述证词期间,他触摸鼻子达到了 26 次之多。

其次,说谎的人可能会发生摩擦眼睛的状况,明显的视线躲避会很容易使人感觉到对方在说谎,因此大部分人反而可能会尽量用眼睛看向对方,但可能眯起眼睛或者用手轻轻在眼睑上摩擦几下。这种动作可能基于以下心理:当一个孩子不想看见某样东西时,就会用手遮住自己的眼睛,成人以后,大脑也会通过摩擦眼睛的手势企图阻止眼睛目睹欺骗、怀疑和令人不愉快的事情,或是避免面对那个正在遭受欺骗的人。不擅长欺骗的人可能会揉擦眼睛,而比较擅长的人自会不自觉地用手指触碰一下下眼睑。另外,他们的视线很可能是向下的,以避免对方的盯视。

当然也可能相反:对方可能会加倍专注盯着你的眼睛,而没有其他多余的肢体动作。因为大多数人都知道"说谎者从不看你的眼睛",所以高明的说谎者反而会反其道而行之——加倍注视你的眼睛,使得瞳孔膨胀。实际上,这类说谎者在眼神上也有致命漏洞——因为欺骗者看你的时候,注意力太集中,他们的眼球开始干燥,这让他们更多地眨眼,这是个致命的信息泄露。

从眼球的转动情况也可以看出一个人是否说谎,直接盯着某人眼睛的转动状况,如果对方的眼球向右上方转动的话,说明他的大脑正在"构建"一个新信息,就说明这个人正在说谎。而如果对方试图回忆的话,眼球往往会向左上方运动。尤其当某个问题是必须通过回忆或者思虑才能够回答出来的时候,如果对方不经思考就看着你的眼睛马上回答,说明他在讲述一个已经编好的谎言;如果对方的眼球先向上、后向右转动,则说明他正在编织一个谎言。这种"眼动"是一种反射动作,除非受过严格训练,否则是假装不来的。

另外,说谎时,眼部周围的肌肉可能出现微微跳动或者痉挛状况,即使盯着对方,这种盯视也可能极为不舒服,不是时间过短就匆忙移开视线,显得心虚;就是盯视时间过长,目光过于僵硬,让你感到威胁。尤其是女人,当她们注视你过久的时候,不妨认为她可能心中隐藏着什么,要注意她言不由衷的真相。

当你需要掌握对方非常真实的意图的时候,不妨仔细观察对方眼部的细微动态和变化,眼神的闪烁、视线的回避、眼睛的眨动、眼球的转动甚至眉毛和眼部肌肉的细微活动,都可能"折射"出对方的谎言和言不由衷。根据谈话的重要性可以适当要求对方提出意见或者重复自己的谈话,引起对方的重视,改变对方的态度。

四、透过视线看懂对方的心思

视线的交流是沟通的前提,如果两个人之间的视线是没有交叉的,可以视为两个人都在言不由衷地说话或者在自说自话,根本没有实现沟通。比如,不认识的人,如果偶尔视线相交叉的话,也会立刻移开,以保护自己和他人的隐私,如果陌生人想要顺利交谈,第一步肯定是长时间的视线交叉,或者某人的单方面"凝视"。

怎样透过一个人的视线看懂对方的心思呢?主要从以下几个方面观察

起：对方的视线是否在看自己；与对方的目光交流时间长短、视线的方向如何，比如是斜视还是正视，是俯视还是仰视；视线的集中程度如何，是在专心地看，还是视线游移缥缈，心思不知所终；视线集中的区域在哪里，是在自己脸部的上半部分还是在下半部分，对方关注的重点在脸上还是在肢体动作上？每一个小小的举动都会说明一个问题，而透过综合分析对方的视线，往往能够看懂一个人的心思和需求。

一个人的视线是否在看自己是研究视线的关键，一个人的视线触点表明他的兴趣点。如果对方和你有视线接触，说明对方对你有好感和好奇；相反，如果对方一直不看自己则说明对你毫无兴趣，没有亲近的意图。如果陌生人和你有目光接触，甚至一直对你打量不休，则说明他有结识你或者其他意图，这种"盯视"往往会让人感到不安。如果想要结识一个陌生人，不要只顾打量对方，一定要开口打招呼，否则极容易引起别人的反感。

对方与你目光交流的时间长短则说明对方对你的兴趣有多高，如果视线一接触即离开，则说明对方的兴趣不高，或者不喜欢被你看穿他的内心，怕你侵犯他的隐私。而长时间的凝视则表明对方的专注、兴趣和诚意，比如我们对于自己非常喜欢的古董或工艺品，我们的目光往往会在它们身上流连忘返。对于恋人也是一样，长时间的深情凝视可以传达自己的爱意。而且人们往往认为，目不转睛地注视对方谈话的人较为诚实。但也有例外，心理学家艾克斯莱恩认为，当女人不愿意把自己的内心体验传递给对方时，多半会产生凝视对方的行为。因此来自女人的超长时间的注视，往往意味着"谎言"，尤其是一个不太熟悉的女人。

面对异性时，态度则可能相反，如果面对异性，只望上一眼，便故意移开视线，大都表明他对对方有着强烈的兴趣。如果移开视线以后，又发生斜视或者偷窥，则更能肯定这一点，这是因为想要看清楚对方，但又不想让对方知道自己的心思。相反，喜欢"看美人"的男人反而没那么复杂。另外，在交往中，对异性看一眼后，不是移开视线，而是直接闭上眼睛，再翻眼望一下的反复动作,则表示对对方的尊重和信赖。

视线的方向则表明一个人的态度或者性格,一个习惯于以斜视或者偷偷窥视的目光来看别人的人,性格往往内向而阴暗,而总是以正视的目光来观察别人的人,往往为人正派,态度积极。一个人如果习惯于俯视别人,往往位高权重,或者刚愎自用。习惯于仰视别人的人,往往是年轻人、下属,如果视线中带着刻意的讨好或奉承,性格则偏向于轻浮。另外,斜视或者俯视,往往带着不屑一顾的轻蔑态度,正视则表明非常重视,仰视的对象往往是权威,或倚重的对象。

视线的集中程度,则表明一个人对你的态度,专心致志地观察,往往表明对方对你的重视,漫不经心地扫一眼,表明对你的轻忽;在言谈中注视对方表示让对方注意自己所谈的内容,在交谈中扫视倾听的人群,并重点观察某个人的反应,说明这个人的意见占的分量很大;被对方注视而立刻移开视线者,表明其自卑心理。

视线集中的区域,常常代表着一个人的地位,比如习惯于把视线集中在别人额头到双眼组成的三角形区域内的人,往往是占据优势或者主人地位的人,或者在向对方显示自己的威严,在严肃的会谈或者谈判中,常常要采取这种视线。而视线的集中位置如果在一个人的双眼以下,唇部以上,则表明两个人的地位平等,且交谈气氛良好,适合友好、浪漫或者亲切的宴会场合。如果一个人的视线,多数集中在对方的嘴唇以下,集中在下巴以上,那么这个人不是自卑,就是对方是他威严的上级。如果一个人更多地关注对方的肢体动作、小动作,则说明这个人思虑周密,善于从细节发现他人的隐私,不可小觑。

总之,视线中蕴涵着丰富的信息,只要仔细观察,就能够得到语言交流以外的精确信息,了解到对方的真实态度,更有利于为人处世。

五、透过眼神辨明对方的真实用意

眼神即眼睛的神采和表情,透过一个人的眼神,往往可以看透一个人的性格和善恶,明辨一个人的真实性情。对于这一点,孟子曾做过精辟的阐述,"存乎人者,莫良于眸子。眸子不能掩其恶。胸中正,则眸子了焉;胸中不正,则眸子眊焉,听其言也观其眸子,人焉庾哉。"

在三国中有这样一个故事:曹操派了一个刺客去刺杀刘备,于是刺客求见,但并没有立刻行刺,而是假说自己是想要投靠刘备的人,讨论削弱魏国的策略,深得刘备欢心。不久,诸葛亮走了进来看投靠的是什么人,刺客见行刺的最好时机错过了,连忙借故退出。刘备对诸葛亮感叹道"刚刚那位奇士见解不凡,可以帮我们攻打曹魏。"诸葛亮却说"此人一见我,神色慌张、畏首畏尾,视线低而流露出忤逆之意,奸邪的形态完全暴露出来了,他必定是个刺客。"刘备赶忙派人追出去,但对方已经逃跑了,才知那人果然是刺客。

一个人的眼神往往能够泄露内心深处的秘密,无论是深邃凝视的目光还是漫不经心的一瞥,每个看似不经意的眼神都在传递着一些信息。你是稳重的人还是轻浮的人,是邪恶的还是正直的,是惯于发号施令者还是微不足道的小人物,往往都能够从眼神中看出来。那么,眼神究竟是什么呢?怎样的眼神预示着怎样的情感和态度,会暴露你内心的哪些秘密呢?

所谓"眼神",可以理解为"眼睛的神采""眼睛的神态",它往往传递着内心世界的本质,眼神从不同的侧面反映着一个人的真实意图和性格、情绪等。

观察一个人的眼神,首先要观察其清浊,一个人的眼睛清澈如水,目光闪动处宛如有水光流动,自然有"美目盼兮"的效果,这种人往往心思明澈、单纯、善良;一个人的眼睛浑浊昏聩,自然让人感觉邪恶而愚笨;如果眼睛不浑浊,但也并不明澈,眼神深邃,显得高深莫测,这样的人往往心机颇重;经常表现为睡眼惺忪的人,往往愚笨、呆傻,但如果一个人,常常眯着眼或者闭目养神,尤其这个人是个上位者的时候,则是有心计的一种表现。一个人的眼神如果雪亮,目光炯炯有神采,则说明这个人精神很好,而且明察秋毫,不可欺瞒。

其次要观察其善恶,眼睛常常遮遮掩掩,耷拉着眼皮的人则可能有事隐瞒,而且这种人心机非常重,高深莫测。另外,眼神躲躲闪闪,神色慌慌张张的人,必有不可告人的事发生。如果一个人的视线低,眼神透露出凶狠之意,则表明此人的狠毒。若一个人的眼睛常常正视对方,则说明该人胸中正直,非常自信。善意的眼神往往是清澈、洁净、透明的,流露出公正平和的态度,还会流露出一种鼓励和肯定,赞赏和诚恳。而邪恶的眼神,则让人一看心惊。更多贬义,然而并非邪恶的眼神,往往以不屑的瞥视、警告的斜视等表现出来。

最后要观察眼神的动态,眼神既有静态,又有动态,不同的动态表明不同的思想意识,眼神的动态往往是由眼球的转动表现出来的。眼球习惯于在右上方运动,这种人喜欢幻想、视觉想象,但也最容易撒谎;眼球习惯向右下方转动,则表明这个人感情强烈、敏感,心思细腻,疑心重。眼睛关于向左下方转,是一个比较自我的人,往往喜欢自言自语,或者出神;眼睛向左上方转,则是一个喜欢回忆细节的人,这种人非常注意细节和完美,喜欢思考。眼球迅速地左右移动,则表示他正在绞尽脑汁,快速思考,这时候如果你打断他的思路,往往会使他非常不愉快。

扫眼,即那种用眼睛的余光扫一下,立刻将眼光离开的眼神,这种眼神往往意味着轻视、不屑、不赞同,往往用"斜下视"表达自己的轻蔑。如果刚刚进入某个环境,眼睑抬起,由左向右,做放射状缓缓横扫,则说明此人谨慎、稳重,总是尽量将所有东西一次全部看清,这种扫眼,往往采取的是"平视",没有任何轻视的情绪。

眼睛眨动的快慢也代表不同的眼神。眼睛眨动快,往往意味着"不解、调皮、幼稚、活力、新奇"等,眼睛眨动漫则代表"深沉、老练、稳当、可信、厌倦"等等。

总之面对一双"会说话"的眼睛,一定要细细观察其神情动态,才能体会到对方的情绪和情感,看清对方的真实用意,领悟对方的意思。

第二章
观察神态,细微更可怕把握对方想法

　　一个人的喜、怒、哀、乐即使掩藏得再深,也会通过神态表情泄露出来。一个眼神、一个皱眉、一个撇嘴都包含了丰富的信息,向我们清晰地展露一个人的内心世界。对此,我们需要观察一个人的神态,从细微表情中把握对方的真实想法。

一、自然态的表情也透露着几分真性情

法国生理学家科瑞尔曾说:"我们会见到许多陌生的面孔,这些面孔反映出了人们的心理状态,而且随着年龄的增长,将反映得越来越清楚,脸就像一台展示我们人的感情、欲望、希冀等一切内心活动的显示器。"每个人都有自己独一无二的一张脸,在这张脸中隐藏着各种各样的表情,即使对方所表现的是最自然的神态,也可以窥探出其内心的几分真性情。细微表情是情绪的外部表现,这是由躯体神经系统支配的骨骼肌运动,是感情活动的外显行为,它所反映的是一个人的心理。我们可以说,表情是无声的语言,人们在与人相处的时候,即使他想掩饰自己内心的想法,但还是会下意识地从细微表情中表达出自己的情绪。对此,在与人接触的时候,我们需要仔细观察对方的神态,从细微表情中把握对方真正的想法。

在所有的生物中,人的表情算是最丰富、也是最复杂的。据统计,人们的脸部能做出的表情多达25万种之多,恰恰是如此丰富的表情使得人们之间的交往变得复杂而细腻。在生活中,我们常常发现人们脸上的表情与其内心的情绪恰好相反,这是为什么呢?其实,这是人们在潜意识里不愿意让对方看出自己心理的变化,他们会用看上去比较自然的表情来阻止自己内心情绪的外泄,以此来隐瞒自己的真性情。那么,我们是不是就不能窥破对方的真实心理呢?当然不是,狄德罗在《绘画论》中说道:"一个人,他心灵的每一个活动都表现在他的脸上,刻画得很清晰、很明显。"

梁惠王雄心勃勃,广纳天下贤才。有大臣多次向他推荐了淳于髡,因此,梁惠王频频召见了那位颇具才干的淳于髡,而且,每一次都屏退左右与他倾心交谈。但召见了两次,淳于髡都沉默不语,弄得梁惠王很尴尬。

事后,梁惠王责问大臣:"你说淳于髡有管仲、晏婴的才能,我怎么没看出来,他只是沉默不语,我看你是言过其实。"大臣以此话问淳于髡,淳于髡只是笑了笑,回答说:"确实如此,前两次我都沉默不语,但我不是故意的,而是另有原因。我也很想和梁惠王倾心交谈,但第一次,梁惠王脸上有驱驰之色,想着驱驰奔跑一类的娱乐之事,所以我就没说话;第二次,我见他脸上有享乐之色,是想着声色一类的娱乐之事,所以我也就没有说话。"

大臣将将此话告诉了梁惠王,梁惠王回忆了当时的情景,果然不出淳于髡所言。这时,梁惠王不禁佩服淳于髡的识人之能,也终于相信了大臣所言,开始重用淳于髡。

在这个典故中,淳于髡正是利用了梁惠王流露出来的细微表情,洞悉了其心理的真实想法,也是因为如此而赢得了梁惠王的尊重和信赖。由此可见,观其脸必先观其表情矣,在与人交往的过程中,不要错过对方脸上闪烁的细微表情,抓住它,你才有可能看清其真实性情。

一个人神态的外显通常被认为是"自然流露",意思是指有所见或有所感而发,出自内心的自然本真,显示出的神态举止自然而然,但其中也隐藏了不少真性情,你若仔细观察,必会窥探出不少秘密。比如,项羽和项籍看见秦始皇游览会稽郡渡浙江的时候,项羽脱口而出:"彼可取而代也。"吓得叔叔项梁急忙捂住他的嘴,这表明项羽心直口快。而汉高祖刘邦在见到秦始皇的时候,则说的是"大丈夫当如是也",两人截然不同的神态,表明了两人不同的心性。

那么,如何从那些看起来很自然的表情中捕捉他人心中的真实想法呢?

1. 面无表情者

有的人自作聪明地认为"面无表情"就是最自然的神态,其实不然。在日常交际中,许多人会"面无表情"地谈话、交流,轻易不肯说出自己的想法。其实,他们真实的内心不外乎这三种想法:一是敢怒不敢言;二是漠不关心;三是根本没有放在心里。当然,也有可能结果恰好相反,只是对方不愿意让你看出来而已。

2. 皮笑肉不笑

在生活中,有许多人经常会以虚假的笑容来迷惑他人,尤其是那些奸诈的小人,他们不愿意表露自己真实的想法,常常以皮笑肉不笑的笑容示人。其实,这时他们内心的想法恰恰是与脸部表情相反的,可能是很愤怒,可能只是想敷衍你,可能只是想亲近你,但其内心一点想亲近你的意思都没有。

3. 洞悉对手急躁、不耐烦的表情

人们在生活中学会了许多方法来掩饰自己的内心,当然,他们也知道在什么样的情况来该掩饰什么样的表情。比如,在商业会谈的时候,有的人总是显得急躁、不耐烦,眉毛时常跳动,这时,他们有可能没有诚心跟你合作,只是想趁早了事,还有一种可能就是他们只是想早点结束生意而去参加公司的晚会。

二、面部表情是其内心世界的真实映照

早在古代,就有占卜看相的说法,大致的方法是凭着一个人的面部特征、相貌来预测其命运的看相术,或者只凭一个人的眉毛形状来下定论。其实,从科技日新月异的今天看来,这样所谓的相学都是不科学的,毕竟,只凭着一个人的眼、眉、耳、鼻的形状以及位置等脸部特征,是很难判断出一个人的心理的。若是运用现代心理学,通过一个人的面部表情来判断对方的心理,如此识人心术才能准确地读出他人内心的悸动。一个人心里在想什么,会相应地反映在其脸上,这时,他的面部表情就会泄露一些秘密,如果我们能恰当地识破这些秘密,那么,我们就能知道对方的真实想法了。

有人说:"人的面部表情是人的内心世界的显示器。"一般而言,人在心里的喜怒哀乐往往都会表现在脸上,一个人高不高兴看他表情就知道了。但是,并不是每一个人的真实内心都反映在面部表情上的,有时候,他们为

了寻求自我保护,会下意识地隐藏自己的一些真实情绪。不过,只要我们仔细观察,透过细微的表情,一样能捕捉到其中的秘密。在生活中,一个人面部所表现出来的各种各样的情感,主要是通过面部表情报来实现的。或许,在对方未开口之前,你就能从其面部表情中获得一些信息,了解到对方的情绪、气质、性格、态度,等等。俗话说:"看人先看脸。"脸是一个人内心世界的外观,当然,所谓的脸并不是指人的长相,而主要指的是面部表情。

这天,张明接到了通知,下午将要与一个大公司的客户进行商业谈判。当然,张明并不是谈判代表,而仅仅是陪同而已,真正的谈判代表是公司总经理李兵。

下午,张明忐忑不安地跟着李总走进了会客室,客户已经到了。彼此寒暄了几句,就进入了正题。张明忍不住看了对方一眼,发现他脸上面无表情,冷冰冰的,似乎不带一丝情绪。他心里一紧,好像真的碰到对手了,可怎么办呢?他抬头看了看坐在身边的李总,发现一向笑脸的李总居然也板着一张脸,张明可纳闷了:"这是怎么了?两个人是仇人吗?"随着谈判的进行,两人都面无表情,公事化地谈论着一些合作细节,不到一个小时,两人签了合同。

客户走了之后,李总呼出一口气,整个人显得格外轻松,脸上也露出了笑容。张明不解地问:"李总,刚才,你们干吗都板着脸?这样的谈判怪吓人的。"李总笑着解释道:"这位客户面无表情,想必是一个缺乏人情味的人,跟这样的客户交谈,我笑得再多也没用,还不如跟他一样,面无表情,这样一来,他会觉得跟我是同类,自然就没有了招架之力了。"

李总通过客户的面部表情判断对方是一个缺乏人情味的人,洞悉了对方真实的想法,李总保持同样的表情,以此达到了自己的目的。有人说:"表情比嘴巴更会说话。"有时候,我们仅凭着一个表情的动态就能揣测出对方的心理。从心理学上看,表情是动情的一种反映,而动情则是一个人感情、意志等内部的心理活动。因此,只要我们仔细观察对方的面部表情,就可以读懂对方的心,再由此"对症下药",便可以达到自己交际的最终目的。

我们可以这样说,面部表情是一个人内心世界的真实映照。比如,一个人脸上泛红晕,一般是羞涩或激动的表示,男女在相恋的时候,也时常会脸红;脸色发青、发白则是生气、愤怒或受了惊吓的紧张情绪的表示。眉毛、眼睛、鼻子和嘴巴则表现了丰富而微妙多变的情绪,比如,皱眉表示不同意、烦恼;扬眉表示兴奋;眉毛闪动表示加强语气;眉毛扬起而又短暂停下,这表示惊讶或悲伤。

下面,我们就简单地列举两种常见的面部表情,为你一一揭开他们真实的内心世界。

1. 表情善变者

有的人会随着感情的变化而表情多变,时而喜悦、时而遗憾、时而气愤,其内心的感情变化,毫无保留地表现出来,这就是表情善变者。一般而言,表情丰富算是比较积极的心理,但是,对于表情善变着来说,却不是这样。

因为,大多数人都会习惯性地隐藏自己的某些情绪,像这样毫无顾忌地表现出来,却是另一种心理状态。这样的人大多自私自利,唯我独尊,只要一点点不符合自己的意愿,他们的表情就会大变。面对这样的人,如果他的表情开始变化,那么,你不妨先认同其想法,适当附和,等其情绪稳定下来之后再慢慢与他交流意见。

2. 表情丰富且喜欢笑的人

有的人表情丰富,而且经常会露出笑容。这样的人有着良好的人际关系,善于处理人与人之间的关系。而其善意的笑容时常给人以亲近的感觉,他们属于容易亲近的类型,性格大多外向,比较容易沟通。即使在碰到不合的想法,他们也会详加考虑,喜欢为他人着想,与这样的人谈判,不得不说是一次愉快的沟通。

三、探究各种笑容背后的真正心理动机

在人的所有表情中,最常见的一种表情应该是"笑容"。在人际交往中,人们对于微笑是最没有抵抗力的。但是,谁能知晓,在笑容的背后或许是另外一张脸呢?笑容也分为很多种,通过仔细观察,就会发现人们的笑容不外乎这几种常见的笑容。如微笑、轻笑、大笑、羞涩的笑,等等。微笑是指不露出牙齿的笑容,这是一种会心的笑法,有默契的暗示或者表示出事不关己的态度。通常情况下,微笑都是一个比较善意的表情;轻笑的时候露出了上牙,嘴唇稍微裂开,这样的笑容一般出现在招呼新朋友的时候,作为打招呼的一种;大笑通常是人们非常开心的时候所展示的,上、下牙全都会露出一部分,并且发出爽朗的笑声;人们在显得不好意思的时候,就会轻抵小嘴,露出一个羞涩的笑容。当然,这些微笑都是不具备"杀伤力"的,在这里,我们所需要讨论的是另外一些隐藏着秘密的笑容。

不知道你听说过没有,笑容也分真假。笑容所反映的是一种真实的情绪,产生于可以拉动嘴角向上的面颊肌肉。笑容出现的时候,面颊会朝上扬,眼睛下皮肤会垂下,眼角会出现鱼尾纹,眉毛会下降。而且,真笑所持续的时间只能是 2/3～4 秒之间。而假笑保持的时间特别长,因为假笑没有内在的真实感情的激励,不知道该在什么时候结束。那些虚假的笑容,或者不是发自内心的微笑,在它们的背后都隐藏着不可告人的秘密。有的人是笑里藏刀,有的人是在撒谎,有的人是企图以虚假的笑容掩盖真实的内心。

毕加索和勃拉克都是伟大的艺术家,也是形影不离的好朋友。有一天,勃拉克很沮丧,他的一幅画因为颜色问题画坏了,他害怕人们会对他的这幅画给予不好评价,就一个人自言自语道:"真想把这幅画毁掉。""别,别毁了它。"毕加索眯着眼睛,在那幅画前走来走去,脸上带着笑容,嘴里还不停地

赞美:"这幅画真是太棒了!"勃拉克开始有点半信半疑:"真的吗?"因为毕加索是自己最好的朋友,又是艺术界里的行家,毕加索的话让勃拉克相信了。"当然,你把它送给我,我拿我的另外一幅画与你交换,怎么样?"毕加索笑容更灿烂了,他很肯定地说。最后,毕加索与勃拉克交换了画。

几天后,一些朋友去勃拉克的画室,他们看到了毕加索的那幅画挂在一个比较显眼的位置。勃拉克非常激动地说:"这是毕加索的作品。他送我的,真是美极了!"这些朋友同时也去了毕加索的画室,他们惊奇地发现勃拉克的那幅画,而毕加索脸带讥笑、语带不屑地介绍:"你们看看,这就是勃拉克画的东西。"

毕加索出现了两次笑容:一是对朋友勃拉克的笑容,二是在介绍朋友勃拉克的画时的讥笑。无疑,后者才是毕加索的真实笑脸,那本身就是笑里藏刀。仔细比较一下,毕加索前后笑容的变化,毕加索眯着眼睛,在勃拉克那幅失败作品前踱来踱去,面带微笑,大加赞赏的行为是不是过于虚假了呢?

下面,我们就来揭开那些笑容的假面具,分析其真实的心理动机。

1. 笑里藏刀

我们千万不要以为那些喜欢笑里藏刀的人,就是"整天低着头"、"不敢去正视别人的眼睛"、"目光萎缩隐藏"的人。其实,并不是这样的,现在很多笑里藏刀的人都已经脸皮厚到不会轻易心虚了。

笑里藏刀的人在笑起来的时候,显得不够放松,举止轻浮,言语中有一些不检点的成分;其眼光虽然看似真诚,却目光四处游离,没有办法长期定位;他们唯恐自己的话语中有漏洞,担心自己一不小心说错话,因此他们所说的话都是经过大脑认真思考的。

2. 皮笑肉不笑

有的人的笑容显得很假,皮笑肉不笑,他们的笑容并不是发自内心的,而是做出来的。这样的笑容一般出现在一些老谋深算的高层人士脸上,他们大多比较有心机,做事也显得很沉稳。

3. 憎恨时的笑容

有时候,人们在愤怒或憎恨的时候同样会微笑。那是因为人们不想把内心的欲望或想法暴露出来,就强力克制住自己愤怒的情绪,勉强露出一个微笑。在与人相处的时候,如果轻易地流露出愤怒、憎恨、悲哀以及恐怖等神情,很容易招来很多麻烦,影响人际交往。所以,很多人都是通过微笑来压抑其负面的感情,表现出来喜悦和愉快的神情。

4. 说谎的笑容

说谎者常常是带着虚伪的面具,因此他们的笑容也是虚假的,他们会利用自己伪善的笑容来掩饰自己的谎言。美国匹兹堡大学的心理学教授杰夫里·考恩认为"我们可以说出每块肌肉动了多少次,它们停留多长时间才变化的,对方的表现是真实还是伪装的。"无论你面对的人是在撒谎还是心虚,你都可以通过对方的笑容来判断对方心里的真实想法,因为说话者虚伪的微笑在几秒钟内就能使他们的谎言被戳穿。

心理学家认为,真正的微笑是均匀的,它们在面部的两边是对称的,它来得快,但消失得慢,因为它还牵扯了从鼻子到嘴角的皱纹,以及你眼睛周围的笑纹。而那些说谎者伪装的笑容则来得比较慢,而且它们出现在面部时是有些轻微的不均衡的,当一侧不是太真实时,另一侧想做出积极的反应,而眼部肌肉没有被充分调动。这一点我们可以通过观看电影或电视来发现,那些电影中的坏人经常露出的笑容是既冰冷,又恶毒的,所以他们的笑容永远到不了眼部。

四、别以为鼻子不会出卖你的心理活动

在许多人看来,人的鼻子是不会动的,自然也就没有什么表情。实际上,在人的面部表情中,只有鼻子不会撒谎,虽然它不会说话,但它能真实反映出一个人的内心世界。在人的众多器官中,鼻子是有无声语言的器官,而且,在很多时候,鼻子是会动的。比如,有异味和香味刺激的时候,鼻孔会有明显的伸缩动作;严重的时候,整个鼻子会微微颤动,或许,接下来就会出现"打喷嚏"的行为。其实,这些都是鼻子在向我们发射信息。在生活中,有的人觉得鼻子是最不容易暴露自己的器官,于是,他们心里有了想法,就会在鼻子上动手脚,谁料,原来,鼻子是最容易泄密的器官,一不小心,鼻子就会出卖你的心机。

风靡一时的美剧《lie to me》透露给我们许多信息,人与人的交流主要依赖的是非语言的传递,其比例高达93%,对此,脸上的表情会出卖你的真实情绪。剧里说:"当一个人的上嘴唇向上耸,在鼻子上形成皱纹时,就说明他内心产生了一种轻蔑的态度。"如此看来,虽然鼻子本身并不能代表什么,但它若是与其他器官配合,则会表达出更丰富的意义。

1998年8月,克林顿给大陪审团做了证词,当时,这位总统否认曾与莫妮卡·莱温斯基有染。通过录像,我们发现当克林顿说真话的时候,他几乎不碰自己的鼻子,但是,当他解释与莫妮卡·莱温斯基发生韵事的问题上的时候,他几乎平均每四分钟就触摸一下自己的鼻子。

后来,通过事实证明,当克林顿在触摸自己鼻子的时候,表示他已经在撒谎了。原来,鼻子才是最容易出卖自己的那个不会说话的器官。

心理学家赫希称这个为"匹诺曹综合征",这是根据那个著名的童话人物而命名的。匹诺曹每次撒完谎,木头鼻子就会变长,对此,赫希指出:"人在撒谎时,鼻子会充血,通过摸鼻子或擦鼻子,这种感觉能够得以缓解。当然,也有人解释说,摸鼻子更多表现的是紧张的情绪,弗兰克就表示:"关于撒谎的试验研究表明,摸鼻子并不是一种普通的欺骗信号。"或许,摸鼻子并不是每个人都适用的欺诈标志,它有可能只是适用于某些人。

然而,对于美国人来说,摸鼻子与谎言或紧张情绪并无关系,在他们看来,摸鼻子跟英文单词"no"一样,它表示的是拒绝的一种无意识形式。在美国,如果一个人在另一个人面前摸鼻子,则显示出他并不喜欢对方。

下面,我们就来详细地解释鼻子上隐藏的秘密。

1. 触摸鼻子的秘密

如果一个人摸鼻子的动作比较频繁,一般表现这样几种心理:一是心中不坦荡,二是有抗拒心理,三是不够成熟,四是急于求成。这些人总是试图隐藏自己的内心世界,心中忧虑被他人看穿了所有的秘密。

(1)撒谎的表现之一。有的说谎者在撒谎时会捂着自己的嘴,但是又会觉得好像这样做不太合适,最后通常会在自己的鼻子上摸几下来掩饰自己刚才捂嘴这一动作,其目的就是为了掩饰自己在说谎。当然,有的人其实并没有说谎,也会习惯性地摸自己的鼻子。这就需要我们从其触摸的时间和力度上来分析了,不说谎者触摸的时间稍稍长一些,力度也会稍大一点。

还有一种情况就是,对方并不想隐瞒事情的真相,只是时机尚未成熟,但一不小心又说漏了嘴,于是,他们下意识地就会触摸自己的鼻子。

(2)紧张的情绪。当然,并不是所有触摸鼻子的动作都代表心中有鬼、撒谎。有时候,触摸鼻子代表了紧张的情绪,比如,朋友过生日的时候,想让对方惊喜一番,这时候就会出现摸鼻子的动作。又或者,对某位异性有好感,却羞于表达,这时也会出现摸鼻子的动作。

(3)自满心理的表现。在生活中,我们看见有的人摸着鼻子说:"哪里,哪里,这只不过是小事情。"其实,他们心中正在想:"怎么样,我能干吧"。这时"摸鼻子"就是表现了他的自满心理。

2. 用"鼻孔"看人

在生活中,有的人不是用眼睛看人,而是用"鼻孔"看人,这其实是当事人想要表达反感的情绪。经常有着这种动作的人,难以相处,一般来说,他能接受请求的可能性并不大,通常情况下,他们都会拒绝。

3.鼻子的"表情"

鼻子也是有表情的,这就需要我们仔细去辨认。比如,在谈话中,对方的鼻子稍微胀大,多半是表示自己的得意或不满,或正在抑制自己的情感。鼻头冒出了汗珠,这多表示对方心理焦躁或紧张,如果是在谈判过程中,那多半是想急于达成协议。

五、嘴巴的"小动作"暴露对方真实的态度

嘴巴能发出声音,它是我们与外界交流的一种主要的器官。通过医学研究发现,我们可以从一个人嘴巴的大小、弹性,看出一个人的健康程度、行动力与生命力。此外,嘴巴的经常性动作,也往往能影响一个人先天形成的嘴形。因此,我们可以通过嘴巴的小动作,来窥探出一个人的内心世界,来洞悉对方真实的态度。虽然,嘴巴不能很完全地暴露一个人的真实态度,但嘴巴却常被称为"出纳官",这是有一定道理的,那证明在某些时候,嘴巴也能泄露一个人最真实的秘密。嘴巴有四种基本的动作:张开闭合,向上向下,向前向后,抿紧放松。或许,嘴巴还有许多奇怪的小动作,而这些各种各样的嘴巴小动作,却能成为我们洞悉他人内心世界的最好途径。

可能,在我们很小的时候都玩过这样一个游戏——贴嘴巴:在不同的脸上贴上不同表情的眼睛和嘴巴,然后观察其中的新表情。不同的搭配自然会出现不同的表情,有可能是同一个眼睛的表情搭配不同的嘴巴的表情,而结果却令我们感到大不相同。现在想起这个游戏,领悟颇深:以前总认为眼睛才是一个人情绪的全部表现,现在想想,其实并不是这样,有时候,嘴巴也是最重要的表现工具。在人的面部器官中,嘴巴的目标比较大,所处的位置比较显著,而且,加上其小动作比较多,所以,它所表现的内心世界也是很复杂的。即使在嘴巴微微闭合的时候,嘴巴上的肌肉也可以表现

出极为复杂的变化来,哪怕是细微的内心变化,也能通过嘴唇的小动作表现出来。

客厅里,妈妈正在训斥小明:"你说你究竟怎么回事?期末测验才考了这么几分,你对得起我和你爸爸吗?我们辛辛苦苦工作,那都是为了你,结果,你呢?你就是这么报答我们的?小明没有吱声,只是咬着嘴唇,心想:"你们平时只知道工作,谁真的关心过我?现在知道来问我的学习成绩"。

妈妈见小明没任何反应,说得更起劲了:"我看你真不是学习的那块料,你要真是不想学习了,干脆退学算了,跟着我学做生意吧,到时候,你体会到了辛苦就知道学习该是一件多么好的事情了……"在妈妈训斥的整个过程中,小明一声不吭,只是咬住自己的嘴唇,以示抗议。

心理学家认为,一个人在生气或压抑着怒气的时候,会咬住自己的嘴唇,感到后悔、惋惜,或者无法接受这个结果。其实,咬嘴唇是一个自我惩罚性的动作,人们在遭受失败的时候,或者在遭受别人严厉批评的时候,会不自觉地咬住自己的嘴唇。

其实,嘴巴的小动作还有很多,有的人会把嘴抿成"一"字形,有的人喜欢把嘴巴缩起,有的人喜欢将嘴角稍稍向上,有的人总是咬嘴唇,有的人说话时用手掩口,还有的人时常舔嘴唇,等等。下面,我们就一一为你解密这些小动作背后所隐藏的秘密。

1. 咬嘴唇

咬嘴唇这个动作所表示的是生气、不满意的意思。与人相处,当对方咬住嘴唇的时候,有可能他正在生你的气。不管是为何种理由生气,当事人心情已经欠佳了。这时候,你说话要小心,千万不要说错什么话,否则,会惹得对方很不愉快。

当你在批评一个人的时候,对方做这样的动作,那表示对方已经开始生气了。这时,你应该打住你正在批评的话,而用一种肯定的语气来赞扬对方,如果你直截了当地问:"你在生气吗?"那有可能会引发一场"大火"。

2. 嘴唇的"表情"

嘴唇半开或全开表示疑问、奇怪、惊诧，一般而言，很少会有人做这样的动作。嘴角向上表示善意、喜悦的意思，这将体现出对方的真诚。嘴角向下，则表示痛苦、悲伤、无可奈何。

下嘴唇向前撇，这表示他并不相信你所说的事是真实的，而且，他还想找证据来反驳你的观点，直到你自己承认自己所说的是假的。如果是上、下嘴唇一起往前撇，那就表示这个人的心理处于某种防御状态。

3. 经常舔嘴唇

有的人在说话时会不时地舔自己的嘴唇，似乎上面抹了蜜蜂一样。其实，这样的人很可能压抑着内心因兴奋或紧张所造成的波动，所以，他们才会口干舌燥地喝水或舔自己的嘴唇。

4. 以手掩口

有的人在说话时以手掩口，这样的动作经常会出现在女性身上。这样的人性格比较内向，保守，有的人还比较自闭，不敢过多地暴露自己。如果对方是一个陌生人，那就表示对他人怀有戒心，或许，他只是在做某种自我掩饰。

六、眼角、眉梢总传"情"，了解其内心意图

我们经常评论一个女人："眼角、眉梢尽是情。"尽管眼睛、眉毛不会说话，但那一挑动、一扬眉，却尽是风情。眼低垂，眼帘里尽是幽怨；眉梢处，多了几许忧愁。在生活中，洞悉一个人的内心世界，不一定非要通过与他交谈才能达成目的，观察对方眼角、眉梢的一举一动也是一个很好的方法。许多人能在初次见面时就把对方的心里想法猜个八九不离十，这是为什么呢？其实，他们就是捕捉到了眼角、眉梢处的风情，善于去抓住那些小细节。眼

眉动,则心境变;眼眉动态丰富,则思绪万千。正所谓"眼角、眉梢总传情",就是说我们可以通过其眼、眉的细微变化来了解对方内心的真实意图。

以眼、眉来识人,或许,许多人听了会觉得这很可笑,其实,这是有一定的历史根据的。在很早以前,就有人以眉鉴人,曾国藩在日记中记载了一些以眉鉴人的事例,如"廖世霖,衡阳人……充哨长,鼻梁直,腰身正,在家小贸营生,头发、眉毛有浊气"、"萧党谦,武人而有儒雅气,身段稳称,鼻正眉疏,似有用之才"。察眉,需要看眉彩和眉形,眉毛光亮而有色泽,这是精力充沛的标志。所以,年轻人的眉毛大多显得光亮鲜艳,而老年人的眉毛则显得干枯无神。有了以眉鉴人的历史依据,我们再来讨论眼、眉识人,这就显得科学多了。

狐狸躲避猎人,这时,它看见一个伐木人,于是,便请求伐木人把自己藏起来。伐木人叫狐狸到他的茅屋里去躲着。过了不久,猎人赶到了,问伐木人看见狐狸没有。伐木人一面嘴里说:"没看见。"一面挤眉弄眼地使眼色,暗示狐狸藏在什么地方。但是,猎人没有注意到他的眼色,却相信了他的话。

狐狸见猎人走了,便从茅屋里出来,不打招呼就要走。伐木人责备狐狸,说:"因为我,你保全了性命,你却连一点谢意都不表示。"狐狸回答说:"假如你的表情和你的语言是一致的,我就该感谢你了。"

本来,伐木人嘴里说着:"没看见。"但眼角、眉梢却透露出秘密,挤眉弄眼地给猎人使颜色,向猎人暗示狐狸藏在什么地方。不过,这样的细微表情却被猎人忽视了,不料却被藏在暗处的狐狸看见了。狐狸不受表面的迷惑,通过对伐木人表情的观察,识破了他的真实内心。有时候,人们的内心与语言并不一致,虽然有时候我们并未察觉,但却可以通过观察对方眼角、眉梢的细微表情来窥探一二。

眼角、眉梢虽然只是人面部的一个很小部分,甚至,有的人眼角、眉梢动作并不是很明显,但其表达的信息却是异常丰富。它的一动一静,就在无形中透露了当事人的心境,如果我们要想把握对方内心的真实想法,就应该不错过对方脸上的任何一丝闪动,哪怕是眼角、眉梢处的细微表情。

眼角眉梢不同的动态表示不同的含义,下面,我们就将其中比较常见的动态列举如下。

1. 眉梢的"表情"

有的人眉毛上下活动迅速,这往往表示当事人心情愉悦,内心舒畅,或者,他们在对你的观点表示赞同的时候通常会做这样的动作。有的人会紧缩眉头,一副深仇大恨的样子,这表示当事人内心极度忧虑或犹豫不决。有的人眉毛倒竖、眼角下拉,这说明对方极端生气或十分懊恼,或许是有人欺骗了他,或许是有人背叛了他。

2. 眉毛上下不平衡

眉毛上下不平衡,包括眉毛降低和眉毛完全放下。其中,眉毛呈降低的状态,表示当事人不理解,他正在对你的举动表示疑惑;眉毛完全放下的人,则十分生气,他或许已经到了怒不可恕的程度,这时候千万不要去惹他。

3. 闪眉

有的人在说话时眉毛闪动,先是眉毛上扬,眼角处显现细纹,表示一种友善。男女朋友在见面的时候,往往会出现这样的动作,甚至,还会伴随着扬头微笑或拥抱。如果在人际交往中,对方的眉毛也出现闪动的情况,则是为了强调自己所说的话,其意思是表示:"你最好记住我所说的每一个字。"

4. 耸眉

有的人眉毛先扬起,停留了片刻后开始下降,这时,他们的眼角还会刻意地闪动片刻,而嘴角也会迅速地一撇,这表示一种不愉快的惊奇或者无可奈何。不过,当人们在强调自己的观点的时候,有的人也会出现这样的动作,目的就是需要他人赞同自己的观点。

七、面部微表情,露出他的本性

在我们身边的同事中,有很多善于伪装自己的人,我们称这样的人是表里不一的人。其实,面对这样的人我们常常难以分辨出他们的真实面目。当他用善良的外表来掩饰内心的邪恶,用外表的贤德来掩饰内心的奸诈时,我们往往难以猜测他那假面具后面的那张真实的脸。对于每一个人来说,一旦感情和表情不统一了,那一个人就失去了内心的平衡。于是,他们就会通过面部的一些细节表现出来。当你和同事相处的时候,不能只看他的表面,应该透过其表面想象来摸清对方的内心,特别是他那变化多端的脸部表情,里面可隐藏不少的内心秘密。

据说,有的戏剧学院还专门设了一个学科,那就是训练人们的表情不同于感情。一般来说,感情和表情都有一定的统一性,比如当你开心的时候,你表现出来的一定是笑容而不是哭泣。而训练表情不同于感情,那就是当你内心感到痛苦或愤怒的时候,却要在表情上显示出轻松的状态。我们不难发现,要想做一个感情和表情不一致的人是多么的不容易。在更多时候,即便是对方很善于伪装自己,但我们还是可以通过其表情来揣测其内心的真实想法。

有一位推销图书的业务员谈过这样一个经验:当他拿着一本图书的样本递给一位客户的时候,趁机仔细观察着那位客户的面部表情。这时候他选择坐在客户的身边,因为坐在客户的身边容易看清客户脸上肌肉变化,当客人翻阅样本的时候,通常在他的脸上就有了买和不买的决断了。客户的表情或许不怎么明确,但是经过长时间的琢磨,却非常有趣,因此有经验的推销员往往一眼就能看清对方的心理。

由此可见,表情也能反映一个人内心的感情。所以,你在与同事相处的时候,要善于捕捉对方面部表情的细微变化,并透过这些细小的变化来读懂他的心思。或者是他的一个笑容,或者是面无表情,或者是嘴型,或者是一个不经意的皱眉。

1. 面无表情

有的同事虽然心中对你有不满情绪,却不想表现出来以显自己心胸狭窄,只好拼命做出一副潇洒的样子。事实上,这时候他内心的怒气很大,只不过是拼命地压抑下来而已。如果你在这时候进一步观察同事的面部表情,就会看到那张冷冰冰的脸上任何喜怒哀乐都掩盖住了,只是一副面无表情的样子。即便是面无表情,不同的同事也会有不同的表现,而他们所表达出来的情感也是不同的。

同样都是毫无表情,不过也有不同的情形,有的人表现出来的面无表情就是一种是非常不关心的态度。比如你在对一位同事说着正在发生的事情时,他只是在那里面无表情,一言不发,那就证明他对你所说的事情的发展毫不关心,你最好就此打住,如果继续说下去,只会增加他的对你的反感情绪。

2. 不经意的皱眉

一个人内心的不愉快或者迷惑常常能够借助皱眉来表露出来。比如他在嫉妒或者不信任的时候往往会扬起眉毛;如果他想采用敌对的行为的时候,往往会绷紧下颚上的肌肉,嘴唇也往往闭上了,同样瞪视对方,眉毛也扬起显示出挑衅的意味。

一般来说,脸部的肌肉要比身体上其他部位的肌肉发达许多,它们常常能随着不同情绪的变化而紧跟着发生相应情感的变化,特别是眼睛和嘴周围的肌肉更为发达。要想识别同事的面部细节所表达出来的真实情感,这并不是一朝一夕就能够练就的能力,这需要你不断地加以练习。而有一种方法能够帮助你练习,那就是把电视机的声音关了,接着聚精会神地去观察画面,这样,你就能从演员的表情上,摸透人物的心理活动了。

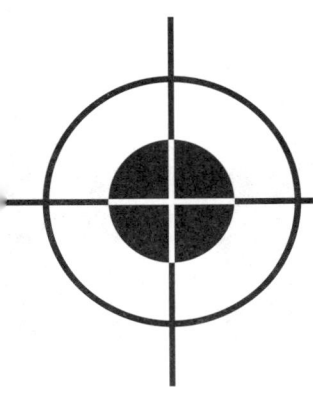

第三章
体态表现，一举一动展现个性心理

一个人的性情本质，无论他如何掩饰，都会在他的行为举止上展露无遗、对此，我们可以观察对方的一举一动来洞悉对方的个性心理。当我们看到一个人在不停地点头时，不要误以为他就是同意你的看法；当一个人对你摇头时，也不要以为他就是在拒绝你。当然，要想摸清其体态动作背后的含义，并不是一件简单的事情。

一、对方的某个姿势透露他的潜意识

弗洛伊德指出:"潜意识是潜藏在我们一般意识下的一股神秘力量,是相对于'意识'的一种思想。"其实,在每个人的体内都隐藏着一股神秘的力量,那就是潜意识。令人奇怪的是,许多人并不知道,或者说并不了解自己的潜意识思想。不过,作为旁观者,我们倒可以通过其在日常生活中表现出来的体态举止来洞悉对方的潜意识,从而达到摸清对方真实心理的目的。在日常交际中,大部分人在做出某些行为举止的时候,他们会下意识地想掩盖自己内心的真实想法,或者,假意做出相反的举止来迷惑他人,不过,他的某些姿势还是可以泄露出其潜在的思想。所谓"江山易改,本性难移",一个人的性情,无论他如何掩饰都会在他的行为举止上表露无遗,这时,我们可以通过观察对方的体态表现来洞悉对方的真实心理。

在日常生活中,一个看似很普通的体态却包含着丰富的信息,其举止形态背后的潜意识才是我们所需要摸清的底牌。莎士比亚在《哈姆雷特》中说道:"一个人表面上笑眯眯,其实心怀叵测。"试想,一个采取防卫、对抗姿态而又面带微笑的人,他或许是想以假笑来麻痹你,同时还在算计着如何拆你的台。大量事实证明,一些体态语言并不像想象中所表示的那样,就好像一个人对你微笑,但其实他心里对你充满了怨恨。当然,如果我们不仔细观察,肯定不会洞察到对方的真实心理。

星期天,小娜与朋友丽丽约在了咖啡厅见面,小娜很想跟朋友谈谈自己最近烦恼的事情,希望能从朋友那里寻求到一点安慰。

刚见面,小娜的眼睛就红了,她开始哭诉自己的遭遇,而丽丽则一只手撑着脸颊,呆呆地望着小娜。小娜并没有注意到丽丽的这一动作,每当说道自己遭遇很惨的时候,小娜都会习惯性地说:"你说我倒霉不倒霉?"丽丽则会配合性地点点头,不过,那撑着脸颊的一只手却一直没放下来。

小娜每次抬头看丽丽,发现她都是那样的动作,她猛然想起了自己昨天看过的一本书《身体姿势透露他的潜意识》,书里介绍:如果有人以这样的姿势对着你,那表示对方无法专心听你讲话,只希望你快点结束话题,或者轮到自己发言。在很多时候,对方也并不是真的有什么话要说,只是觉得你的说话很烦而已。

在那瞬间,小娜回忆起之前每次找丽丽说话的时候,她都是这样的姿势,小娜有些不好意思地说:"我说完了,最近你怎么样?你说说你自己吧。"果然,小娜刚说完,丽丽就将手放了下来,开始兴奋地谈起来了最近的一次约会。

在和朋友谈心事的时候,如果他的姿态如丽丽一样,用一只手撑着脸颊,那表示他是一个没有冲劲的人,他或许根本没仔细听你说话,只期待你早点把那烦人的谈话结束掉,然后他开始谈论自己的事情。事实证明,小娜的猜测是正确的,丽丽虽然表面上没说什么,但潜意识里并不喜欢听到朋友的哭诉,她更注重自己的感受。

在日常生活中,人们的身体姿势还有很多,下面我们说到的一些体态,可能你经常会见到,但你未必知道它们背后隐藏的真实想法。

1. 手不停地抚摸下巴

在与你交谈的时候,如果对方用手不停地抚摸下巴,那表示他已经陷入了沉思中,连你说什么,他都没听见。如果你对此表示怀疑的话,你可以试着问他你刚刚在说什么,他一定回答不出来。

这样的人总喜欢想东想西,但从来不会想到去算计别人,只是在某些时候会陷入思考的迷宫中。同时,这种人会是一个比较敏感的人,如果你想告诉他什么事情,需要避免暗示,而应直接告诉他,省得他胡思乱想。

2. 叉腰姿势

在与人相处的时候,对方的姿势已经泄露了他对你的潜在态度,有的人潜意识里想给人留下这样的印象：身体强壮、沉着稳定，对别人的威胁不放在心上。对此，他们常常会做出叉腰的姿势。

3. 拇指托着下巴，其余的手指遮着鼻子或嘴巴

这样的人很有主见，你在说话的时候，他总是用拇指托着下巴，其余的手指遮着鼻子或嘴巴，那表示他潜意识里根本不同意你的观点，只是不好意思说出来。他之所以做出这样的动作就是潜意识里怕一不小心会说出来。

当然，用手遮住嘴巴或鼻子，在心理上可能有两种情况：一是想反驳你；二是指你在说谎。如果是他说话时遮住嘴巴或鼻子，那表示他"言不由衷"；如果是听你说话时有了这样的动作，那就是他不同意你的观点。

4. 手掌向前推出

这样的动作经常性地出现在政治家身上，他们为了生存，需要对他人的攻击保持时刻的警惕。如果你仔细观察一下那些政治家的演讲，会注意到，他们在感到不安全的时候，常常会做出一些防御的手势。比如，将手横过身体，或手掌向前推出，仿佛他们在躲避想象中的击打一样。

二、看头部的动态来判断对方所想

头部相当于人体的"司令"，它是语言和肢体语言的领导。由于头部集中了所有表情器官的神情，自然而然地，它也就成了人们关注、观察身体语言的重点。心理学家认为，在一定程度上，要想了解一个人，观察头部所得到的信息应该是最准确的。头部本身与人体的个性有着密切的关系，有专家对动物的头部的形状做过分析，研究结果发现，动物的性格与其头部的大小有紧密的联系，一般而言，那些头部比较大的动物都好斗，而一些头部比较小的动物的性情则显得很温和。对此，美国心理学家经过研究得出了这

样的结论:那些头部越是饱满的人,他的智商可能越高。

在生活中,一个人若是抱住头部,头部下垂,那表示他正处于绝望之中。比如,在宣布政治选择结果的时候,失败的候选人会掩住自己的眼睛或嘴巴,甚至,整个面孔,而且,头部开始下垂,这是在阻止自己看到令人悲伤的结果。又比如,当球员们在射门时稍微射偏的时候,你通常会看到,那些支持者们绝望地抱起了头部。其实,他们做出这样的动作并不是为了抵抗物理意义上的打击,而是为了抵抗心理上的伤害。事实上,在这种情况下,一个足球运动员用如此的动作来慰藉自己,或许他自己并没有意识到这一点,用手围住自己的后脑勺,实际上是在重复曾经妈妈对他的动作。在自己还是一个婴儿的时候,妈妈经常会托起孩子的头部。

在美国某大学,有人做过了这样一个试验:

让50名参加实验的大学生戴上立体声耳机,要求一半学生在听的时候,每一秒钟点一次头,另一半学生听的时候每一秒钟摇一次头。然后,教授在耳机里播放了一段广播,内容是要求增加学费。

教授让点头那组学生听的是很没有说服力的增加学费的理由,如增加学费可以开展小班授课;而摇头那组学生听的是很有说服力的理由,比如增加学费可以在校园里种郁金香、请清洁工,如此可以美化校园。

结果,摇头那组学生的感觉是,摇头使他们对自己心中原有的反对意见产生了怀疑,反而不那么强烈地反对增加学费了,而点头那组的学生更加确定自己拒绝增加学费的想法。

这个有趣的实验告诉我们:一个人在点头的时候并不一定是同意别人,而有可能是进一步加强了自己原来的想法;一个人若是在摇头,并不一定是拒绝别人,而有可能是怀疑自己的想法,拒绝的意味并不那么强烈。所以,在生活中,当我们看到一个人在不停地点头的时候,不要误以为他是同意你的观点的;反之,当一个人在对你摇头的时候,他未必是最终拒绝你的那一位。

如此看来,要想看清头部动作中所隐藏的含义,并不像想象中那么简单。下面,我们就列举几种常见的头部动作,以此来判断对方正在想什么。

1. 头部上扬

在日常交际中,如果是初次见面,对方就突然将头部上扬,那表示对方想说"在这里遇见你,真是令人惊讶",或者是"你怎么会出现在这种地方呢"。如果是在谈话过程中,对方突然有一个头部上扬的动作,那表示"我突然明白了你所说的话,而且,我对你的观点表示赞同"。

2. 头部转向另一边

有的人在交谈过程中,会把头部猛力地转向一侧,然后又恢复之前的位置,其实,这是头部的单侧摆动。他所表达的意思是"我并不同意你刚才所说的话"或者"我拒绝你刚才提出的请求"。如果对方头部半倾斜地转向一侧,这所表示的是一种友好的姿势,意思是"我们关系还不错"。

3. 晃动头部

如果对方在跟你说一件事情的时候,不由自主地摇晃头部,那表示他正在撒谎,虽然他努力克制自己不要去晃动头部,但不能完全控制。如果对方的头部晃动得不是很厉害,那说明他正处于紧张状态中,或许是做错了什么事情,或者想背叛你,但一时找不到合适的理由;如果对方的头部晃动得很缓慢,那表示对方对你所说的话感到很吃惊,惊讶到需要晃动自己的头部来使自己清醒。

4. 头部下垂

在双方的交谈过程中,如果对方将头部下垂,或者呈现出低头的姿态,那对方所想表达的是"我在你面前压低了我自己"或者"我以压低自己的身份来抬高你"。如果恰恰你是对方的上级或长辈,那对方有可能是表达自己的消极情绪"我不会这样认定自己的",再低下头,那往往表示"我的本意是友善的"。如果一个人把头部下垂,甚至,遮住了自己的脸部,那往往表示这个人内心比较自卑或许羞怯。

5. 头部后仰

头部后仰这个动作经常会出现在那些势力小人的身上,他们经常会采取鼻子朝天的姿势,来表示对你的挑衅。他们总认为自己高人一等,所以不自觉地就在他人面前流露出沾沾自喜的心理,当然,这样的姿势并不是友好的,而是恶意的。

三、小小手势里藏着多少你不知道的秘密

法国散文家蒙田曾说:"看啊,看看双手怎样允诺、怎样变戏法、怎样申诉、怎样胁迫、怎样祈祷、恳求、拒绝、呼唤、质问、欣赏、供认、奉承、训示、命令、嘲弄以及做出其他各式各样变化无穷的意思表示,使灵活巧妙的舌头亦相形见绌。"从蒙田的叙述中,我们感觉到了手势语言的魅力。手势,就是指用手指、手掌、手臂的活动来表达情感,传递信息。通常情况下,一个人无论是说话还是做事,都会附带一些手势,一方面可以强调和解释语言所传达的信息;另一方面,适当的手势可以使说话的内容更丰富、形象、生动。对此,有人说:"手势是口语表达的第二语言。"由于手势语是肢体语言的重要组成部分,因此,通过一个人所使用的手势,可以窥其真实的个性,手势语是一个人在说话过程中常用的一种动作语言,一举一动均是其真实个性的自然流露。对此,心理学家认为,不同的手势反映了当事人不同的心理活动,从某种程度上可以从中读出对方的真实个性。

一个人的种种心理都能从千姿百态的手势中表现出来,通过手势,我们可以对一个人的性格特征和心理状态有一定程度的了解。在生活中,有的手势表明其洋洋得意,有的手势表明其非常忙碌,有的手势则表明对方有话要说。在日常交际中,手势已经成为了其中很重要的一部分,它加强了语言的力量,丰富了语言的色彩,甚至,有时候,它还能够作为独立的语言进行使

用。在生活中,我们经常说"捏着一把汗",这时,紧张的情绪一下子就出现在了脸上,原来,手的表情比脸上的表情来得更真实。主要原因是源于人的大脑皮层除了控制面部的动作以外,绝大部分是控制手部动作的。

某位英国记者在整理多张欧美首脑照片的时候,发现了一个奇怪的现象:从奥巴马、希拉里到卡梅伦、萨科齐总统,他们在讲话时都会摆出同一个姿势:伸出手臂,并用手指指向天空。尽管在很多时候,天空中什么东西也没有。

奥巴马在访问英国的时候,交谈期间,首相布朗和保守党领袖卡梅伦都不约而同地伸出了手指;希拉里在多次民主党总统候选人拉票集会期间,在向民众讲话的时候,她也伸出了手指;德国女总理默克尔和法国总统萨科齐在欧盟会议上,两人均是伸出手指,眺望远方。

对此,心理学家这样分析:欧美领导之所以在讲话时伸出手指指向天空,是因为在他们潜意识里,希望令自己看上去更具有领袖的气质,不想被观众认为是一个多余的人。英国心理学家马丁·斯金纳博士这样说道:"首脑和那些即将成为首脑的人,都希望自己看上去像是一位真正的领导者。于是,在讲话的时候,他们在潜意识中试图摆出类似雕像的姿势。很显然,抬起手臂、昂起头的姿势无疑比干站着讲话更有活力,而眼睛向前上望去,使他们看上去更有远见。"

在平日的生活中,人们的手势也是多样的。那些不自然的手势,阻碍了人与人之间的交流;动人的手势,会使人感到心情愉悦。如此不同的手势,直接体现了人们不同的个性。下面,我们就几种常见的手势,逐一分析隐藏在手势之外的个性。

1. 十指交叉

这个手势动作是人们常用的一种动作,许多人以为这是自满的意思,其实并不是这样。十指交叉的动作是在隐藏自己内心的感觉。如果你在说话的时候,对方有这样的动作,那表示对方对你所说的东西并不感兴趣。如果对方将手松开了，这表示他有话要说，或者，他想起身离开。在某些时候，十指交叉还表示内心焦虑、紧张的情绪。

2. 搓手

搓手这一手势并不是人们怕冷，而是表达了自己心中的某些期待。有的人搓手动作很快，那表示他想对自己心中所想的事情跃跃欲试，而且，抱着异常急切的心态，比如，有朋友说去踢足球吧，结果他就会快速地搓手，希望这一想法立即实现。有的人搓手动作比较缓慢，这表示他正处于做决定的紧要关头，犹豫不定，他正在考虑要不要去做那件事情。

3. 用指尖轻敲桌面

有的人喜欢用指尖轻敲桌面，桌面则会发出清脆的响声。这表示当事人正陷入思考中，或许正在思考解决问题的办法，或者正在犹豫要不要去做一件事。在某些时候，当事人觉得不耐烦的时候，也会通过这种手势动作来减轻心中的压力。

4. 背手

有的人喜欢将手放在背后，这样的人对生活充满了热情，对未来充满了希望，他们大多有着成熟的心态，遇到事情显得十分冷静，常给人一种镇定自若的感觉。不过，背手这一手势动作也大有不同，有的人喜欢用一只手抓住另外一只手的手腕，这表示当事人很紧张，他之所以出现这样的手势动作，只是想控制自己的紧张情绪。而且，这样的手势，如果手握的位置越高，那说明情绪紧张的程度就越高。

四、由站姿看出对方的性格特点

有人说："站姿是性格的一面镜子。"这话一点儿不假。站姿，不仅塑造好的形态，而且，对我们的健康也很重要。在日常交际中，只要我们细心观察身边的人,从他们站立的姿势语言去探知其性格心理,肯定会大有收获。美国夏威夷大学的一位心理学家曾说:"不同的站姿往往可以显示出一个人的性格特征。"在生活中,每个人都有自己的生活习惯、饮食习惯、体态姿势,其实,也正是这些方面决定了一个人的特征,而这些特征则能恰当地反映一个人的性格。因此,我们完全可以通过一个人的站姿,来摸清对方的性格特征。

良好的站姿能够彰显出一个人的气质与风度,一般来说,站姿的基本要求是挺直、舒展、线条优美、精神焕发。一个人普通的站姿应该是:把身体的重心放在一条腿上,另一条腿则微曲,两肩放平,腰板挺直。如果你是站着等人,还需要注意来人的方向。需要避免的站姿:两脚分开太大;交叉两腿而站立;两肩不平衡,一个肩高一个肩低;两只脚在地上不停地划弧线;交腿斜靠在马路旁的栏杆、招牌上;和朋友勾肩搭背地站着。但是,在现实生活中,并没有多少人能保持良好的站姿,大多数人的站姿可谓是姿态各异,他们保留了自己的习惯姿势。其实,正是这些细小动作的差异,恰恰能够帮助我们摸清对方的性格特点。

西装革履的王先生进入了电梯,趁着只有一个人的时候,他放松了身体,靠着墙壁站立着。一直以来,他都是一个严格要求自己的人,如此放松的姿态不太常见。原来,他正处于失意期,一个星期之前所拟定的企划案被客户否定了。老板已经下了最后的通牒:"再不将企划案做好,我看你今年的年终奖无望了。"王先生叹了口气,**拖着疲惫的身体进入了办公室**。

心理学发现,靠着墙壁而站立的人,多是失意者,通常比较坦白,容易接纳别人的意见。在失意时期,内心希望得到他人的帮助。王先生正是这样一个人,只要你熟悉姿势的秘密,即使你不认识王先生这个人,但你也能够大概猜出对方发生了什么事情。

那么,一个人的站姿到底能透露出什么秘密呢?

1. 一只手放入裤袋里的站姿

有的人在站着的时候,喜欢一只手放入裤袋里,另一只手则放在身旁。这样的人性格比较复杂,情绪往往处于不稳定的状态,他们在对待他人的态度上往往是依自己的情绪而定,有时候会很热情,有时候会很冷淡。在人际交往中,他们首先想的就是保护自我,有着较强的自我保护意识,其他人很难接近他。

2. 眼睛平视的站姿

有的人在站立的时候,眼睛平视前方,这无疑是一种标准的站姿。此人对自己充满了自信,性格比较外向,给人一种气定神闲的感觉。如果对方背挺得很直,那表明这人对自己的生活充满了期待,是典型的乐天派。

3. 双手置于臀部的站姿

有的人在站立的时候,喜欢把双手放在臀部。这样的人有着较强的自我意识,只要是自己认定的事情,绝不会轻易改变,做事很谨慎。在他们身上体现出很好的领导力,不过,在很多时候,他们显得太主观,性格比较倔强,听不进别人的忠告。但是,总的来说,他们是一个很好的领导。

4. 将双手放入裤袋里的站姿

有的人喜欢在站立的时候,将双手插进裤袋里,给人的感觉像是在装酷。其实,这种站姿是一种警觉性的体现。他们大多有较深的城府,性格比较内向,思想陈旧保守,不善言辞,从来不轻易向朋友倾诉自己内心的想法。如果对方双手放进裤袋,同时还在弯腰,那表示对方正处于心情沮丧或悲痛之中。

5. 双手抱在胸前的站姿

有的人喜欢将双手环抱于胸前,这样的人性格比较好强,对他们来说,世界上没有什么难事。即使在生活中遭遇了很大的打击,他们也能很快地振作起来。他们是属于慢热型的性格,对于陌生人,有较强的自我保护意识;对于熟悉的人,则显得很亲昵。不过,他们给人的外在印象是难以接近的那一种人。如果他们双手抱于胸前，而且，身子还微微倾斜，那表示他并不喜欢你，你最好是赶紧离开。

6. 弯腰曲背的站姿

有的人站立的时候，弯着腰，曲着背，给人一种封闭自我的感觉。这样的人性格大多比较自闭，思想保守，他们有较强的自我保护意识。在平日的生活中，他们总是在担心自己，因此时常陷入惶恐不安中，对生活缺少热情，精神显得很萎靡。

五、坐姿反映出对方的内心状态

在日常交际中，每个人的姿势都各具特色，看似无意的举动，随意的姿势，却可以透露其不同性格和心理状态。虽然，坐姿是人们常见的姿态，但是，不同的人，其坐姿都是不同的，当然，这其中的差别不过是大同小异。毕竟，坐姿所强调的应有姿势是不会变的，不过，每个人的姿态上，却有着深深的个人印记。或是自己加了些小动作，或者是品性使然，或者是心理关系，使得他们的姿态在细微上有所差别。比如，有的人喜欢正襟危坐，有的人则喜欢侧着身子坐，还有的人喜欢蜷着身子坐，等等，这些姿态中的细微差别，都将透露一个人关于心理、品性的秘密。

坐姿，既能体现一个人的形态美，又能体现行为美。当然，正确的坐姿要求是"坐如钟"。良好的坐姿会给他人传递自信、友好、热情的信息，同时也会表现出自己良好的修养。也许，在我们身边，经常看见有的人两腿叉开，腿在地上抖个不停，还把腿跷得很高，这样不雅的坐姿实在让人不敢恭维。一般的坐姿应该是：在站立的姿态上，后退能够碰到椅子，再轻轻地落座，双膝并拢，腿可以放在中间或者两边。在一些公开的场合，最好不要跷腿，如果是穿裙子的女士则需要小心盖住自己的腿。不过，在现实生活中，人们的坐姿烙上了个性的印记,他们的坐姿可谓是千姿百态。

小娜有一个不太好的习惯:一旦到了大场面,坐下就开始抖脚,而且,越抖越厉害,用朋友的话说,如果在桌子上放一杯水,只要她一抖脚,五分钟不到,杯子里一滴水都不会剩下。小娜想改掉这个坏习惯,可总是不见效果,一旦到了紧张的时候,她还是照旧不停地抖脚。

那天,小娜去面试,负责面试的是公司的财务总监,一开始对小娜特别客气,热情地接待她,还给她倒水喝。小娜一坐下,老毛病就犯了,总监觉得小娜总是在动,刚开始没怎么注意,仔细一看才发现小娜在抖脚,当时就一皱眉。他想小娜一会儿可能会停下来,于是强忍着自己不去看,继续面试。可他的眼睛总是注意到小娜的脚,终于,总监受不了,他暂停了面试,出去喝了杯水,回来一看,小娜还在那里我行我素地抖脚。

总监生气极了,直言不讳地要求小娜拿着自己的东西离开。

或许,到最后总监也不明白看上去很正常的小娜为什么一坐下就会抖脚,这其中的秘密需要心理专家给我们解释了。心理学家认为,那些坐下就不断地抖动腿部的人,其内心焦躁不安,或许显得很不耐烦,当然,有的人是为了摆脱某种紧张感才会如此的,比如小娜就是这种情况。在生活中,如果是与你并排而坐的人无意识或有意识地挪动身体,那表示他想与你保持一定的距离,但又不好意思做出明显的举动。

其实,一个人的坐姿,似乎都是无意识的,但从这貌似随意的动作中,却可以解读出这种坐姿背后的性格和心理状态。下面,我们就列举几种常见的坐姿,与你一起解读坐姿背后的秘密。

1. 两脚跟并拢,双手放于大腿内侧

有的人在坐着的时候,喜欢将两腿以及两脚跟并拢靠在一起,双手交叉放在大腿的内侧。这样的人个性呆板,性情固执,不愿意接受别人的建议,即使知道别人是对的,他在嘴上也不愿意承认自己是错的。

他们喜欢追求完美,凡事都希望尽善尽美。他们喜欢说多于做,总是夸夸其谈,却从来不投入实际工作中。即使只是一个短时间的约会,他也会显得很不耐烦,如此的个性使得他们在现实生活中常常遭遇失败。

2. 两膝盖并在一起,脚跟分开成"八"字形

这样的人性格比较内向,容易害羞,如果是女性,则表示她们对自己缺乏信心,若是在公共场合,她们说上一句话就会脸红。他们思想保守,排斥任何时尚的东西,对于许多问题的看法还停留在多年以前的状态。不过,他们对朋友相当真诚,对于朋友的求助,他们总会认真地对待,随时愿意效劳。

3. 敞开手脚而坐

有的人喜欢敞开手脚而坐,两只手也不固定放在哪里。这是一种开放式的坐姿,这样的人性格比较外向,不拘小节,天性好奇,喜欢追求新鲜的事物,对于普通人做的事情常常感到不满足,而致力于做一些别人没有做过的事情。他们喜欢与人接触,心态很乐观,即使遭到了他人的批评,他们也不在乎,始终按照自己的性格生活。

4. 两条腿靠拢而坐

有的人坐着的时候,喜欢将两小腿靠拢,双手交叉放在腿上。这样的人给人感觉很温和,容易让人接近。其实,并不是这样,如果有人去找他办事,他很喜欢摆出一副大架子,不爱搭理人。他们个性比较冷漠,城府较深,就连在亲朋好友面前,他们也常常会表露出自以为是的一面。他们做事常常是三心二意,对某些事情,他们从来不脚踏实地地去完成,而且,还经常为自己找借口。

六、通过走姿透视一个人的心理世界

人们走路的姿态可谓是"千姿百态、变化多端",比如,有的人是消磨时间的散步,有的人是无精打采的漫步,有的人是大摇大摆的阔步,有的人是

悠然自得的信步,有的人是节奏均匀的慢跑,有的人是犹豫不决的徘徊,等等。这些移动身体的步态,是每个人在生活中都会用到的。走路,这是我们每个人每天都要进行的行为动作,虽然看似普通,没有半点特别,但却能反映出一个人的内心世界。一个人从蹒跚学步开始,就基本决定了他走路的姿势,走姿并不是父母能教的,而是跟这个人的内心有很大的关系。一个人的个性贯穿于其生命的始终,不同的个性产生不同的心态,不同的内心世界形成了不同的走路姿势。那么,换个角度,我们可以通过观察一个人的走路姿势,来窥探到对方的内心世界。

一个人的走姿是站姿的延续动作,与站姿不同的是,走姿有着行走的动态美。走路的正确姿势是:抬头挺胸收腹,腰背笔直,目光平视前方,双臂自然下垂,手掌心向内,以身体为中心前后自然摆动,同时要注意保持步履轻盈,端庄文雅,显示出动态美来。

有一个人是一个走路稳健的人,从来都是一步一个脚印,他常对下属说:"做事就要跟走路一样,来不得半点马虎,必须稳打稳扎,一步一个脚印。

他平时走路的时候,很专心,不左顾右盼,而是仔细看前面的路。这跟他的个性很相像,他很注重现实和实际,在事业上小有成就,对于任何事情,他都是三思而后行,不莽撞,不唐突,从来不好高骛远。对于每一份工作,他都能脚踏实地,一步一个脚印地努力,在他身上,有"君子一言,驷马难追"的魄力。

这个人的走路姿势很好地反映了他的内心,而他的内心所想也相应地出现在他的走路姿态上。如此看来,走姿所反映的是一个人真实的内心世界。生活中,有的人步态蹒跚,这是一种沉重的步态,这表示对方正处于疲倦或心情郁闷中;有的人走路无精打采,这又是另外一种疲惫,精神上的疲惫,这样的步态多出现在那些地位低下的人身上。

那么,不同的走姿到底反映了什么样的内心世界呢?下面,我们一一来为你揭秘。

1. 步伐急促

有的人不管有没有紧急的事情,总是步履匆匆。这类人做事很有效率,精力充沛,喜欢迎接生活里的各类挑战。性子比较急,因而做事冲动,不过,这种人遇到了事情往往不会推卸责任,是一个做事负责的人。

2. 步伐平稳

这类人比较注重现实,精明而稳健,做事之前会仔细考虑,绝不冲动,一般情况下,不轻易相信他人。对待朋友重情重义,是一个值得信赖的朋友。

3. 八字形步伐

有的人走路双脚向内或向外,形成八字状。这类人在生活中不喜欢交际,有着聪明的大脑,默默做好自己的事情,但是,在某些方面,比较守旧。

4. 昂首阔步

有的人走路昂首,大步向前。这类人喜欢以自我为中心,凡事自己做主,不喜欢依靠别人。做事有条有理,思维敏捷,有较好的组织能力,适合当领导。不过,不太注重人际交往。

七、睡相体现着最真实的个性特点

心理学家说:"当我们醒着的时候都能感觉到自己的肢体动作,但我们第一次发现下意识的睡眠姿势也能表明我们的性格,有趣的是,这些姿势总是我们下意识的。"观察和了解一个人的个性有很多种方法,但要想找到一种最好的方法却并不容易,观察睡相可以说是一种很不错的方法。一个人有什么样的睡相,是一种直接由潜意识表现出来的身体语言。一个人无论是假装睡觉还是真正的熟睡,其睡相都会显示出一个人在清醒时、表露在外和隐藏在内的某种思想感情。

每个人都有不同的睡相,有的人喜欢像婴儿一样睡觉,有的人喜欢俯卧着睡觉,有的人喜欢睡在床边上。我们可以依据人们不同的睡相,判断出对方隐藏在心里的想法。而对于自己而言,我们在很多时候并不知道自己在睡觉时有什么特别的习惯,那么不妨问一问身边亲近的人,然后根据实际的个性对比一下。

下面我们就介绍几种常见的睡相,以便你可以通过这些睡相对别人有个大致的了解。

1. 蜷缩着睡觉的睡相

有的人在睡觉时成一种蜷缩的姿势,像个婴儿一样,这一类型的人缺乏安全感,性格比较懦弱,经不起任何打击。他们逻辑思辨能力较差,做事情从来不按照先后顺序,也不会事先做好规划工作,常常是某件事情已经发生了,才意识到自己没有做好准备工作。他们缺乏自我独立的意识,总是习惯于依赖那些对于自己来说比较熟悉的人物或者环境,而对那些陌生的环境或人物则会有一种畏惧心理。他们缺乏责任心,在遇到困难和挫折的时候,常常会选择退缩。

2. 趴在床上睡觉的睡相

有的人喜欢趴在床上睡觉,这样的人有较强的自信心以及卓越的能力。他们对自己有非常清楚的认识,并且都能很好地把握住自己。他们有较强的随机应变能力,即便是到了一个全新的环境,他们也能够很快地调整好自己。一旦他们确立了追求的目标,就会一直坚持下去,并且对自己充满信心。另外,他们比较善于把自己的真实情感隐藏起来,而且不会让他人有所察觉。

3. 仰睡的睡相

有的人喜欢仰睡,这样的人个性都十分开朗、大方,他们在平时生活中对人十分热情亲切,而且极富同情心。因此,他们在人际交往中能够透析对方的心理,了解对方最想要什么。他们一般都拥有较强的责任心,遇到任何事情都不会逃避责任,而是勇敢地去面对,主动承担属于自己的责任。他们比较成熟,对生活中的人和事都能够分辨出轻重缓急,并且知道需要怎么做才能达到最佳的效果。他们身上有很多优秀的品质,常常能够赢得周围人的尊重,而通常他们对很多事情都能够做到位,因此很容易得到他人的信赖,会使自己在人际交往中建立不错的人际关系。

4. 呆板的睡相

有的人喜欢以一种呆板的姿势睡觉,比如双手摆在两旁,两脚伸直睡。这一类型的人生活节奏相当快,生活也很有规律性,这使得他们的精神一直处于一个高度紧张的状态中,即便是睡觉也不会放松下来。他们在每天需要做些什么事情,哪个时间段做什么事情都已经固定下来了,这让他们的身体和思想也形成了一种固定的规律。

5. 抱着双臂睡觉的睡相

有的人喜欢在睡觉时环抱着双臂,甚至握着拳头,仿佛随时准备给人一击。这一类型的人如果是仰躺着或是侧着睡觉,拳头向外就是向他人示威。如果把拳头放在枕头或是身体下面,表示他正在控制某种消极情绪。

6. 喜欢把脚放在外面的睡相

有的人喜欢在睡觉时把脚放在外面,这样的睡姿其实相当容易让人感到累。这样的人工作比较繁忙,即便是在睡觉时也会自然地感到劳累,他们在生活中并没有多少休息的时间,过着快节奏的生活。他们个性很开朗、乐观,精力充沛,在很多时候,都能凭着自己的能力做出一番事业来。他们性格相当开朗,为人也较热情和亲切。

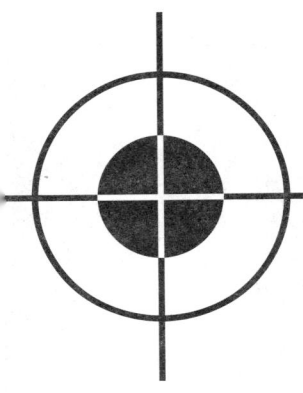

第四章

生活习性，习惯正暗示着对方的性格

> 有人说："思想观念决定行为，行为决定习惯，习惯决定性格。"人们反映在生活中的习性可谓是丰富多彩，而正是那些小小的习惯暗示着他人的性格。所以，我们完全可以通过对方的生活习性来读懂对方的心理和性格。

一、着装习惯显示了对方的个性心理

曾国藩说:"有感于内,必形于外。"一个人的个性心理往往表现于外表,举止衣着,先有三分气象,话未说出口已有七分先机。简单地说,由表识人的第一步就是通过着装习惯来识人本性,因为一个人的服饰习惯常常代表着其个性和心理。服饰是一种不说话的物体语言,它传递着人的意向、性格、爱好、兴趣以及个性等多方面的信息。正因为着装习惯显示了一个人的个性以及心理,因此,对于不同个性的人,他们的着装习惯自然就不同。比如,自由随意的人经常穿牛仔服、宽松式的衣服;一本正经的人经常穿西装、打领带;性格粗狂的人经常歪戴帽、挽裤管;冷静的人经常穿黑色衣服,等等。或许,我们并没有预料到,自己的穿着习惯,包括服饰的颜色、质料、款式等,都会将自己的个性心理毫无掩饰地袒露出来。

现在社会,人们对于服饰的选择更多样化了,他们主张显示个性,所以,服饰的颜色与款式越来越丰富,也越来越张扬个性。其实,不同个性的人有不同的穿着习惯,只要我们留心观察,就会从各式各样的服饰中窥探一个人内心的秘密,了解其个性,从而把握其性格特征。朱利安·鲁滨逊曾说:"衣着和修饰可以反映一个人的性别、年龄、社会经济地位、职业、个性、爱好和价值观等,衣着打扮可以起到美化自己、表现内心世界和达到某种特定交际目的的作用,可以体现人们对自己的社会角色和周围世界的不同态度。"由此可见,服饰行为本质上是心理的一种反映。

在小说《红楼梦》里,有这样一段关于服饰的描写:

黛玉换上掐金挖云红香羊皮小靴,罩了一件大红羽纱面白狐狸里的鹤氅,束一条青金闪绿双环四合如意绦,头上罩了雪帽。二人(宝玉、黛玉)一齐踏雪行来。只见众姊妹都在那边,都是一色大红猩猩毡与羽毛缎斗篷,独李纨穿一件青哆罗呢对襟褂子,薛宝钗穿一件莲青斗纹锦上添花洋线番丝的鹤氅,邢岫烟仍是家常旧衣,并无避雪之衣。一时史湘云来了,穿着贾母与他的一件貂鼠脑袋面子大毛黑灰鼠里子里外发烧大褂子,头上戴着一顶挖云鹅黄片金里大红猩猩毡昭君套,又围着大貂鼠风领。

黛玉先笑道:"你们瞧瞧,孙行者来了。他一般的也拿着雪褂子,故意装出个小骚达子来。"湘云笑道:"你们瞧瞧我里头打扮的。"一面说,一面脱了褂子。只见他里头穿着一件半新的靠色三镶领袖秋香色盘金五色绣龙窄小袖掩衿银鼠短袄,里面短短的一件水红装缎狐肷褶子,腰里紧紧束着一条蝴蝶结子长穗五色宫绦,脚下也穿着皮小靴,越显得蜂腰猿背,鹤势螂形。

曹雪芹细致描写了人物的服饰,以此来辅助刻画人物的个性。比如,黛玉的打扮透着自然率真、不俗;而李纨的打扮则蕴涵了她一生清苦的命运;史湘云的打扮透露出她无拘无束、大大咧咧的性格;薛宝钗的打扮透露着她落落大方的个性,而且,不俗的打扮与她城府较深的个性相符。

郭沫若说:"衣服是文化的表征,衣服是思想的形象。"意思是说,人们通过穿着打扮来向外界展示自己。这是一个张扬个性的时代,人们在穿着打扮上往往不拘泥于形式,对此,人们可以更加充分地展示自己的心理状况、审美观点等,而我们自然而然地就把握了他们的个性以及心理。

1. 宽松自然的穿着习惯

有的人不喜欢那些剪裁合身、款式入时的服饰,这样的人性格大多是内向型,他们常常以自我为中心,生活在自己的世界,难以融入人群中。在很多时候,他们也会尝试着与人交往,但在交往过程中总会出现这样或那样的摩擦,最后只好作罢。因此,在他们身边没有什么朋友,但如果有,那绝对是真心朋友,由于性格比较羞怯,他们不太喜欢主动接触别人,当然,也不容易被别人接近。

2. 习惯穿时髦服饰的人

有的人对服饰的选择就是时髦服饰,他人可以不理会自己的嗜好,甚至,他自己也说不清楚自己喜欢什么样的穿着。但是,在服饰上面,他只是以流行为嗜好,跟着时尚走。这样的人缺乏自主意识,对许多事情没有主见,其内心是孤独的,情绪也容易波动。

3. 习惯穿简单朴素衣服的人

这种穿着习惯的人,性格大多比较沉稳,待人真诚而热情,有着较好的人缘。他们对待任何事情都认真、踏实,无论是工作还是学习,他们都能做到理智、客观地去对待。如果对方穿着过于朴素,那表示对方缺乏自我意识,在某些方面常常需要依赖他人,个性比较软弱,容易屈服于他人。

4. 习惯穿华丽服饰的人

在人来人往的潮流中,你会发现某些人的穿着总是那么耀眼,他们总喜欢那些华丽的服饰。这样的人有着较强的自我表现欲,他们喜欢金钱,他们选择华丽的服饰的一部分原因就是为了显示自己在物质方面的优势。对此,面对这样的人,你应该多夸奖他的华丽服饰,满足其虚荣心理,这样,你往往会给他留下好的印象。

二、观察桌面摆设,了解对方的性格特点

在办公室,在家里,都少不了那么几张桌子,无论我们有多繁忙,总会花一些小小的心思来整理自己的桌子。其实,桌子的摆设就如同一本书,可以看出一个人的性格特点。推门走进屋里,进入眼帘的就是那显眼的桌子,它们似乎比主人更抢眼,杂乱或整洁,一眼就可以看出来。桌面摆设怎么样,就表示着主人有什么样的性格特征,从桌子的摆设可以看出主人的真实心理。如此的识人之术最适用于办公室,因为对每个人来说,办公室就像是一个大集体,其中的各种人际关系交错复杂。要想了解上司或同事的各种不同性格和心理,最简单的一种办法,那就是办公桌的摆设方式。

桌面上摆放了各种各样的物品，有可能是一支铅笔，有可能是一个杯子，有可能是盆栽，等等。通常情况下，每个人收纳物品的方式都是不一样的。有的人总是喜欢把那些一件一件的物品收拾得整整齐齐、有条不紊；而有的人就喜欢做表面功夫，整体上看比较规矩，但有些隐藏的地方就会有杂乱的物品；还有的人根本不喜欢收纳物品，他们习惯于乱放乱拿，于是常常会翻箱倒柜寻找一份文件。无论是在家里，还是在工作的地方，每个人都免不了与桌子接触，甚至，他们的日常生活之一就是收拾桌子。那么，看着那一张张的桌面，如果你能够仔细观察的话，就可以发现隐藏在其中的秘密。通过办公桌上所呈现出来的种种表象，观察对方的性格特征。

下面我们详细介绍几种常见桌面摆设，从中了解他人的性格特征。

1. 在桌面放一些照片或纪念性的东西

有的人习惯在桌面上放家人的照片，这类人一般性格比较内向。他们不太善于交际，所以朋友不多，但仅有的几个却是非常要好的。他们很看重和这些朋友的感情，所以会格外珍惜。他们大多都有一些怀旧情绪，总是希望珍藏下一些美好的回忆。但他们比较脆弱，容易受到伤害，而且做事也缺少足够的恒心和毅力，常常会在挫折和困难面前不战而退。

2. 桌面整整齐齐

不管是桌面上，还是抽屉里，都收拾得整整齐齐的，各种物品都放在该放的位置上，让人看起来有一种相当舒服的感觉的人，往往是办事极有效率的人，他们的生活也很有规律，该做什么事情，总会在事先拟定一个计划，这样不至于有措手不及的难堪。

他们很懂得珍惜时间，不喜欢做浪费时间的事情，他们总是能够精打细算地用不同的时间来做更有意义的事情。他们一般都有很高的理想和追求，并且一直在为此而努力。但是他们习惯了依照计划做事，所以，对于一些出乎意料之外发生的事情，常常会令他们感到不知所措。因此，他们的随机应变能力稍微差一些。

3. 按一定的规则布置桌子

在桌子上,所有的物品都按照一定的次序和规则放好,整齐而又干净。这一类型的人工作很有条理性,有很强的组织能力,所以办事效率比较高。他们具有较强的责任心,凡事都小心谨慎,避免失误的发生,态度相当认真。这样的人虽然可以把自己的本职工作做得很好,但是有一点墨守成规,缺乏冒险精神,所以不会有什么开拓和创新。

4. 乱七八糟的桌面

有的人的桌子看上去乱七八糟的,这样的人条理性比较差。不过,待人亲切、热情,性格也很随和,做事通常只凭自己的喜好和一时的冲动,三分钟热情过后,可能就会自然而然地选择放弃。他们大多缺少深谋远虑的智慧,不会把事情考虑得太周密,也没有什么长远的计划。但是他们拥有比一般人较强的适应能力。他们虽然拥有积极乐观的生活态度,但太过于随便,不拘小节,经常是马马虎虎,得过且过。

5. 物品摆放很随意

有种人在他的桌子上,总是把东西放得这里有一些,那里有一些,没有一点规则。这样的人大多做起事来虎头蛇尾,总是理不出个头绪来。他们的注意力常常被一些其他的事情分散,从而无法集中在工作或学习上,因此也很难做出优异的成绩。他们也想改变自己目前的这种状况,但是自我约束能力很差,总是向自我妥协,事后又追悔莫及,可紧接着又会找各种理由来安慰自己。

6. 桌面整洁,抽屉却很乱

有的人桌子看上去收拾得很干净、很整洁,但抽屉内却是乱七八糟。这样的人虽然有足够的智慧,但往往不能脚踏实地地做事,他们喜欢耍一些小聪明,做表面文章。在表面上看来,他们有比较不错的人际关系,但实际上,却没有几个人是可以真正与其交心的,他们也是很孤独的一群人。他们性格大多比较散漫、懒惰,为人处世方面不是十分可靠。

三、食物爱好往往展露对方的性情

俗话说："民以食为天。"在生活中，每个人都会免不了与食物打交道，我们需要食物来补充每日耗费的能量，维持生理机能，维系生命。人们对于饮食文化的研究，一般都致力于研究饮食的器皿、烹饪方式、原料搭配、地域特色，等等，讲究食物的视觉、听觉、嗅觉、味觉等各方面组成的综合作用。其实，生活中的每一个人，他所爱好的食物及其口味都不一样，而我们可以通过科学的阐述，并应用一些心理学理论，从人们在饮食过程中的种种表现透析出其真实的性情，从其喜好的食物及口味看清一个人的性格特征。

通常情况下，一个人的身体状况是由其饮食习惯而决定的。比如，那些肥胖的人多半喜欢吃甜食，而肠胃不好的人比较容易紧张。而另一方面，一个人的个性与其健康是有着密不可分的关系。所以，我们从饮食习惯去摸清一个人的性情，有一定的可信度。下面我们就根据人们所喜欢的不同的食物及其口味，来分析其隐藏在内的真实性情。

1. 喜欢吃荤食的人

那些喜好荤食的人，往往精力十足，凡事喜欢进取。在做事情的过程中，他们愿意去支配他人，并希望自己真的能够成为领袖。他们一般在社交圈内比较活跃，很喜欢结交朋友，也很容易被人接近。另外，由于喜好荤类食物，他们大多都是胖乎乎的样子，显得憨厚踏实，是值得信赖的人。

2. 喜欢吃生食物的人

那些喜好吃生食的人，在平时生活中喜欢吃生菜、生肉、喝牛奶，还有生鸡蛋，似乎，他们的生活都处于原始状态。这样的人有着强健的身体，看上去很有英雄的形象，不过，经常吃生食物的人在骨子里有动物的本能，那就是在遇到了危险时会选择"走为上策"。

3. 喜欢吃素食的人

那些喜好素食物的人,喜欢安静的环境,不喜欢嘈杂或热闹的环境,他们耐得住寂寞。对于人际交往,他们不太注重,凡事喜欢靠自己,总是一个人去解决生活中的问题。在生活中,他们不喜欢、也不善于与人接近,因此,为了省去交际的麻烦,他们常常是独来独往,享受一个人的清闲自在。他们性格大多比较内向,不喜欢在他人面前展现自我,所以无法在他人面前留下深刻的印象。

4. 喜欢辛辣食物的人

有的人喜欢辛辣的食物,一天三顿饭离不开辣椒,这样的人个性有点"泼"。脾气通常比较火爆,他们的性格多属于"多血质"型。不过,他们待人热情大方,直来直往,从来不害怕这样会得罪人。不好的一点就是脾气比较大,发起脾气来也很吓人。

5. 喜欢吃烧烤食物的人

那些喜好吃烧烤食物的人,对生活总是积极进取,不满足于目前的生活处境,想过理想般的生活。所以,他们能够专心致志,对自己所决定的目标理想都能够全身心地投入。他们的性情比较急躁,讨厌慢半拍的人,平时喜欢乱出主意,也喜欢在人前出风头。但一遇到能够成功的机会时,却又缺乏勇气,所以经常错失良机。

6. 喜欢吃腌制食物的人

那些喜好吃腌制食物的人,通常都比较成熟稳重,做事不急躁,给人一种信任感,值得你把一些重要的事情交给他去办。他们在工作中埋头苦干,兢兢业业,做什么事情都会有自己的计划,按部就班,所以很少会出错。他们唯一的缺点就是认为人与人交往都是互相利用,所以他们不注重人际交往。

反之,那些不喜欢吃腌制食物的人,经常面带笑容,心胸宽广,所以他们的朋友比较多,任何时候、任何地方都能找到自己可以聊天的朋友。他们能吃苦耐劳,有锲而不舍的毅力,但很容易因挫折而放弃自己的目标,所以在事业上不会取得成功。

7. 喜欢吃糖类食物的人

喜欢吃糖类食物的人,他们对生活非常热情乐观,全身上下洋溢着青春与活力。他们大多都比较平易近人,总是给人一种亲切感。但他们在性格上却有些软弱胆小,面对陌生人或没有好感的人总是习惯保持着一种矜持,而这种情感由内而外地表现在脸上,引得对方感到不悦,因此他们在交际中没有很好的人缘。

另外,还有那些喜好甜食的人,性格往往比较温和,在性格上多属于"黏液质"型。他们平时做事很谨慎,也比较保守,在任何情况下都不愿意去冒险。在地域上,上海、江浙地区的人比较喜欢甜食。

四、看对方的购物方式,表现其生活态度

我们生活在一个互动的时代里,告别了那种自给自足的自然经济,生活中有很多必需品都是要从外界获得的,而最直接、简单而且普遍的方式就是去通过逛街去商店或商场购买。很多人都喜欢购物,尤其是女性朋友,她们甚至把购物当做一种兴趣爱好。看着街上琳琅满目的商品,让人眼花缭乱的漂亮服饰,她们的眼睛就开始亮起来了。其实,购物也是一种生活习性,我们也可以透过一个人的购物方式来读懂对方的生活态度。

有的人喜欢购物,是仅仅把购物过程当做一种放松的方式,他可以一个人在街上晃悠大半天却什么都不买;有的人购物目的性很明确,想购买什么东西就直奔商场,挑中喜欢的就立马付款;还有的人喜欢和家人一起购物,他们更愿意享受的是那种温馨的氛围。其实,这些看似很才常见的购物方式,却可以折射出一个人的真实性情及性格特征。

小张是个急性子,平时最讨厌的就是在商场里面逛来逛去,他买什么东西,三两下选好了就会买了,然后以最快的速度离开商场,但偏偏女朋友喜欢逛商场,而且一逛就是好几个小时,总是在几个商铺之间走来走去,看到好看的衣服总要试穿。

可最让小张吃不消的是,女朋友只逛,却不买东西,经常是流连在化妆品柜台前看看这个,试试那个。虽然导购小姐嘴上没说什么,但是那眼神让小张见了很是不舒服。最后,往往是小张看不下去了,掏钱买了一个,回头却被女朋友说半天,说本来不想买的,责怪小张乱花钱,不会买东西。

从心理学的角度讲,女性购物是为了享受过程,而男性购物则是为了享受结果。所以,最让男性受不了的不是漫长的逛街,而是女性总是流连于各种商品却不买的那种心理。大多数男性的购物方式,那就是直奔自己所需要的商品那里,选择合适的东西,然后立马走人,绝不多逗留片刻,在他们看来,在那种嘈杂的地方待上一段时间是一种痛苦的折磨。

而女性的购物心理,则是东看看、西看看,到处挑选,问了价钱却不愿意掏钱购买。这种逛而不买的心理,在心理学上叫"知晓心理",也就是说,女性获得满足感并非要通过购物的结果来实现。它还可以通过购买过程中享受那种乐趣,了解一些商品的价格也能给自己带来一种满足感。另外,商场那种疯狂的气氛,也是深受大多数女性朋友喜欢的。

下面我们简单地介绍一下几种常见的购物方式,以此来摸清对方的底牌。

1. 速战速决的购物方式

人们逛街的目的,通常就是为了购买一些所需要的物品。有的人目的性很强,这主要体现在男性身上。他们在逛街之前,会清楚自己所需要的东西,甚至列出清单,到了商场,按着清单购买东西。这样的人有着较强的组织能力,做什么事情都很讲原则,并且在做事情之前,也会有周详的计划,否则他们就会失去安全感。所以,他们的随机应变能力比较差,在面对突发状况的时候,常常不知所措。这一类人记性比较差,所以需要不断地有人提醒他们,在什么时间去做什么事情。

2. 喜欢与家人一起购物

有的人喜欢邀请全家人一同出去购物,这一类型的人大多比较传统,深深眷恋着家的温暖。温馨的家庭在他们心中占据着重要的位置,这使得他们有一种强烈的责任感。他们在做任何事情时,都会取得家庭的同意,都是以家庭为出发点,他们整天的生活都是在围绕着家庭转。虽然,这在旁人看来显得比较乏味,但是他们却感到很满足。他们在与家人一起逛街的时候,也会较多地关注那些经济又实惠的东西,而不会选择购买华而不实的商品。

3. 喜欢购买打折商品

有的人喜欢经常逛那些打折商场,希望能在其中购买一些自己中意的商品。这样的人大多比较现实,很懂得过日子,会精打细算地把钱省下来做其他的事情,但是有时候却因为眼光不够,经常买一些不实用的东西。他们的个性比较固执,不会轻易接受来自他人的观点。遇到任何事情,他们都固执地坚持自己的看法,不希望听从他人的意见,即便是他有一些共同的协商,但到最后他们还是会摒弃他人的想法,把自己的想法坚持到底。

五、开车的方式体现对方的脾气秉性

现代社会,科技日新月异,经济快速发展。可以毫不夸张地说,几乎每天我们都会与汽车接触,当然,有的人是坐车,有的人是开车。随着人们的生活水平越来越高,买洋房、开汽车已经不再是梦想了,早已经变成了现实。其实,如果我们仔细观察,就会发现一个人控制汽车的方式,和控制自己的方式有许多相似之处。心理学家说:"如果把车子视为一个人肢体的延伸,那么开车的办法,就是肢体语言的机械化身。那么,通过一个人的开车方式,则可以看出一个人的脾气及秉性。

樊先生是一个司机,每天接触最多的就是汽车。长期跑车的经历使得他的性格变得暴躁,脾气变得古怪。同是在马路上行驶,若是旁边的车稍微快了一点,他就会自言自语谩骂起来:"跑这么快干什么!家里死人了?!这样的司机迟早会去见阎王!"而轮到自己加速的时候,他则会说:"前面的车快点嘛,走不动嘛,真是倒霉!"似乎,他心情总是这样暴躁,没有安静愉快的时候。

樊先生的脾气在他开车时展露无遗,不是谩骂就是埋怨,十分清晰地展现了他暴躁的脾气。如果你不是有车一族,想必,我们也搭乘过不少公交车或出租车,从中我们也会发现这样一个现象:不同的司机,不同的性格,自然会有不同的表现。比如,同样是遇到红灯,脾气暴躁的司机会埋怨:"怎么又是红灯啊,真是倒霉,又要等上半天。"而脾气温和的司机则会自我安慰:"开了这么半天也累了,正好趁着红灯的时候休息休息。"所以,要想了解对方的脾气秉性,我们可以观察对方的开车方式以及开车时的状态。

下面,我们就详细地列举几种开车的方式,以此来为你剖析握着方向盘的那个人的脾气以及秉性。

1. 按正常速度开车的人

有的人开车不超速,不减速,他就按照正常的速度开车。在他们看来,开车不过是到达自己想去的地方,而不是一种快乐的刺激或经验。在生活中,他们个性温和,尽自己该尽的义务,崇尚中庸。对一件事情,即使有很大的把握,但也不会贸然行事。

2. 喜欢使劲按喇叭的人

有的人在堵车或前面车子挡住自己的时候,总是使劲地按喇叭。这样的人往往脾气很暴躁,在生活中,他们总是大喊,乱发脾气。面对挫折,他们不会去寻找解决问题的方法,而是大发脾气,以此来表达自己内心的焦虑和不安。

3. 超速行驶的人

有的人把开车当做一种快乐的刺激,无论处于什么样的环境,都是超速行驶,不受制于任何人。这样的人脾气耿直,憎恶权势,喜欢自由。不喜欢有人给自己设限,如果有人这样做了,他们可能会以极端的方式来夺回自己的自由。

4. 绿灯亮了,最后发动车的人

有的人开车四平八稳,即使绿灯亮了,也是最后发动车。在他们看来,这样比较安全,有保障,也用不着与其他的人争吵。他们性格温和,不伤害人,也不希望别人伤害自己。他们藏锋而活,为的就是减少争执与伤害。

5. 不换挡的人

有的人开车不喜欢换挡,这样的人脾气很温和,他们喜欢自己的生活方式,而且,用自己的方式去追寻。由于不换挡,当绿灯一亮的时候,他就抢先往前冲,他们的生存方式就是凡事比别人抢先一步,他们喜欢赢的感觉,而不喜欢被他人当做失败者。

6. 行车速度很慢的人

有的人开车很慢,即使技术娴熟,但只要遇到小坑,他都忍不住停下来。似乎,坐在方向盘后面都令他们自己觉得害怕,担心自己无法操控这一切。这样的人几乎没有脾气,个性比较懦弱,他对那些超过自己的人产生嫉妒之心,但胆小怕事的他们却常常令自己都失望。

六、签名的方式体现对方的内心素养

美国心理学家艾维·赫尔斯丁说:"每一个人脑的思维被无意识地输送到手指尖上,笔迹是思维的轨迹。"笔迹如何,全凭着一双手的操作,另外,笔迹的结构、轻重、缓急都会受到手和大脑的控制。一个人在签名时的一笔一画,都会向人们展现其内心世界。现代社会,许多领域都会用到笔迹心理学,诸如心理分析、人才招聘、遗产公证、犯罪等领域。从法律上来说,每个人的签名方式都是特别的,不过,在具体的细节中,可以将人们的签名方式归结为几类,比如带着图案式的签名、难以辨认的签名,等等。如果我们要想了解他人的内心素养,不妨从其最常见的签名方式着手,从心理学的角度,来了解其个性。

无论是在公司,还是在谈判场合,我们会经常看见人们的一个习惯性动作,那就是:签名。在工作中,许多任务的执行需要签字;在商业谈判中,所拟定的合同需要签上名字;甚至,请假也需要签上自己的名字。签名,这个小小的动作,不知道在什么时候成为了我们日常生活中的小插曲。于是,在天长日久的锤炼中,我们的签名也逐渐成为了一种风格。其实,许多人比较在意自己的签名,尤其是明星或领导,他们私底下会苦练自己的签名,致力于使自己的签名看起来别具一格。不过,很少有人知道,通过一个人的签名是可以揣摩其内心素养的。签名所涉及的是笔迹心理学,这是一门研究人的书写心理以及笔迹特征与个性心理的科学。而通过签名方式来看破对方心理,我们所采用的就是笔迹心理学。

下面我们就介绍几种常见的签名方式,可以供你借鉴,以此来揣摩他人的内心素养。

1. 与平时写字倾斜度不一样的签名

有的人在签名时会显得与平时写字很不相同,比如,平时写字往右倾斜,签名时却向左倾斜;或者,平时写字往左倾斜,签名时却向右倾斜。前者往往很想给人留下冷淡的印象,这不过是伪装出来的,其实,这类人本身相当友好,善于交际,性格外向;后者从表面上看是一位社交高手,热情而幽默,不过,其内心却隐隐含着反叛的心态。

2. 拥挤的签名

有的人在签名时小心翼翼,字写得很小,而且,名字居然挤在了一起。

在其心里,很想把最小的东西发挥出最大的作用,这样的人在平时就是一个精打细算的人,喜欢节约,不喜欢铺张浪费。但是,因为签名显得太小气,反而给人留下不好的印象,所以,他在生活中往往以节约为主,但其实到最后,他并没有为此省下来多少钱。

3. 与平时写字大小不一样的签名

有的人在签名时会显得与平时的写字大小不相同,比如,签名字体比平时所写的字体大,或者,签名字体比平时所写的字体小。前者内心有强烈的自我膨胀,希望通过签名来让人记住自己,可事实上,很少人能记住他们;而后者则往往内心自卑,常常会避免接受一些荣耀,平时喜欢吹毛求疵。

4. 夸张的签名

有的人在签名时故意签得比较夸张,虽然这样的签名方式看起来很有艺术感,但是,却是伪装而成的。这样的人心中常常感到无奈,于是,他们所做的很多事情都是来克服心中的无力,比如,买豪华轿车来达到内心膨胀的目的。

5. 逐字上升的签名

有的人在签名时会不知觉地逐字上升,即整个签名呈上升的趋势。这样的人有着强大的野心和必胜的决心,其事业正如签名一样,会越来越好。面对已经决定的事情,他会毫不犹豫地坚持下去,绝不放弃。

6. 笔迹强劲、笔直

有的人在签名时会刻意强调笔迹的风格,使整个签名看起来笔直而不夸张。其实,就和他们性格一样,此类上司有着较强的自信心,对任何事情都能坚持到底。同时,他是一个不轻易放弃的人,如果事情遇到了一些麻烦,需要重新开始,他也会毫不犹豫地投入其中。

7. 带图案的签名

有的人在签名时会增加一些具有艺术感染力的图案,整个签名看上去高雅而有节奏。这种人的性格往往就像签名一样,独特而有艺术气息,有一定的品味,较强的自信心。这类人对自己的喜好,从来不掩饰,常常是直言不讳。

8．像学生类的签名

有人的签名方式与学生时代的签名一样,字体缺乏形式与流畅,大小不一。如此的签名方式,体现本人的感情还处于学生时代,或许,就连其智力也还停留在那个时代。他没有办法适应成人世界,故在笔迹上显露出内心的诉求。

9．逐字下垂的签名

有的人在签名时会不知觉地逐字下垂,即整个签名呈下降的趋势。这样的人很容易因工作而疲劳,有时候,繁忙的工作会让他觉得无力应付。在工作中,他可能正在遭遇挫折与困难,随时都有可能倒下去。

七、由阅读习惯了解对方的内心

心理学家认为:"读书不仅能增加一个人的知识和修养,还能在某种程度上反映出一个人的性格和心理,比如阅读习惯。"在生活中,基于每个人的个性不一样,其阅读习惯也不一样。有的人拿到书就开始兴奋起来,不管是不是自己感兴趣的,都会从头看到尾;有的人则不一样,拿到了书和报纸,总是先翻看自己感兴趣的文章,然后再慢慢浏览那些不是那么感兴趣的标题;还有的人买了书,扔在一边,总是隔了很久才翻出来看,等等。阅读,看似一件很普通的事情,不同的人来做,却出现了不同的现象,而恰是这些习惯中透露出来的个人印记,蕴涵了其真实的内心世界。所以,在生活中,我们也可以通过对方的阅读习惯来了解其真实的心理。

小周喜欢买报纸,几乎天天买,要是哪天忘记了买报纸、阅读报纸,他就浑身不自在。而且,只要一拿到报纸,他就忘记了自己身在何处,必须先把报纸的各个版面的内容了解清楚,哪怕时间紧迫,老板吩咐了紧要的工作,他也是先把报纸看了再说。

或许是因为看得报纸比较多,他善于言辞,经常给同事说一些稀奇古怪的事情,若有人问:"你这是从哪儿听来的?"他准会回答:"看报纸呗,那还不简单。"他个性开朗,喜怒哀乐都表现在脸上,凡事喜欢凑个热闹,反应灵敏,办事积极周到,能适应各种环境。不过,他做事情总是按照自己的想法去做,听不进他人的意见,同事们都说他犟得像头牛。

小周的阅读习惯属于"兴奋型",诸如此类的人一旦接触了阅读物,总是忘记了自己要干什么,一定要先把内容了解清楚了才有精力去干其他的事情。他们常常是一边拿着书,一边干着其他的事情,因为这样的阅读习惯没少让家里人说、老板批评,但这也依然减少不了他们对书的热情。这样的人性格开朗,活力四射,内心的情绪常常表现在脸上,喜欢热闹的地方,办事靠谱,喜欢追求新鲜的事物。

下面,我们简单地列举几种常见的阅读习惯,以此来剖析他人的内心。

1. 兴趣型

有的人拿到了书籍或报纸,会先看个大概,然后选择自己感兴趣的内容看。在生活中,如果看到身边的人拿着自己感兴趣的书籍,他们也会夺过来阅读。不过,一旦发现那并不是自己感兴趣的书籍,则会搁置在一边,偶尔拿过来打发时间。

这样的人大多性格外向,积极向上,有幽默感。他们不甘于寂寞,常常是约上几个朋友一起出去玩,忍受不了一个人待在家里的苦闷。他们善于交际,有较强的组织能力,有领导的天赋。不过,他们做事缺乏细致,常常是敷衍了事,马马虎虎。

2. 慢慢享受型

有的人买来了书和报纸后,总是先把它搁在抽屉或桌子边,他们想把手中的事情做好。然后,在没有其他人打扰的情况下,仔细阅读,不错过每一篇,每一段,每一句话,甚至,每个标点符号。

　　这样的人大多性格内向,沉默寡言,喜欢静静地享受一个人的世界,不善言辞,但能将心中的热情投入到实际工作中去。他们有着较强的自我约束力,办事认真,在工作中能独当一面,对交际应酬不感兴趣。

　　3. 随意型

　　有的人买书只是为了装饰,而不是为了阅读。通常情况下,他们兴致勃勃地买了书籍,随便往书架上一扔,等到自己空闲了才拿出来看,把阅读当做解闷、排解无聊的途径。这样的人性格大多比较内向,多愁善感,经常会被电视里的情节或书中的描述而感动落泪。由于内心的不确定,使得他们常常陷入犹豫不决的情境中,缺乏魄力。他们不善于交际,没有多少朋友,时常是独自一个人孤芳自赏。不过,他们想象力比较丰富,能够考虑到他人的难处,为人憨厚老实,对于他人的请求从来不拒绝。

第五章

识别语言，倾听对方言语背后的真实心理

俗话说："闻其声,知其人。"在说话的过程中,一个人的真实心理将直接影响其声音,在这时,声音的大小、韵律、语速、语气等都是其内心活动的一种反映。所以,与人交往的过程中,我们需要识别语言,倾听对方言语背后的真实心理。

一、音色是性格的密码，让你看懂对方

音色是声音的特性，一般而言，音调的高低决定于发声体振动的频率，响度的大小决定于发声体振动的振幅，但对于不同的人来说，其发出声音的音色是不同的。其实，音色的不同取决于不同的泛音，不同的人发出的声音，除了一个基音外，还有许多不同频率的泛音伴随，而恰恰是这些泛音决定了其不同的音色，使我们能分辨出不同人发出的声音。简单地说，每一个人即使说着相同的话，也存在着不同的音色，因此，我们可以根据这些音色去分辨出对方。心理学家认为："音色是性格的密码。"在生活中，我们常说，谁的嗓子音色很美，或音色沙哑、独具个性，有时候，我们还会评论小提琴家"音色丰富多变"，等等。其实，这些独具个性的音色，恰恰是我们摸清对方性格的"钥匙"。

熟悉声乐的人应该明白，声和音是两个不同的概念。音是声的余波、余韵，两者之间相差不远，但在它们之间还是存在着细微的差别。在平时生活中，大部分人说话，只不过是声响散布在空气中而已，没有音可言。当然，如果说话的时候，虽然嘴巴张得很大，但声未出而气先发，那就表示对方有着深厚的内在素养。一个人的喜、怒、哀、乐，是可以通过音色表现出来的，即使对方很想掩饰自己或者控制自己，但其内在情绪还是会不由自主地泄露出来。所以，我们通过音色来识别一个人的性格及内心世界的方法，是比较可行的方法。

在西晋的时候，王湛的父亲去世了，他居丧三年，丧期满了，他就居住在父亲的坟墓旁边。侄子王济来祭扫祖坟，从来不去看望叔父王湛，即使两人偶然碰到了一起，也是寒暄几句就作罢。

有一次，王济试探性地问了叔父最近的事情，王湛回答时音调适当，音色温顺流畅。王济听了,大吃一惊,在他看来,叔父在之前不过是胆小怕事、缺乏主见、意志软弱之人,没想到现在变得如此稳重。在这之前,由于王湛的品性,王济从来不把他当叔父看待,自从这次听了他的言谈后,心中生出了敬畏之意。自己虽然才华出众,但在叔父面前,却是自愧不如。王济不禁感叹:"家里有名士,30年来却不知道!"

以前,晋武帝每次见到王济,都会拿王湛开玩笑,问他:"你家里那位傻子叔父死了没有?"每到这时,王济总是无言以对。自从与叔父畅谈之后,王济对叔父有了新的认识,等到晋武帝再那样问起的时候,王济便回答说:"臣的叔父并不傻。"接着,王济便如实讲出了王湛的优点。晋武帝问道:"可以和谁相比呢?"王济回答说:"在山涛之下,魏舒之上。"由于王济的推荐,王湛的名气逐渐大了起来,在他28岁的时候就步入了仕途,被天下人所知。

心理学家认为,说话速度较慢、音色温顺平和的人,他们对于权力都看得很淡,过着与世无争的生活,比较容易与人相处。不过,由于个性比较软弱,胆小怕事,对于外界的人和事都采取逃避的态度。不过,这样的人有着丰厚的内在素养,若是有人在旁边提携一把,他会成为一个大有作为的人物,比如王湛。

下面,我们就介绍几种常见的音色,以此来判断对方属于何种性格。

1. 音色深沉

这样的人大多才华出众,语气凝重,言辞隽永。对于生活中的人和事,他们能够理解得深刻而准确,对自己和他人很负责任,值得信赖。或许是因为不擅长处理复杂的人际关系,他们往往不能得到重用,自己的才华也无处施展。

2. 音色铿锵有力

这样的人是非分明,对于任何事情都需要坚持原则,给人的感觉就是原则性太强,而不懂得变通,甚至在某些小事上也不给别人商量的余地。不过,从另外一方面看,这种人也常常因为公正而受到人们的尊敬。通常,他们在评价别人的时候,不会因主观原因而产生偏见,即使与对方存在私人恩怨也可做到公正无私。

3. 音色柔和

这样的人待人宽厚,性格大度,做事懂得变通。他们不会轻易与人发生争执,在他们看来,无谓的争辩只会伤了彼此间的和气。他们藏起了自己的锋芒,在交际中展现八面玲珑的一面,擅长处理人际关系。

4. 音色激烈

这样的人有着较强的好奇心,有较为独特的思维能力,敢于向传统挑战,敢于向那些所谓的"权威"挑战。他们有着丰富的想象力,经常会想出一些奇思妙想,在语言表达上,他们显得与众不同,比较有吸引力。不过,由于其敏感的性格,不能冷静地思考,难以被人所理解。

5. 音色尖锐

这样的人言辞比较犀利,喜欢与他人争辩,在与他人争执的过程中,一旦抓住了对方的语言漏洞就会毫不留情地反击,以至于令对方哑口无言。他们看问题比较准确,不过,由于语言极具攻击性,因此,他们总是忽略事情的整体一面,而使自己常常陷入抬杠的境地。

二、倾听语调了解对方的内心意图

语调是指人们在说话的时候体现出的约定俗成的表示态度、情绪的语气,比如诚意、尖酸刻薄、等等。我们在日常交际中,大部分的沟通都是凭借有声语言来达到交流的目的的,而语言表达则主要在于语音。有声语言借助语音的细微变化、语调语气以及停顿等一系列表达形式,使自己的言语表达更加准确、清新自然,同时,还具备抑扬顿挫的音乐感,就像一个技艺高超的琴师,弹奏出悦耳动听的音乐,体现出语言的音律美与和谐美。更为重要的是,我们可以通过倾听语调来了解对方的内心意图,摸清对方的性格。每一句话都有着不容置疑的语气,包含着众多的情绪,但这似乎需要不同的语调来表达,而恰恰是这些不同的语调出卖了对方真实的内心。

有研究数据表明,语调的表情达意超过了具体的口头用语。当我们在与他人进行面对面的交流时,信息的表达与传递通过肢体、音调以及具体用语的大致比例分别为:肢体语言占了55%,语音语调占了38%,具体用语仅占7%。而如果我们与对方是通过电话交流,语调所占的比例还将增加,将达到70%。在生活中,如果我们想要了解一个人,即使无法进行面对面的交流,但只要认真倾听对方的语调,自然可以了解对方的内心意图。

有一次,张先生的朋友告诉他,他认识一家建筑公司的经理,这家建筑公司实力雄厚,生意做得非常大。于是,张先生请他的朋友写了一封介绍信,他带着信去拜访那位年轻的经理。谁知,朋友的这位熟人并不买张先生朋友的账,他瞥了一眼张先生带来的介绍信,说道:"你是想跟我要保险订单吧?我可没兴趣,还是请你回去吧!"张先生带着诚恳的语调:"田先生,你还没有看看我的计划书呢!"

"我一个月前刚刚在另外一家保险公司投过保了,你看我还有必要再浪费时间来看你那份计划书吗?"年轻的田经理断然拒绝的态度并没有把张先生吓走,他从对方的语调中听出对方是一个性情中人,此类人的弱点就是容易被打动,只要自己表现出足够的诚意,一定可以打动对方。他鼓起勇气,大胆问道:"田先生,我们都是年龄差不多的生意人,你能告诉我你为什么这样成功吗?"年轻经理有点不耐烦:"你想知道什么?""你最开始是怎样投身于建筑行业的呢?"张先生很有诚意的语调和发自内心的求知渴望,让这位年轻的田经理感觉到张先生内心的诚意,他的心被打动了。

张先生从田经理的语调中听出对方原来是一个性情中人,而此种类型的人最大的缺点就是很容易被打动,尤其是在谈到自己过去经历的时候。于是,张先生找准了机会,表现出了自己莫大的诚意,以此得到了田经理的认可。

人们在不同情绪情感的状态下语调也会发生相应的变化,有可能文字本身是完全相同的,但表现出来的情绪情感可能会千差万别。比如,一个人在悲哀时语调往往低沉,高兴时语调往往高昂,温柔时语调通常平和,恼怒时语调通常生硬,愤怒时语调常常粗暴。而且,同一句话,由于说话时所使用的语调不同,表现出来的含义可能会完全不同。不同语调所表现出来的含义,比言语本身还要多,这可以帮助我们更准确地领会对方的内心意图。

下面,我们就列举几种常见的语调,为你——剖析语调背后的含义。

1. 平稳的语调

平稳的语调有一种胁迫力,这样的人做事比较沉稳,他们知道自己想要的是什么,该拒绝的是什么。通常情况下,他们是领导中的佼佼者,他们总能知道该如何来让下属服从于自己。带着平稳语调的劝说,不仅不会令下属感到恐惧,而且能更好地促使下属认真思考如何解决问题,这样一来,他们自己的目的就达到了。如果你的上司或长辈以如此的语调跟你说话,那表示他将在某方面想说服你。

2. 低沉的语调

在生活中,有的人的声音并不富有磁性,但他们却喜欢用低沉的语调来说话,似乎这样才能显示其沉稳的一面。这样的人善于掩饰自己的情绪,即使他心中很生气,但他依然可以保持正常的语调讲话。在交际中,他们一般都扮演着比较厉害的角色,擅长处理人际关系,无论是在工作中还是生活中,都能够游刃有余地生活。

3. 尖锐的语调

尖锐的语调很刺耳,同样的,其本人也难以得到人们的欣赏与认同。这样的语调大多出现在女性身上,一旦她们遭遇了某种不公平的待遇,或者受辱,便会发出尖锐的语调。这样的人大多富于想象力,不过,过于幼稚而且成熟不足,做事情常常是跟着感觉走,以至于经常会遭遇失败。

三、习惯性的口头禅展露对方的真性情

在日常生活中,每个人都有那么几句常说的话,俗称"口头禅"。这些语言是一个人在日常生活当中由于习惯而逐渐形成的,具有鲜明的个人特色。所谓"窥一斑可知全貌",即在人们那些看似不经意脱口而出的日常用语中,可以了解其隐藏其中的最真实的性情。现代心理学研究发现:日常用语看似随便说出口,其实跟说话者的性格、生活遭遇或是精神状态密切相关,日常用语也影响着其他人对说话者的感觉。从这个意义上说:日常用语其实也不是完全无心而言的,它其实是一种内心真实想法的表达,反映着说话者的心理状态和性情特点。从不同的日常用语里,我们可以洞察对方内心的真性情。

老张的口头禅就是"是是是"、"好好好",同事经常开玩笑:"对你的工作还满意吧?"他总是笑呵呵地回答:"是的。"似乎,他从来就没有反对的意见。在与同事相处中,遇到不同的意见,老张对这位说:"是,你说得对。"回过头,他对那位也说:"对,你说得没错。"这样没有立场的说话态度,让同事感到很扫兴。

刚开始同事接触到他,以为他这样说话是由于陌生的关系,不想得罪人。时间长了,与同事都熟络了起来,他还是这样说话,同事就觉得很不喜欢了,而且,总觉得他这个人比较"虚伪",因此不愿意与之交往。上司觉得老张没有自己的想法,只会一味地顺从,这样的人对公司将不会有很大的帮助,于是就一直没有重用他。

在公司,没有谁与老张能够谈得来,因为大家觉得他这种模糊的表态方式让自己非常不舒服。所以,最后老张既没有得到领导的赏识,也没有获得同事的好感,而且还非常令人讨厌。

实际上，老张那"是"、"好"的日常用语是源于其唯唯诺诺的个性，并不是虚伪的表现。从心理学上看，嘴里总是说"是"、"好"之类的语言，表明此人内心比较胆怯，面对一些事情，他不愿意表态，其实也是惧怕表态，害怕因为自己真实的意见而与他人发生不快。于是，他甘愿当个老好人，无论别人说什么，他都不发表任何意见，不想，这样一来，使得人们觉得他态度不够鲜明，好像很虚伪。如此看来，一个人所使用的日常用语，在一定程度上，能反映其真实的性情。

下面，我们就一些常用的口头禅所反映的真实性情来说说。

1. "应该、一定、一定要"的口头禅

有的人喜欢说"应该、一定、一定要"之类的话语，听上去，话语里含有强烈的命令性以及确定性。经常说这类语言的人，有着较强的自信心，他们做事很有条理，理性大于感性，即使遇到了困难或阻碍，他们也不会慌乱，而是显得异常冷静。

2. "听说、听别人说"的口头禅

有的人喜欢说"听说、听别人说"之类的语言，他之所以不说"我说"而是说"听说"，是在告诉别人，自己所说的话并不是自己内心所说，而是道听途说，如果这些话不可信，那么，也不会是自己的责任。有时候，即使这些话并不是听来的，而是自己想说的话，但为了推卸责任，他们也会在话题前面加上"听说"，以此来达到不负责任的目的。

这样的人见多识广，因而，每做一件事情总是为自己留条后路，以备不时之需。在做事的过程中，办事圆滑，不过，却缺乏一定的决断力，常常会陷入两难的境地。

3. "也许是吧、可能是吧"的口头禅

有的人喜欢说"也许是吧、可能是吧、大概"之类的语言，给人的感觉很模糊，搞不清楚到底是"是"，还是"不是"。经常说这样话语的人，他们习惯性掩饰自己内心真实的想法，以此来保护自己。即使在朋友面前，他们也会下意识地保护自己,不会将自己的想法完全暴露出来。另外,这种人往往善于待人接物,其冷静办事的个性,赢得了不少好人缘。

4."但是、可是"的口头禅

有的人喜欢说"但是、可是"之类的语言,紧接着,所说的话题就开始了转折。喜欢这样说话的人,总喜欢用后面的说话内容来为自己做辩解,或者是寻找理由。当然,当事人后面所说的话其实是为了保护自己,同时,也给自己前面所说的话留下了足够的思考空间。

5."啊、这个、呀、那个"的口头禅

有的人喜欢说"啊、这个、呀、那个"之类的话语,习惯说这样话语的人,他们给人的感觉是反应比较迟钝,其实并不是这样,这类人是具有较深城府的人。在很多时候,之所以假装没听清楚,是因为需要时间来思考自己到底该如何回答。

四、表面的客套话也能透视对方的真实心理

在生活中,人与人之间的交往存在着一定的心理距离,这是很正常的。在人们的交际范围中,有一些人与自己关系比较密切,在彼此之间,都是由不熟悉到熟悉的,简单地说,在人们交往中,彼此都存在一定的心理距离,而随着交往的深入,往往会缩短彼此之间的距离。在交往的过程中,人们会使用到礼仪用语,中国自古就是一个礼仪之邦,所以,不可避免地会在人际交往中会用到许多的客套说辞,这一方面是为了表现自己的礼貌,另一方面也会以此来体现自己的在意之处。在交际中,我们要善于倾听对方的客套说辞,有的表面上看是客套话,实际上却表达了相反的心理。所以,不要以为客套话就真的是客气,我们要善于辨认对方的客套言辞,以此来洞悉对方的真实心理。

这天,王姐在公司外面遇到了阿梅,她热情地邀请道:"这周末,我们搬家,你也过来玩吧。"阿梅笑了笑,回答说:"我一个柔弱的女孩子,来了也帮不上什么忙。"王姐说:"哎哟,需要你帮什么忙嘛,搬家都有工人,你只需要来玩玩,随便参观参观我们新家就可以了。"阿梅有些羡慕地说:"你们家先生可真行,都换了两套房子了,可我到现在,还蜗居在一家不足七十平方米的房子里。"

王姐再次发出邀请:"那你就来看看我的新家呗,反正周末有的是时间。"阿梅摇了摇头说:"周末,我公公婆婆还得过来,我还得照顾他们,我们家房子小,就是很不方便。"王姐看上去很失望,她却没有注意到阿梅有些尴尬的脸色。

面对王姐的一再邀请,阿敏婉言谢绝,从她的客套言辞中,我们不难发现,她内心比较自卑,自己家还是多年前的旧房子,可同事已经换了两套新房了。在这样的情境下,她自然不愿意去看新房,以免心生憾意。或许,她周末根本就没有事,但她还是硬说自己有事,以此推托王姐的邀请,这就是阿梅的真实心理,可作为热情邀请人的王姐,她却并没有意识到,她的再三邀请,已经造成了尴尬的局面了。

其实,每天我们都可以听到许多客套言辞,比如你今天结识了一个新朋友,初次见面你会说"久仰";当你见到好久没有看到的朋友,你会客套地说一句"久违"。当你等候客人的时候,你会用到"恭候";当宾客来到时你会说到"欢迎光临"。当你去看望某位朋友时,会用到"拜访",而你临走时希望朋友别再送时会说"请你留步"。通过这些客套的言辞,我们不难发现对方想表达的真正意思。

1. 推辞之说

当我们对他人发出热情的邀请,而对方又不愿意去时,他就会客套几句:"能得到您的邀请,真是荣幸,但我今天晚上已经有约了,真是不好意思,希望您能够理解。"这样的几句客套话是表示委婉的拒绝,虽然是要拒绝邀请,但是又不忍破坏双方之间的关系,于是先说几句好话来使对方保持愉悦的心情,在适当找个借口,这样委婉地拒绝就更容易被对方所接受了。

2. 虚情假意

客套话所表示的是一种恭敬或者感激,不是用来敷衍人的,所以你在使用时也要掌握好一个度。如果有人过分地使用客套话,就会显得比较迂腐、浮滑、虚伪。我们可能只是做了一点点事情,或许只是顺手递过来一杯水,本来,对方可以简单地说"谢谢"就可以了,也可以说"实在不好意思,这点小事都来麻烦你,真是谢谢你了"。

但有的人觉得这样的话不足以表达自己内心的情感,他们则会过分客套地说:"哎哟,真是麻烦你这个大贵人来给我端茶递水,真让我感到难过,实在太感激你了。"这样的话,不免显得有些虚情假意了。

3. 纯粹是礼貌

有的客套话纯粹是出于礼貌,比如,在陌生人面前或者关系不怎么亲密的人面前,你就会为了塑造自己良好的形象而显得彬彬有礼。这些客套话是自然而然地脱口而出,如果一定要追根究底,那就是"知礼仪"。客套话成为了人与人之间交往的固定言辞,也成了彼此之间的交流障碍。如果对方总是在说一些客套话,那只能证明你们之间关系还不够密切。

五、由语速洞察对方的心理状态

语言是我们用来表达思想、交流感情、抒发胸臆的工具,同时,也是心理、感情和态度的自然流露。而说话速度作为语言表达的一部分,其实却暗藏心理玄机,究其根源,在于语速的快慢缓急将直接反映当事人的心理状态。在日常生活中,我们都会发现每个人都有自己相对固定的说话方式,而说话速度却不是相对固定的,有时快,有时慢。一般而言,说话速度快慢有致,往往能够准确地传情达意;如果说话速度缺乏了快慢变化,那就难以准确、恰当地表达自己的思想了。而且,说话速度将直接反映个人心理,比如,说话速度不自觉地加快,那就表示对方想给你施加一定的心理压力;说话速度一下子慢了下来,那就表示对方想让你感到不安。

在日常交际中,说话速度的快慢缓急,取决于自己内心所要表达的思想感情。有的人在叙述内容的时候,说话速度适中,不快不慢;如果对方心里充满了激动、愤怒的思想感情的时候,他们的说话速度就会变得很快;而当他们心里充满了失望、悲愤的思想感情的时候,他们的说话速度就会放得很慢,话语娓娓道来。

已到不惑之年的李师长平易近人,受人尊敬。每每遇到士兵,他总是慢条斯理,娓娓道来,语速总是不温不火。在一次座谈会上,李师长向大家解释了他为什么语速较慢的原因,李师长说,他说话之所以语速比较慢,原因有三个:一是性格比较温和;二是由于讲话从来不用稿子,需要充分思考,准确表达出自己的思想感情;三是所说的每一句话都是带着感情的,这样的语速更能表达出自己的感情。

坐在身边的小王终于明白了,为什么李师长总是那么受欢迎了,那是因为他的话语总是让人感到温暖、平易近人,而恰恰李师长本身就是一个和蔼可亲的人。

一个人的说话速度可以反映其情绪以及真实心理。相信我们都没有见过耳语般吵架的情景,也没有看到谁用唱歌的形式作报告,一个慌张的人肯定也不会用读圣经的语速来告诉我们他所遇到的危机事件,而一个人不会用慢条斯理的语速来讲述他的激动心情。

在日常生活中,每个人的说话速度都不一样。而一个人的说话速度在一定程度上直接反映了其真实的心理状态。因此,我们完全可以通过对方的说话速度,来判断这个人正处于何种心理状态。

1. 说话速度快的人

有的人说话速度很快,听起来就像打机关枪一样。这样的人大多思维敏锐,个性活泼,能够较快地领悟到别人的言行话语,有着迅速、敏捷的反应能力。不过,正因为思维比较活跃,他们常常因为说话快而"惹"出不少麻烦的事情。比如,在对方还没有说完整件事情的经过时,他们就凭着听到的一部分而轻易下结论,常常会错误地判断整件事情;有时候,自己还没有完全想好,想到哪里就说到哪里,为此得罪了不少人;当对方正在解释的时候,他却图一时口快,而打断了对方的话,使整个矛盾激化。

2. 说话惜字如金的人

有的人说话惜字如金,别人跟他说了好多话,他才回答简短的一两句,似乎对你的问话无动于衷。他们常常给人的感觉就是显得很不礼貌、目中无人,其实并不完全是这样,他有可能是真的不太善于讲话,而是习惯默默地做好自己手头的事情。如果非要他开口说话,他只能简单地说几句,虽然语句不多,音调变化不大,语言也很朴素,但是这些话都是他的心里话,细细品味,就一定会让你信服。

3. 说话速度慢的人

说话速度慢的人,个性较为沉稳。无论遇到了什么大的事情,他都不表露出任何的情绪,而是将那些内心感受隐藏起来。不仅如此,沉稳还表现在其处理事情的时候,在做事之前,他们会详加考虑,尽量使自己做到万无一失。在做事情的过程中,一旦自己决定了某个目标,就不会轻易放弃,虽然有着这样的"倔"劲,但是天性做事沉稳的他们却总是碰到好运气,很少会失败。

4. 说话时声音发颤的人

有的人说话时嗓音发颤,甚至会全身上下一起发抖,这并不是与生俱来的或者是唱歌时发出的颤音。他的声音发颤显示出内心非常紧张,他的精神也处于一种高度的焦虑状态,他希望能尽早结束自己的发言和谈话。这种人其实是极度不自信,他们在事业上也容易遭受挫折。

六、学会听懂对方的"弦外之音"

如何听出一个人的"弦外之音"？对此,曾国藩说:"辨声之法,必辨喜怒哀乐。"一个人的七情六欲,喜怒哀乐都可以从声音中听出来。所谓"话由心生",心境不同,发出的"声"也会有很大的不同。在人际交往中,我们时常会遭遇这样尴尬的场面:对方明明是一张笑脸,却转眼变成了"黑脸"。究其缘由,就在于我们没能适时听出对方的"弦外之音"。有时候,语言的交流相当于一场没有硝烟的战争,彼此都是心照不宣,但为了保持一种良好的风度,却又不敢直接表达出来。于是,那些看似平静的言辞之中,往往会隐藏着"刺儿"。如果你稍有不慎,就会被对方的弦外之音所伤害,使自己处于一个被动的境地。所以,与人交往,我们要留意对方的声音,学会听懂对方的"弦外之音"。

当吕不韦命令人编撰好了《吕氏春秋》时,他召集了包括李斯在内的很多人举行了一次盛大的聚会。在一片笑容之中,吕不韦面带笑容,慷慨言道:"东方六国,兵强不如我秦,法治不如我秦,民富不如我秦,而素以文化轻视我秦,讥笑我秦为弃礼义而上首功之国。本相自执政以来,无日不深引为恨。今《吕氏春秋》编成,驰传诸侯,广布天下,看东方六国还有何话说。"字字掷地有声,百官齐齐喝彩。

之后,吕不韦召士人出来答谢,吕不韦也坦然承认,这些士人是《吕氏春秋》的真正作者。李斯发现那些士人精神饱满,神态倨傲,浑不以满殿的高官贵爵为意。在他们身上,似乎有着直挺的脊梁,血性的张狂。当时的《吕氏春秋》中记载:"当理不避其难,临患忘利,遗生行义,视死如归。""国君不得而友,天子不得而臣。大者定天下,其次定一国。""义不臣乎天子,不友乎诸侯,得意则不惭为人君,不得意则不肯为人臣。"

李斯看着那些强悍的将士,聪明的他猜出了吕不韦的弦外之音:"哪怕有一天我吕不韦失去了天下,但是只要有这些英勇的将士,谁也别想轻视我。如果你想和我作对,还是需要好好考虑再作打算吧"。于是,李斯当即陷入了沉默,不再言语。在这里,吕不韦虽然是笑容满面,而声音也很正常,但从那平稳的语调中,却透露出一种胁迫的力量。

《南史·范晔传》:"吾于音乐,听功不及自挥,但所精非雅声为可恨,然至于一绝处,亦复何异邪。其中体趣,言之不可尽。弦外之意,虚响之音,不知所从而来。"通常情况下,那些隐藏在话语里的"弦外之音"是不会轻易地被发现的,它只是在话里间接地透露出来,而不是清晰地表达出来,它有可能隐藏在语调里,有可能藏在音色里。这就需要我们在与对方进行语言交流时,仔细揣摩出话语里的弦外之音,这样才能清楚对方想表达的真实意图是什么。

1. "温柔"的反击

一位女记者对丘吉尔说:"如果我是您的妻子,我会在您的咖啡里下毒药的。"丘吉尔温柔地看着她说:"如果我是你的丈夫,我就会毫不犹豫地把它喝下去!"在这里,丘吉尔的声音里一点也没表现出生气的情绪,反而是温柔地告诉对方自己心中所想。

有时候,在与他人的语言交流中,如果我们在言语上触碰了对方的伤痛,这时,对方还是以平静而温柔的声音回答我们,我们就应该留意了,对方话里是否藏有"利剑"。当然,并不是指所有温柔、平静的声音里都藏有弦外之音,话中是否还有别的意思,这需要我们根据语言交流的进程来猜测。

2. 犀利的语调

有的人本身不善于隐藏自己的情绪,一旦被话语刺激到,他便会毫不犹豫地进行反击。这时,对方心中愤怒的情绪已经反映在其犀利的语调中了。如果是面对言辞犀利的对手,我们不妨采用一些方法进行回击。

当然,这也需要掌握一些语言上的技巧,或者是话里有话地答复对方,或者是自嘲的方式来使自己摆脱困境。你在措辞的时候,一定要注意即便是回击也要不着痕迹,不要伤害到对方,在对方面前,你应该保持一个对手应该有的胸怀和气度。

七、注意对方的声调,也许是在给你暗示

人的声音包含各种要素,而声调是很重要的要素之一,说话的声调即是声和气的综合。通常情况下,那些说话声音比较洪亮的人,具有某种权威性,可以达到控制场面的目的;反之,那些声气比较弱小的人,由于其声气太轻太小,所以往往需要人们更加集中注意力才能听清楚。那么,影响声气的因素有哪些呢?如果我们在说话时采用鼻子产生共鸣,那么,如泣如诉的声音会给人一种傲慢的感觉;反之,若是采用胸腔来产生共鸣,则会使声气变得强而有力。给人的感觉自然就不一样了,一个人的声气会暗示他的心理状态,无论是在生活中、工作中,我们都可以从声气中识人,从对方的声气中辨别出对方此时此刻的情绪及性格特征。

孔子去齐国途中,听到一阵十分悲哀的哭声,于是对弟子说:"这个哭声虽然很悲伤,但不是悼念死人的哀声。"随后,孔子下了车,问起他的名字,他说他叫丘吾子。孔子又问:"这里不是悲哀的地方,你为什么哭得这么悲伤呢?"丘吾子长叹一声,回答说:"我一生有三大过错,现在年老了才深深觉悟到,但追悔莫及,因此痛苦而哭。"

孔子不明就里,便一再追问,丘吾子才说:"我年少时爱好学习,周游天下,等回来时我的父母都死了,作为儿子竟不能为父母养老送终,这是第一过失;我做齐国臣子多年,齐君现在奢侈骄横,我多次劝谏都不被采纳,这是第二过失;我生平交友无数,不料到后来都绝交了,这是我第三大过失。树

欲静而风不止,子欲养而亲不待。去而不回的,是时间;不能见到的,是父母。我是个大失败者,还有什么脸面活在这个世上?"说完,丘吾子便投水而死。

一个人到了因悲伤而自杀的地步,我们可以想象他所处的情境是如何的悲惨。而孔子正是从其"唉声叹气"的声调中识别出丘吾子的哭声不是为了悼念死者,而是另有其他原因,这里不难发现孔子的识人之能。

心理学家认为经常唉声叹气的人心理承受能力比较弱,他们对自己缺乏自信心,对自己想做的事情缺乏勇气。一旦遭遇了挫折,内心便会充满了沮丧的情绪,整个人变得颓废不堪,如果这时没有人开导他,他便会变得一蹶不振。

那么,我们就不同的声气,来分析其言语里的暗示语。

1. 轻声细气说话的人

在与人交谈时,这种声气可以有效缩短人与人之间的感情距离,加深彼此之间的关系。这主要是因为,轻声细气说话的人常常会给人一种谦恭、谨慎与文雅的印象,这无疑容易引起对方的好感。而且有时候,它还能避免一些因为所用语言不当而引起的麻烦。当然,如果用它来公开坚持意见、反驳别人或者维护正义和尊严,则是不恰当的。

2. 和声细气说话的人

"和声细气"这种声和气,就像是小河里的涓涓细流,轻松自然,和蔼亲切,不紧不慢,能给对方一种舒适、友好、温馨的感觉。人们以"和声细气"的声气说话,常常是请求、询问、安慰、陈述意见的时候。

另外,和声细气地说话,可以展现出男性的文雅和女性的阴柔之美。如果是"和声细气"说话的男人,他通常都是厚道、宽容的;而如果是"和声细气"说话的女人,她往往是温柔、善良、善解人意的。

3. 高声大气说话的人

人们用"高声大气"的声气来强调某件事情,或者是表达自己内心的激动情绪。"高声大气"通常用来表示极度的兴奋或者激情澎湃的情绪,同时也能表现出说话者的性格,一般来说,这样说话的人大多富于激情,十分粗犷豪放。

比如《三国演义》中的张飞,他说话就是高声大气的类型,尤其是在长板桥之战,曹操带领大军追赶赵云。张飞骑着马站立桥头,怒目圆睁,厉声大喝:"我乃燕人张翼德也,谁敢与我决一死战!"声音如雷,吓退了曹军。

第六章
职场慧眼,方方面面看清同事的本质

在日常工作中,同事是我们在工作时间内彼此互相交往、接触最多的人。要想在工作中与同事能够和睦相处,我们应该拥有一双职场慧眼,从方方面面看清同事的本质,所谓"知己知彼,百战不殆"。

一、从打电话方式，了解同事的心理

电话是一个人对外交流最常用的工具，从电话的接听、挂断等小小的动作上，就能判断出对方的性格特征。在日常工作中，无论是我们自己，还是身边的同事，所接触比较多的就是电话，比如，利用电话与客户联系，或者将工作情况汇报给上司，或者是同事之间互相联系，或者是偷着在角落里打私人电话，等等。在一天的工作里，可以说电话是不离同事的手的。而且，你可以观察一下，每个同事都有自己的一些小动作，比如有的人习惯在走动中接电话，有的人在打电话时往往习惯性地乱写乱画，有的人习惯不将听筒贴住耳朵，有的人习惯以最自在的姿态打电话，等等。在这样习惯性的动作中，我们可以看出其内在的性格特征，以此达到识破人心的目的。

或许，许多人认为打电话不过是最普通的事情，能看出什么端倪呢？其实，每个人在打电话时的行为、动作都是不一样，其中深深烙上了个性印记。在公司走廊或者办公室里，经常看见同事们煲电话粥，如果你能仔细观察，就能从其打电话的方式中看出同事的性格。打电话，看似一件再普通不过的事情，其中却隐藏了一些看不见的秘密。另外，使用电话的交流，与面对面的沟通大相径庭，人们逐渐养成了一些特定的行为与习惯。而这些行为或习惯中正是一个人性格的反映，在他们不经意间流露出来的东西，恰恰能展现同事具有什么样的性格。

打电话的方式是多种多样的，可以说是不胜枚举。下面我们就几种常见的打电话方式，逐一剖析同事的性格特征。

1. 打电话时喜欢诉苦

有的人平时不怎么打电话，但只要是打电话就会向他人诉说自己的苦闷。这样的人大多是女性，在工作有了压力或者遇到了难题时，她们就会躲到一个僻静的地方,打电话向朋友诉苦。这种人的个性往往比较乐观、坦率,心中有了事情就说,不喜欢藏着掖着。她们有时候,由于承受不了压力而向朋友诉苦,在她们看来,这是一种解脱压力的有效办法之一。

2. 打电话时乱写乱画

有的人在打电话时就会信手拿一支笔在纸上乱写乱画,而且,他们画写的东西并不是胡乱的,而是包含着一定的内容的。虽然,这样的行为看上去很随意,却显露了隐藏在其身上的艺术才华。这样的人有着丰富的想象力,有艺术家的潜质,不过,在很多时候,由于他们的很多想法都不切实际,因此,难以成为艺术家。虽然如此,天性乐观的他们能很快走出失败的阴影。

3. 打电话时喜欢四处走动

有的人打电话从来不会站在同一个地方,他们总是在办公室走来走去,或者绕着电话来回踱步。这样的人往往不喜欢刻板的工作,喜欢追求身心的自由和洒脱。如果有两份不一样的工作摆在他面前,他会宁愿放弃高薪工作。在他们看来,在一个相对自由的环境中,才能好好工作,也才能将自己的能力发挥到极致。他们有着强烈的好奇心,无法面对单调枯燥的工作,那些新鲜的东西却总能引起他们浓厚的兴趣。

4. 打电话时喜欢用笔拨号

有的人在打电话时喜欢用身边的笔拨号。这样的人时刻处于一种紧张状态中,有时候,可能是忙于工作,在忙碌中接听了电话,而还没来得及放下手中的笔,不过,正是这样,显露出了他身上急躁的个性。

5. 打电话时没有任何习惯

有的人在打电话时没有什么特殊的习惯,一切都是很自然的。其实,这样的人并不是性格不明显或没有性格的人,他们有着较强的自信心,对自己的生活与工作应付自如。如果他们树立了远大的志向,则往往能够实现自己的梦想。他们大都生性善良,能够谅解他人,在他人有困难时也能大方给予帮助,是一个值得结交的朋友。

6.打电话时喜欢煲电话粥

有的人一打电话就是几个小时,哪怕在工作的空隙间,他们也能侃上半个小时。这样的人时常感到忧郁和压抑,急切希望找个对象倾诉一下。他们喜欢争强好胜,在打电话的时候,不管对方喜不喜欢听,总是没完没了,是属于那种不达目的不罢休的人。

7.打电话时喜欢玩弄电话线

有的人在打电话的时候,双手总是不闲着,玩弄着电话线。这样的人喜欢幻想,对于生活和工作有着美好的憧憬。他们个性倔强,多愁善感,常常令身边的人小心翼翼。不过,有着这样动作的应该是女性,男性很少用这样的方式打电话。

二、电梯口看穿同事的潜在心理

每天早晨,我们总是忙忙碌碌地从城市的各个角落赶往公司,虽然,在这个路途中必然会经历拥挤,但上司才不会管这些,办公室里的打卡器依然在公司准时等着我们。如果迟到,那将意味着我们一天的薪水就会没有,所以,在上班路上,很多人总是一副急匆匆的样子。等到紧赶慢赶,终于赶到了办公大楼,于是,我们可以在拥挤的电梯门口松一口气了。在这时,你或许会碰到办公室里的同事,或许还会碰到上司,但是,也许谁也没有留意到自己或同事的行为动作。对此,心理学家告诉我们:"人们在电梯门口时的一些行为、言语,从某种程度上透露了他们的内心世界。"所以,不要错过电梯门口的"秘密",我们可以在松口气的同时,观察同事们的姿势,摸索其潜在的真实心理。

早上,小雅急匆匆地赶到了办公大楼,这时,离上班时间还差五分钟,小雅在心里祈祷:"希望自己能有一个好运气,电梯正好下来。"谁料,赶到电梯那里时,发现电梯外满是拥挤的等电梯的人群。小雅气喘吁吁,这时,站在旁边的同事已经向自己打招呼了:"小雅,你来了"、"小雅,站这里,这里还有个位置"。

小雅一边忙着回答同事,一边观察着同事等电梯的姿势。因为昨晚小雅刚看了一篇文章,叫做"电梯门前看穿你的心理",她希望能够更多地了解同事,借此与同事建立和谐的人际关系。她发现:办公室的老王老是不由自主地往返踱步,但由于人群越来越拥挤,他不得不在地上跺脚;而脾气急躁的李姐则抑制不住自己反复多次按压电梯钮,似乎这样反复按,电梯就能快点下来;而张哥则是认真地注视电梯楼层的指示数字,只等电梯门打开就立即走进去,一点也没注意到小雅正在盯着他看;还有办公室里的同事小晨,他低着头,看着地面,也不说话;而小雅自己则是环顾周围的人或物,或是不经意地昂着头瞧瞧天花板。

这样观察了一会儿,小雅心中有底了。

细致的小雅观察了同事们不同的姿势,以此判断出同事各自的心理。通过这样的观察和判断,她更好地了解了同事们的心理,相信在以后的工作中,她与同事们会相处得更愉快。一般而言,人们在等电梯的时候,不可能一直保持"立正"的姿势,不同的人在同样情景下可能会不自觉地有各种反应,而那些看似随意的行为却透露了人们心中的奥秘。

1. 反复多次按电梯钮

有的人在等电梯的时候,显得异常急躁,总是反复地多次按电梯钮,似乎这样能够使电梯的速度更快一点。这样的人个性比较急躁,做事喜欢讲效率,时间观念很强。在公司里,这类人缘很不错,由于个性随和,所以容易接近。不过,他们容易情绪化,时常会以自我为中心,一旦认定了某件事情,就会一直坚持下去。

2. 环顾四周

有的人在等电梯的时候,喜欢东看看,西瞧瞧,或是看身边的人,或是看看头上的天花板。这样的人有较强的防卫意识,他们不会轻易地向他人展露自己的内心世界。在工作中,他们喜欢学习新知识,有着较强的求知欲。或许,他们的朋友并不多,但每一个都是最真的朋友。

3. 往返踱步或在地上跺脚

有的人在等电梯的时候,会不由自主地往返踱步或在地上跺脚,这样的人心里比较敏感,甚至,略带神经质。他们有着丰富的内心世界,对于身边的人和事能够洞察清楚,当然,他们对于自己的直觉和判断力是从来不否认的。在生活中,他们比较感性,颇有艺术气息。

4. 低着头

有的人在等电梯的时候,头向下,看着地面。这样的人往往沉默寡言,他们不太爱在人前表露自己的思想。但是,其沉默的背后确是一颗善良、淳朴的心,他们个性比较坦率,很容易相信别人,对于他人的请求他们从来不拒绝。在办公室,他们很受同事的喜欢,由于他们不善于拒绝,做事显得很没原则,属于办公室里的"烂好人"一类的。

5. 认真地注视着电梯

有的人在等电梯的时候,会认真地注视着电梯楼层的数字,只等着电梯开门。这样的人比较理性,处事稳重。在日常工作中,他们不太愿意插手别人的事情,不喜欢惹麻烦,因此经常会给人一种漠然的印象。不过,由于很会办事,这种人很受上司的信赖。

三、刁难你的同事究竟是何居心?

无论在哪个公司或企业,都有这样一群惹人讨厌的人,他们喜欢刁难他人,似乎看着身边的同事难受是他们最大的快乐。如果说刁难是为了严格要求工作,但对于他们这样的人,即使在工作之外,他们也是没一副好脸色,经常是一副爱理不理的样子。或许,在你我身边,都有这样的同事,他们就像是无孔不入的苍蝇,到处乱钻,惹人厌。试想,无论是多好脾气的人,遇到这样的同事,应该也会火冒三丈。本来工作已经够忙了,可这种人却还处处不饶人,破坏同事之间和谐的合作关系,最后,不仅工作难以完成,而且,彼此也会搞得很不愉快。那么,这种处处刁难我们的同事到底怀着怎么样的心理呢?

小王向朋友抱怨:"我有个同事,脾气格外特别,我平时跟她打招呼,她从来不理睬我。而且,仅仅是对我而已,对其他的同事倒显得很正常。但因为工作的原因,我每天都要跟她接触很多次,我是出纳,她是负责开票的,我们在工作上必然会有交集。每天看到她那张脸,我本来的好心情就变坏了。"朋友细心询问:"有可能是你得罪她吧。"小王一片茫然:"没有啊,我一直也认为我应该是做错了什么,她才会这样对我,但令我百思不得其解的是,我们之间根本没有发生过什么事啊。"

停顿了一会儿,小王回忆了自己初到公司的情景:"去年七月我来到现在的公司,任出纳职位,由于我的前任是因挪用公款而入狱的,那确实是一个非常时期,整个公司的气氛都很紧张。当时,就是她来向我交代诸多事宜的。当时,我是刚接触这个行业,可以说什么都不懂,交接工作的时候,她跟我说了一大堆流程,按理说,我这个职位相当于四个单位的出纳,所涉及的事情相当复杂,我承认,自己的接受能力并不强,开始的时候总是出错,而每次出错的时候,她都会很大声地批评我,说一些很难听的话,虽然当时我心里很难受,但我并不介意,觉得自己的确有错。后来,我的工作进入了正规,我心里对她充满了感激,经常友好地跟她打招呼,可是,她根本不搭理我。现在,我每天都要面对她,感觉自己都快闷疯了。你说,我该怎么办啊?"

从小王描述的与同事相处过程中的疑惑不难发现,在她身边的那位同事恰恰就是喜欢刁难他人的人。或许,我们并没有与他们发生过什么矛盾或纠纷,也不曾得罪过他们,但是,在职场的道路上,他们就像是那碍眼的绊脚石,处处给人难堪,不让人省心。究其心理根源,也是说不清、道不明,或是因为嫉妒,或是不自觉地把你当成了威胁者,或是本性使然,或是一贯的工作作风,等等。

下面,我们就一一来剖析刁难我们的同事的背后的真实心理。

1. 纯粹是嫉妒

嫉妒是人类的心理弱点之一,在日常工作中,有的人能够克制住自己的嫉妒之心,但有的人却表现的异常明显。其中,有的同事就会将自己的嫉妒之心以及对你的敌对情绪表现出来,比如,他们会在工作中处处为难你,有可能策划案中的一点点小问题就需要让你重做,但口头上他们会言辞凿凿地说:"这是工作上的要求。"

2. 把你当成潜在的对手

有可能你进入公司,表现得越来越出色,他那见不得别人好的"眼红病"发做了,便不自觉地把你当成了潜在的对手。同样是工作一个月,如果你的业绩超过了他,他就会恶语相向,寻思着找到你工作中的漏洞,并把它当做"情报"贡献给上司,目的就是让你吃吃苦头。本来在公司上班,同事之间就不可避免地会成为一种竞争关系,同事有这样的心理也是正常的,但如果他们将这样的心理转化成为了为难他人的理由,那确是不太恰当的。

3. 一贯的工作作风

有的同事并不像前两者那样属于心理失衡,他们更多的是工作作风使然。有的同事对工作要求特别严格,他们不允许出一点点差错,如果你恰恰是一个工作不那么仔细的人,那么,肯定会成为他的"刁难对象",或许,仅仅因为一个小小的失误就会将你留下来加班。对这样的同事,即使自己心中有委屈,但也要学会感谢他们,因为正是他们的刁难,才锻炼了你的工作能力。

四、谨防某些同事的"糖衣炮弹"

在工作中,某些同事喜欢使用"糖衣炮弹"的伎俩,他们在平时对你恭维有加,有什么好处就会分你一杯羹,还会经常给你一点小恩小惠,让你尝到甜头。从表面上看,我们似乎是遇到了一位慷慨大方、乐于助人的朋友。但是,如果你仔细观察对方,就会发现这不过是他亲近你的一种手段,一种伎俩。假如你真的遇到什么极其困难的事情,他很可能会躲得远远的,唯恐会殃及于他。而且,这种人还很有可能当着你的面,跟你关系很要好,但是背着你的面,却说你的坏话,在上司面前说你的缺点,在同事面前讨论你的是非。而当你看到他的真面目的时候,可能为时已晚。所以,我们在与同事交往时要谨防某些人的"糖衣炮弹",因为很可能甜头之后就是无限的灾难和痛苦。

小万和小唐都是即将毕业的大学生,她们一起进入某公司工作,一起参加公司的培训,所以当她们成为式员工的时候,已经是一对形影不离的好朋友了。

进公司第一个月,两人都在同一起跑线上,所以无论是上班下班,两人都在一起,遇到工作上的困难问题,也会一起商量着解决。可是,当第二个月来的时候,小万的工作业绩就直线上升,这与她平时的勤奋努力是分不开的。而小唐虽然天资聪慧,但是她经常在下班之余就外出与男朋友约会,所以即使在上班的时候竭尽全力,也只显得业绩平平。小唐看着越来越受主管重视的小万,心里很不是滋味,但表面上还是对小万十分殷勤,经常为她带夜宵回来,还送给她一些小礼物。

有一次,公司来了一个大客户,老板就把写企划案的工作交给小万和小唐,并且表示谁的企划案受到了欢迎谁就马上晋升为助理。这无疑是把一对好朋友拉到了竞争对手的位置上，小万全身心地投入到撰写企划案的工作中，而小唐却因为心里愤愤不平，一直没有心思工作。但是，她却对废寝忘食工作的小万照顾得很好，几乎包揽了两人宿舍里所有的家务活，还给小万每天准备好吃的。小万相当感动，有时候也与小唐一起讨论企划案的相关事宜。

终于到交企划案的日子了，出乎意料的是小唐居然先交上了自己的企划案。等到小万把自己的企划案交给主管时，主管叫住了小万："小万，我看了你的企划案，写得不错，但是我不明白的一点是你的企划案构思与小唐的一模一样。本来我挺看好你的实力的，可不知道你为什么出现这种违反原则性的错误呢？"小万立即惊呆了，却又不知道怎么解释，想到与自己每天相处的小唐，她的心开始凉了。

小唐正是通过自己平时给小万很多好处，经常地给一些小恩小惠，结果迷惑了小万，而自己则窃取了小万辛辛苦苦构思的企划案的。其实，在我们的工作中，也不乏这样的人存在，他们通常是表面上给你尝一些小甜头，但背地里却做出一些对你不利的事情。

那么，如何来谨防那些小人的"糖衣炮弹"呢？

1. 学会拒绝

在职场中，某些同事善于使用"糖衣炮弹"的计策，即便是你已经明确地进行婉拒了，但是对方依然会"锲而不舍"地对你更加的"友好"。这就犹如男人在对自己心仪的女人不断地纠缠一样，所以，当你在面对小人接连不断的"糖衣炮弹"的袭击时，就更应该做出直接的拒绝。

当然，拒绝也是需要讲究技巧的，既不能伤了双方的和气，又能让人觉得你的理由是恰当的。比如，对方常常在下班之后对你提出一起吃饭的邀请，那么你就可以委婉地说："实在抱歉，我已经和别人有约了"，或者"今天感觉有点累，要不改天我做东，请你吃饭。"这样就会让人感觉你是真的有事，或者真的累了，他自然也不会再强求下去。

2. 克制自己的贪欲

其实,这个世界上最无法满足的就是人们的欲望。特别是那些不用自己付出什么就能得到好处的事情,这几乎是每一个人都无法抗拒的。而那些小人同事正是了解人们的这一心理,所以他们会在不涉及太多金钱财物的情况下,给你一些小甜头,而这时候大多数人都不可能拒绝。

当你那种喜欢贪人家小便宜的欲望得到了满足时,其实也就是对方计策的开始。所以,为了谨防某些同事给你"甜头"之后为你带来灾难,你就必须要克制自己的贪欲。你一定要明白,这个世界并不存在这所谓的"天上掉馅饼的事情",也不要期望有人会给你什么好处。只有自己心中无贪念,就不会上当,也就能够使这种小人同事对你无可奈何。

五、心明眼亮,识别某些同事的"小人"表情

在日常工作中,难免身边会有小人,他们往往伪装成与你友好的同事,时常有意无意地在我们身边出现,给我们带来一些麻烦,但是我们却不能轻易地发现他们。其实,那些越是奸诈的人就越善于伪装自己,他们用善良伪装邪恶,用贤德伪装奸诈。他们在表面上对你相当和善,但是背着你有可能却猛说你坏话,甚至使计策坏你的好事,我们对这样的人简直是"烦不胜烦",但是也毫无办法。实际上,虽说小人掩饰的功夫相当到位,但是依然会免不了与常人不一样,他们在很多时候,会通过一些表情泄露出心中的秘密。只要我们仔细发现,就会发现我们身边的小人,这样就能够及时地采取远离或逃避等措施,以防上当受骗。

李先生是一家小公司的业务经理,他平时的工作就是管理业务部下面的十几个人以及一些业务上的来往。最近公司新来了一个员工小王,小王是个看起来挺老实的年轻人,对人也是彬彬有礼,客气有加,更难能可贵的

一点,就是他平时工作很认真,几乎没有出现过任何差错。所以,他来公司才上了一个月班,就深得李经理的喜欢,李经理还准备把他提升为业务助理。正在这时候,却出现了一件意想不到的事情。

有一次,因为李经理的疏忽,一下子造成了两个大业务的直接流失,总经理为此大为恼火。李经理一方面做了深刻的反思,另一方面也对失去的客户进行了最大程度的挽留。那些天,整个业务部都弥漫着一种落寞的气息,李经理整天为工作的事情忙得焦头烂额。但就是在这个极为关键的时刻,李经理却偶然通过朋友的嘴里听到了小王背着自己在总经理面前说了不少的话。其中包括了对李经理平时工作的恶劣评价,还唆使总经理把李经理辞退掉。

当李经理得知这些消息的时候,他不禁有些惊讶,不断地说:"没有想到小王是那种人。"他再慢慢通过回忆与小的王交往过程,才发现其实小王平时就有一些不太正常的表现。比如,小王从来都是对自己彬彬有礼,哪怕是自己语气相当的愤怒,小王也总是满脸笑容地看着自己。想到这里,李经理不禁有些头皮发麻。

其实,小人特别善于用一些表情来掩饰自己,比如说话时目光闪烁不定,回避你的眼神;或是脸上长时间保持微笑,而你们的谈话并没有特别引人发笑的内容;说话时没有多余的小动作,眼角却习惯性地向左扬起,斜眼看人;目光冷酷犀利;笑里藏刀,等等。

在职场中,存在着形形色色的小人,这就需要我们善于通过对方伪装的表情来看透对方的真实意图。这就需要我们在现实工作中练就一双慧眼,通过敏锐的观察力和洞察力去揭开他们的真面目。下面我们就小人几种常见的表情来做一一分析,帮你识别身边的那些"真情假意"的同事。

1. 喜欢斜眼看人

有的同事喜欢在说话的时候,眼角习惯性地向左扬起,斜眼看人。他们在讲话的时候,不喜欢和你的视线进行直接接触,而是斜眼看着你。有时候,当你试图把视线转向他的时候,他就会快速地转移视线看看天花板或者看看窗外。但是一旦你把视线移开了,或者专注于自己所讲的话时,他就会偷偷地斜眼观察你的一举一动。他似乎是希望通过对你细致的观察,来了解你的内心活动,能够通过主动迎合你的想法来博取你的好感,进而达到他不可告人的目的。

2. 未语先笑

有的同事习惯于还没有开口说话就开始笑起来,并且笑容显得很奇怪。一般来说,有这样笑容的人大多心里隐藏着某些不能告人的秘密。他们在交谈的过程中,脸上总是长时间保持着微笑,而实际上你们的谈话内容并不是特别引人发笑的。而他这样的表情,明显是有撒谎的嫌疑,他有可能并没有认真听你讲话,只是做出微笑的样子来敷衍你。在他们心里,也许正在算计着什么,或许正在对你打什么坏主意。如果你身边有这样的人,一定多多提防,以免上当。

3. 笑里藏刀

在我们身边,可能会有一些笑里藏刀的同事。他们总是试图与我们保持一种亲密的关系,或是投其所好地说一些让人高兴的话,或是假装与我们之间在某种爱好上有着极为相似的地方,或是平时喜欢给我们一点小甜头。他们看起来就好像是一个很值得信赖的朋友,可是当遇到重大事情的时候,他就会隔岸观火,幸灾乐祸,甚至企图恶意中伤你。

一般来说,这类同事的笑容很假,他们往往用那些伪装过的笑容来博取你的好感,因此他们的面部表情会显得极不自然。你在平时的生活中,要善于去分辨哪些是真诚的,哪些是虚假的,再通过一些行为举动来辨别出他们内心的想法。

4. 目光冷酷犀利

我们可以发现有这一表情特点的人,在历史上有一个代表人物,那就是三国时期的司马懿。常言道:"谁笑到最后,谁笑得最好。"在《三国演义》中,笑到最后,笑得最好的既不是曹、孙、刘三家君王,也不是智者诸葛亮,而是司马懿。而司马懿最常见的表情,就是三步一回头,那冷酷犀利的目光直刺得你心寒胆战。在我们日常工作中,也不乏这样的同事。他们总是在你面前隐藏起他那犀利的目光,而在你看不见的角落,他就会用那极端冷酷犀利的目光注视着你。即便是不知道目光来自何处,你可能也能感觉到那种让人心寒的感觉。

七、看同事的小动作,解码他的小心思

现代心理学的研究证明:一个人不经意间表现出来的小动作能够反映出一个人的内心,或者对别人所保持的态度以及意见。在日常工作中,我们会发现,几乎每个人都有其特别的小动作,而这些不经意表现出来的小动作恰好能直接反映其内心。心理学家认为,每一个人的小动作都隐藏着其内心的真实想法。在很多时候,一个人整体上的肢体语言和他们内心想要说的话可能并不一样,比如,在公司会议室,身边的同事看起来很认真地在听,但是,在办公桌的下面,他的手指却在不停地反复敲击着什么。这样的小动作表示这个人实际上与他的表面动作是相反的,他一点也没有将心思放在开会上,心不知道飞到哪里去了。因此,在工作中,如果我们能仔细观察身边同事的小动作,那么,我们就可以看出其真实的心思。

小白是一个话很多的人,经常逮着机会就与同事大侃起来,也不管对方愿不愿意听。对此,坐在他旁边的小李可就遭殃了,每次小白都会转向小李,兴致勃勃地说些自己碰到的趣事,小李虽说表面不好拒绝,但他总是不安地用笔杆敲打桌面,以此表达自己的意思。可小白却是一个马大哈,他不明白小李为什么喜欢敲桌子,不过,他什么也不想,还是自顾自地说话。

有一次,小白碰到了学心理学的朋友。在聊到小动作的时候,小白突然

想到了小李,他问道:"当一个人总是用笔杆敲打桌面的时候,他心里在想些什么呢?"朋友回答说:"这样的小动作,大多表示他对你所讲的话已经感到厌烦了。""啊?"小白恍然大悟,后来,在办公室里,他收敛了自己的个性,不再经常缠着小李说话了。

小白通过向自己学心理学的朋友询问,发现同事的小动作是想告诉自己:我对你所讲的话并不感兴趣。在我们身边,每个同事都有那么几个常见的小动作,我们可以通过观察对方的一些小动作来发现他们对自己的意见。另外,通过一些心理实验表明,如果你与一个你很讨厌的人在一起,只会出现两种相对的反应:一是太随便,根本不在乎对方的想法;二是太拘谨,看起来无所适从,甚至,不知道该把手放在哪里。而他们表现出来的不同反应,正好可以揣测出同事的真实内心。

每个人都有心情不好的时候,特别是由于别人造成自己心情不好的时候,人们会表现得更烦躁不安。这些情绪除了通过面部表情及口头语言表现出来以外,还通过一些小动作显现出来。下面我们就介绍几种人们常见的小动作。

1. 习惯用手拢头发的人

有的同事喜欢用指尖拢头发、轻搔面部,或是把食指放在嘴唇上。他们这一类的人性格比较开朗、乐观,虽然在面对生活或工作中的困难时也会出现失望、沮丧的心情,但是他们能在最短时间内调整好自己的心态,坦然面对一切,并致力于寻找解决问题的办法。

如果你的同事在你面前做出这样的小动作,那就表明他对你的谈话没有多大的兴趣,显得有点左顾右盼,漫不经心。他们或许正在思考自己的问题,并且认为你是在打扰他,但他们会碍于情面而不表露出来。

2. 喜欢用嘴咬住一些物品的人

在办公室里,我们经常会发现有的人喜欢用嘴咬眼镜腿、铅笔或者其他一些物品。这一类型的人喜欢我行我素,不喜欢受人管制。他们做出这样的动作,是想掩饰自己恶劣的情绪,不想让别人知道。在这种情况下,你千万不要上前搭话,以免加重其恶劣的情绪。但在有时候,这样的小动作也无法克制他那种内心的不满情绪,他们的情绪有可能会进一步恶化,有可能在突然之间爆发出来。

3. 习惯用手抚摸下巴的人

有的人习惯于用手抚摸下巴或者抓着下巴。做出这样小动作的人大多比较世故圆滑,有较深的城府。他们这样不断地抚摸下巴只是想使自己镇静下来,克制自己内心的不满情绪,以免因自己冲动之下做出什么举动来,同时,他也在思考下一步的对策。

4. 喜欢两手互相摩擦的人

有的人习惯两手不停地摩擦。这一类型的人对自己充满了信心,喜欢挑战自我,并且在成功的路上敢于承担一定的风险。一旦他们决定去做某件事情的时候,就会一直坚持下去,而不会轻易改变主意和行动方向,所以他们在某些时候显得比较固执。而他们通常出现这种情况的时候,往往是烦躁不安、心情郁闷的时候。

5. 喜欢咬牙切齿

有的人在烦躁不安的时候喜欢咬牙切齿,这一类型的人情绪变化无常,显得很不稳定。他们的心胸不是很宽广,喜欢意气用事,常常无法把握感情。

当你在职场上和同事相处的时候,能够通过对方的一些小动作透析出其心里的真实想法,进而有效地识破对方的心理,那么你在与他相处的时候,就会轻松很多,显得轻松自如,游刃有余。

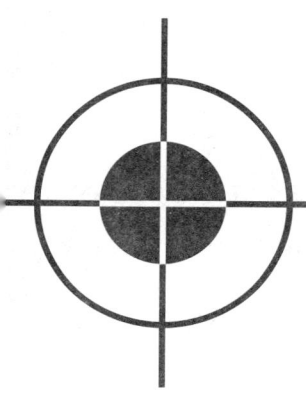

第七章

用心"攀爬",了解上司方能事业顺心

> 在现实工作中,无论你在何处,身居何职,都存在于一种管理与被管理的关系中。每天,我们都间接或直接与上司打交道。很多时候,我们似乎并不了解上司的真正意图,所以,这给我们的工作带来一些阻碍,甚至稍有不慎,就会面临被辞退、"炒鱿鱼"的危险。那么,作为下属,如何来摸透上司的心思,拓展自己的职场之路呢?

一、每个领导都有基本的"上司心理"

在职场中,我们需要接触的较多的人就是上司和同事,尤其是上司,他在一定程度上将决定着我们职场前途的兴衰,对此,与上司相处,需要我们多长个心眼儿,了解上司的微妙心理,正所谓"知己知彼,百战不殆"。许多人发现,步入职场,一旦与上司开始接触,自己之前那种喜悦之情就会骤然消失,而取而代之的是不安的心理,甚至,在与上司的相处过程中,可谓是痛苦不堪。如果仔细询问原因,有些人会哭丧着脸说:"谁知道上司的心思这么难猜呢?"在职场中,我们要明白,与上司建立融洽和谐的人际关系是多么重要。即使我们十分热爱那份工作,但如果不能与上司和谐相处、愉快共事,那么,职场美梦有可能会变成噩梦。事实上,每个领导都有基本的"上司心理",我们要想了解上司,自然应该从上司身上着手。

在生活中,我们不喜欢谁,大可以与对方保持距离,但在工作中就不一样了。一旦自己与上司缺乏沟通,结果只会使双方越来越不信任。那么,如何才能很好地了解上司呢?比如,当上司向你委以重任的时候,请先清楚了解上司的真意,再衡量做法,以免因误会而带来不必要的麻烦。而且,在你完成任务的过程中,不要抗拒上司的意愿,切合自己的需求,如此,双方合作才会愉快。所有的活跃于职场中的人都明白这样一个道理:与上司建立良好的合作关系,对自己的工作是有百利而无一害的。

明朝建国后,有一天,明太祖朱元璋在大殿上想,江南之地已归己有,便吩咐画工将江南山川画于殿壁上。

谁料,画工回答说:"臣未遍迹山川,且才识浅薄,不敢奉诏。"皇上勃然大怒:"小奴才,胆敢违旨抗命,可否知罪?"于是,立即命令刀斧工欲将画工推出去斩首,这时,画工急中生智道:"陛下息怒,您遍历九州岛,见多识广,而且是您的江山,您了如指掌,劳陛下先画个轮廓。"皇上一听,果然转怒为喜,挥笔画了一个轮廓,让画工开始润色。画工说道:"陛下江山已定,岂可动摇。"这话说得朱元璋心头大喜,不但免去了画工的死罪,且赏了画工银两三百。

本来要被斩首的画工仅仅是凭着自己揣摩上司心理的技巧,不仅保全了自己的性命,而且还得到了上司的赏赐,这就是掌握上司心理的职场决胜技巧。我们需要揣摩上司的心理,了解上司,这样,我们才能"对症下药",才能把话说到上司心窝里,也才能赢得上司的青睐。

实际上,大凡坐在上司这个位置的人,他们的心理可谓是大同小异,因为无一例外的是他们的心理都烙上了"上司"的痕迹。下面,我们就针对上司的基本心理做如下的分析,希望对你的职场生涯有很好的帮助。

1. 强烈的自我价值肯定

在生活中,很少有哪个领导不喜欢被下属恭维,这显示出的就是上司的虚荣心理,他们喜欢被人恭维,并且乐于享受被下属恭维的过程。上司的恭维心理是由领导超乎一般人的强烈的自我价值肯定愿望所决定的,对此,作为下属,则应该了解上司的这一心里特征,适当对其这一心里予以满足。

比如,在工作中,当上司向我们提出无力承担或愿意接受某些工作的要求的时候,我们可以将这些要求纳入上司所独具的能力范围之内。适时赞美上司的能力,暗示此类工作只需要上司亲自完成即可,作为下属无权或无资格去插手。当然,并不是所有向上司说好话的人都能得到上司的喜欢,彼此的相约作用也有一定的限制。毕竟,爱听好话,不喜欢听逆耳之言是人类的心理弱点,但高明者会将好话说得恰到好处。

2. 上司面子大过天

虽然,在交际场合中,每个人的面子都大过天,但在上司面前,你需要放下自己的面子,去维护上司的面子。尤其是当上司的处境不利,缺乏自信,或者不为他人所接纳或赞许的情况下,不要拂了上司的面子。切忌的是,不要当面指责上司,如果上司真的在某方面犯了错误,作为下属,只有建议的义务,而没有指责的权利。否则,你就有苦头吃了。

维护上司的面子还体现在"不能对上司说不"这一点上,当然,这并不是说上司吩咐的任何事情都要无原则地去办。对于上司的一些无理要求或者我们实在无能为力的事情,我们可以婉拒,但不能直截了当地拒绝,要记住:上司对于那些拒绝自己的人一向没什么好感。

二、如何摸透上司的性格

职场中,我们会遇到不同类型的上司:有的上司性格温和,为人谨慎;有的上司脾气暴躁,做事草率;有的上司性格直爽,做事认真。其实,不同性格的上司,往往有不同的行事风格。对此,在日常工作中,我们要观察上司的行事风格,以此来摸透上司的脾气。心理学家认为,摸透上司的脾气,及时调整相处策略,在此基础上发挥自己的工作能力,是职场生存的重要原则。许多人抱怨:"上司的脾气难以琢磨。"其实,不能真正地了解上司,这大部分是作为下属的心态问题。在工作中,大部分下属并没能真正把上司当做上司看,他们太注重自己的个人感受。所以,我们没有主动去适应上司的工作风格和工作习惯,这样就会使自己处于一个十分被动的地位,自己也会感觉到与上司总是格格不入,水火不容。

其实,作为职场中的一员,我们要随时端正自己的心态,既然他是你的上司,那么无论他的脾气有多么古怪,你都不可能去改变他。既然是改变不了的东西,那么最佳的办法就是让自己去适应他。当你开始踏入职场生涯,首先就是需要花点时间去了解上司的工作习惯与作风,摸透上司的脾气,按照上司的想法,对自己的工作方式与习惯做出适当的调整,你就会发现其实与上司相处并不是那么困难。

当我们面对自己上司的时候,或许,我们并不了解对方的脾气秉性,也不知道该怎么去和他相处。其实,每个人都有自己的性格特点,与人相处的最佳法宝就是如何避开对方个性中比较消极的部分,而迎合其个性来表现自己。那么,要想使你与上司的交流更为有效地进行,那就需要首先判断出上司的特点,然后再运用相应的措施。

1. 判断上司的性格

我们在与上司进行正面接触的时候,就需要了解很多关于上司的信息,而最为重要的一点就是上司的性格特征。因为一个人具备什么样的性格特征,那么他在工作中就会把这样一种个性发挥出来,并且会影响到你的工作。比如他的优点和缺点是什么?他喜欢什么样的工作方式?他喜欢怎样获取信息?当发生冲突的时候,他一般采用什么样的方法。如果你没有掌握足够多的信息,当你与上司打交道的时候就会盲目行事,这就难免会出现一些不必要的冲突、误会和问题。

当然,了解上司性格特征的途径很多。当你刚开始接触上司的时候,不要急于拉近你们之间的距离。因为你还根本不了解上司,这就有可能会你们的沟通带来一些障碍。你可以通过身边的同事或者上司周围的人来证实上司的一些想法,并且在平时工作中寻找各种机会,对上司行为中的蛛丝马迹做细致的观察,这样才能够准确判断出上司的性格特点,进而了解上司的工作习惯与工作作风。

2. 不同性格的上司,采用不同的应对策略

面对不同性格的上司应有不同的应对策略,这就需要你在平时工作中多观察、多思考。当你摸透上司的性格、喜好之后,再与上司打交道时,就需要对症下药,灵活地采用不同的应对策略。

(1)冷静型上司。冷静型上司通常具有较强的自我保护意识,因此你在与他进行接触时不要过于亲近。由于他谨慎的性格特征,使得他在平时都是自己作详细的工作报告记载,并且欣赏一丝不苟的工作作风。因此,你在

工作中就要注意培养自己这样的工作风格，尽可能把你交给他的工作计划写得越详细越好。另外，还要多注意自己的言行举止、穿着打扮，这些方面都要严谨，才会得到他的欣赏。

（2）豪爽型上司。豪爽型上司的性格外向，因此大多不注重表面形式而更看重你的实际能力。他很欣赏办事认真、细致的下属，对那些不拘小节的下属他也不会反感。但是，面对这样的上司，需要真诚坦然的态度，千万不要背着他搞"小动作"，或者是当面顶撞他，这都是必须避免的。

（3）懦弱型上司。面对懦弱型的上司，往往没有主见，说话、做事容易朝令夕改，面对任何事情都优柔寡断。因此，当你给他一些好的想法和建议的时候，他有可能会接受，也有可能接受之后又拒绝。所以，当你真的有一些好的想法和建议的时候，应让与你持同样观点的同事一起进言，支持你的想法和建议。

（4）苛求型上司。苛求型的上司总是喜欢"鸡蛋里面挑骨头"，无论你的工作做的有多么完美，他都会进行百般挑剔。面对这样的上司，当他在数落你的时候，你需要端正自己良好的心态，不要太介意他的批评，也许挑剔就是他习惯的一部分。

3. 与上司进行有效地沟通

实际上，了解上司的最佳办法就是进行有效地沟通。沟通是双向的，这就需要建立在互相尊重的基础之上。只有在你的上司面前表现出足够的尊重，才会换来上司对你的尊重，进而才能进行有效地沟通。在与上司进行沟通的时候，你要学会察言观色，仔细观察上司的言行举止，那些细微的举动就很有可能隐含着其的真实意图。

除此之外，在与上司进行沟通的时候，需要避免自己先入为主的观念。可能你在与上司正式接触之前，通过同事或其他渠道了解到上司的一些性格特征和行为习惯。而他所具备的那些特征正是你认同的地方或者是比较讨厌的，其实，无论别人是怎么评价上司的，你都不要让那些信息来干扰自己的思路。而你需要更直接、更全面地对上司进行了解，做好一个下属的本职工作，你就会发现与上司相处其实是一件很容易的事情了。

三、应对不同上司，需要一定的"心理战术"。

在现实工作中，我们往往会面对各种各样的上司，并且，常常会觉得与他们打交道是一件很痛苦的事情。在许多人看来，上司的很多言语行为是他们摸不透的，上司的很多做法在他们看来也是他们想不明白的。其实，这主要的原因在于我们没能掌握一定的"心理战术"，无法真正地了解上司的意图。对于每一个上司来说，他希望自己的下属能够准确地领会自己的每一句话，甚至于自己做一个手势，下属就应该知道该怎么去做。这样的下属无疑是上司最喜欢的，也是最欣赏的。那么，这就需要我们在实际工作中能够从上司的一言一行，一举一动来透析其真实意图，准确领会上司的心思，以"心理战术"赢得上司的青睐。

在工作中，面对不同的上司应有不同的相处之道，既然你在上司手下做事，自然需要掌握应对的"心理战术"。

1. 霸道的上司

这样的上司会不断地要求下属这样做或那样做，在他们看来，需要不断地威胁下属，才能让下属好好干活。对于如此霸道的上司，我们必须时常让他感到自己的存在价值，如果他对你恶语相向，我们需要拿起勇气，适当地回敬，让他明白自己也不是好欺负的，并且，做好自己的本职工作，以此赢得上司的青睐。

2. 工作狂类型的上司

这样的上司总是认为自己就是天下最能干的人，他们大多有着充沛的精力，热衷于工作，并且希望下属也和自己一样工作，变成"工作狂"。面对这样的上司,我们的"心理战术"就是"甘拜下风",在工作中时常向他请教,令他感觉到你对他的能力佩服不已,这样自然会得到他的赏识。

3. 优柔寡断的上司

这样的上司大多是多谋少断,经常是自己定好了决策,但只要下属提出一点点意见,他就会一次次地改变自己的初衷。这样的上司自然需要下属帮忙做一些决定了,作为下属,应该在让他不感到有失身份的前提下,与他商量一些对策,帮助上司作决定,再想办法让他朝着一个决策坚持下去。

4. 模糊型的上司

有的上司在嘱咐工作任务时含糊不清,没有明确具体的要求,你可以理解成这样,也可以理解成那样。可是,一旦你真正按自己的理解意思去做了,上司反而会责怪你做错了。面对这样的上司,我们在接受工作任务的时候,一定要问清楚具体的要求,并把这些要求记录下来,让上司核对后再着手进行。其中一定要让上司有一个明朗的态度,比如如果上司说"你看着办吧",作为下属,就应该想办法诱导对方有一个明确的态度,你可以说"您的意思是……"得到明确答复后,你可以进一步延伸:"如果是这样,那就会……"

5. 健忘症的上司

有的上司比较健忘,经常会颠三倒四,有可能前一天才说过的事情,第二天就忘记了。面对这样的上司,作为下属,要不厌其烦地提醒他,比如,当他在讲述某件事情或发表某个观点的时候,你不妨多询问几遍,或提出自己的观点,以此加深上司的印象。

6. 喜揽功推过的上司

有的上司很平庸,没什么点子,但偏偏是这样的上司,却喜欢抢功劳、推过错。他们喜欢把下属的功劳全部装进自己的"口袋"里,不肯分出"一杯羹",但犯了错却需要下属去承担,这样的上司自私自利。面对这样的上司,则需要你对他刚柔并济,千万不能逆来顺受,否则,你就难有翻身之日了。

偶尔与上司争论争论,在上司面前适当维护自己的利益并不是一件坏事,要让上司明白,做人是有原则的,自己的忍让也是有限度的。

7.疑神疑鬼的上司

这样的上司每天都在怀疑下属们在办公室偷懒,他们热衷于在办公室玩"警察抓小偷"的游戏。面对这样的上司,最佳的方法就是及时给递交工作报告,清楚地告诉他你每天都做了些什么工作,以打消对方的疑虑心理。

8.挑拨是非的上司

有的上司喜欢在下属之间挑拨是非,制造矛盾,甚至,他们还喜欢在老板面前打下属的小报告。俗话说:"害人之心不可有,防人之心不可无。"面对如此类似于小人的上司,我们不能碍于情面而一味忍耐,应在适当的时候,当面揭穿其不良举动,然后主动找老板说明情况,让大家了解事情的真相。你要相信,老板会对自己的企业负责,当他得知自己下面的人是如此之人,定会采取相应的措施的。

四、判断上司眼神,轻松理解其心理

我们常说:"眼睛是心灵的窗户。"在职场里,识别一种无声语言更重要,这种无声语言就是眼神。在日常工作中,上司与下属之间的眼神交流,更能无声地传达出彼此之间的关系如何、默契度如何。心理学家认为,眼睛是心灵的窗户,眼神则能传达一个人的心理,比如,一个人在表达反感或仇恨的时候,其瞳孔会缩小,还会透露出刺人的目光;反之,一个人对某件事情怀有极大的兴趣时,则会睁大眼睛,以此表示赞同和好感。作为下属,要想轻松理解上司心理,就要学会判断上司的眼神。即使是高高在上的上司,他们也有平常人的喜怒哀乐,他眼神所传达的意思不可能与平常人相差得太远,只不过,由于身份或地位不同,上司对下属的眼神会有一些特别的含义,作为下属,则应该学会判断上司的眼神,进而轻松理解上司的心理。

在工作中,与上司沟通,与上司保持眼神接触,并对其眼神进行解读是很有必要的。从生物学上看,眼睛是大脑露在外面的器官,它与其周围的脸部是身体最具有沟通能力的部分。而眼神是运用眼睛的神态来表达情感、传递信息的无声语言。在面部表情中,它是最具生动、最复杂的表情。一般而言,在面对面的沟通中,眼神接触通常占全部时间的50%～75%,它的作用不亚于声音。因此,身处职场的我们,必须领会上司眼神的含义,如果我们能读懂上司的眼神,你也就了解了上司的心理。

去年年底,由于业务量很大,职员们的工作十分紧张,小瑞也投入到了那紧张的工作中。

有一天早上,老总突然召集大家开会。办公室里,老总对每一位进门的人都点头示意,但唯独小瑞进门的时候,老总却将头扭了过去。小瑞暗叫不妙,心想老总对我有成见了。果然,会议上,老总提出了一两个问题之后,就保持沉默,弄得大家都紧张兮兮的。半个小时后,老总才将目光尖锐地扫在小瑞脸上,说道:"我对小瑞提出严厉批评,你知道吗?你昨天的品牌策划书竟连人家公司的名字都写错了,今天对方发传真过来了,说对我们的能力表示怀疑。"小瑞终于明白了,为什么之前老总没看自己了。

眼神中除了能看出上司与下属,权力与依赖的关系之外,还能揭示出更多的东西来。上司在说话的时候,眼神不看你,这可是一个坏迹象。他看都不看你一眼,目的就是想用不重视来惩罚你,说明他不想评价你。

俗话说得好:"爬上窗台就不难看清屋中的情形,读懂人的眼神便可知晓人们的内心状况。"心理学家分析,下属习惯揣摩上司的心理,除了要摸透上司的真实意图,希望做好工作之外,还有一个原因就是不自信和缺乏与上司沟通的能力,所以,他们对上司的心理总是猜来猜去猜不透。其实,如果你能读懂上司的眼神,就不难读懂其心理了。

那么,我们如何才能读懂上司的眼神呢?

1. 上司的眼神所代表的含义

如果上司友好地看着你,甚至,不时地眨眨眼睛,那表示他对你这次的工作评价较高,或许是在请求你原谅他的过错;上司在说话的时候,从上到下打量你,则表明他占据优势地位,拥有着支配的权力;如果上司用锐利的眼光盯着你,那表示他内心并不相信你,希望能能说真话;上司一边说话,而目光却看向其他地方,那表示他不想与你交谈下去,想尽早结束谈话。如果上司闭上眼睛或者根本不看你,那有两种可能:一是他不想评价你,想用不重视你来惩罚你;二是他对此感到心烦或厌倦。

2. 领悟眼神背后的潜台词

有时候,上司的眼神加上语言表达,有可能所表达的却是另外一种意思。比如,上司经常会说"你看着办",这时,如果你仔细观察他的眼神,你会发现,这句话根本不简单:如果上司说这话的同时是一种以喜悦的眼神,那潜台词则是"你的想法不错,看情况自己把握就行了";如果上司是愤怒的眼神,那潜台词则是"上次的事情就没办好,这次可不要马虎大意,按照我的要求去办";如果上司是悲哀的眼神,那潜台词是"反正没什么希望了,你想怎么办就怎么办吧"。

五、识别上司的真实意图,拿捏住主动

我们在现实工作中面对着各种各样的上司,常常会觉得与他们打交道是一件很困难的事情。上司的很多言语行为是我们所摸不透的,其实,主要的原因就是我们没有准确领会上司的意图,这样就会造成我们的工作有了一些障碍。如果我们能准确理解上司的意图,则无疑是上司很高兴的,也会得到上司的欣赏。那么,这就需要我们在实际工作中能够从上司的一言一行、一举一动来透析其真实意图,准确领会上司的心思,进而有效地开展

工作。

在职场中,有些上司会将他们的意图和目的清晰地传达给下属,而有些上司则不喜欢那样直白。这时就需要下属对上司加以保留的信息和目的进行揣摩,目的就是真正理解上司的想法,做好自己的工作。当然,有的下属会抱怨:"我又不是上司肚子里的蛔虫,我怎么知道他在想什么。"其实,一个人的心理活动必然会在他的言行举止上体现出来,关键是看你有没有仔细观察上司的一言一行、一举一动,有没有细心揣摩上司的心理需求和真实意图。

小雪刚进入一家培训公司的时候,她并不特别显眼,相对于其他员工来说,她的学历并不是最高的,工作也不对口。有一次,上司急于为第二天的论坛找些管理方面的材料,就把这个任务交给了小雪。

小雪花了三个小时,她就找好了几万字的资料,分门别类地打印出来。但因为时间太紧急,上司没有太多的时间去消化这些资料,他只好对小雪说:"你把今天找到的补充资料重点给我讲讲。"小雪站起来,将自己整理的资料详细了讲述了一遍。第二天,上司带着小雪出席论坛,在一些需要介绍案例的时候,小雪就会以讲故事者的身份出现,尽管下面坐着上司,但她表现得十分自信、大方,而且将故事讲得很精彩,台下的观众也听得很入神。

就这样,小雪利用自己在演讲这方面的优势,成为了一名出色的讲师。而比起那些一起进入公司还在做助教的同事,她的发展算是比较好的。

或许,有人会纳闷:小雪为什么会发展这么快?其实,这与她有心揣摩上司的真实意图有很大的关系。她之所以比其他的同事发展要快,就在于她不仅认真完成了上司布置的任务,还比别人多做了一件事。那就是:揣摩上司的真实意图。

既然我们处于职场,那么,就要随时保持对上司的尊重。一般情况下,一个既有能力而又不具备攻击性的下属更容易让上司喜欢,也更容易让上司来接受你的建议和想法。其实,上司与下属之间虽然存在着一种管理与被管理之间的关系,但是这种关系实际上是相互的。只要你恰当地把握与上司的关系,就会形成一种利益双赢的局面。

大量事实表明,上司的心思是可以猜到的。对此,作为下属,我们应该端正心态,认真揣摩上司的真实意图。

1. 学会像上司一样思考

作为一名下属,要学会在不同情况下用心揣摩上司的真实意图,当然,这并不是指你需要将对工作的热情、对工作负责的态度全部转移到猜测上司心思或迎合上司上,而是为了更清晰地领悟上司的意图,更好地达到工作的目的。摸透了上司的真实意图,能够使你一次就把事情做好,而避免了理解上带来的偏差或错误。

当上司布置工作任务的时候,我们需要思考:为什么上司会安排给自己这份工作?上司的真正要求是什么?上司的最终目的就是需要你把工作结果交到他手中,无论这件工作是简单还是困难,我们都需要搞清楚领导的真实意图,并在规定的时间内完成工作任务。

2. 探知上司所需

或许,我们可以将工作视为产品,而将上司当做客户。我们的工作效果是否能让上司满意?只有我们探究了上司的心理需求,才能像上司所期待的那样去完成工作。对此,在接到上司的指示之后,我们需要思考:上司要的结果是什么?领悟了上司的真实意图后,把猜测到的需求转化为实际行动,提前完成工作。要明白,把工作做得漂亮,这其中的一个前提就是需要揣摩上司心理,了解上司真正的需求。

六、把握上司的情绪心理,处处留个"心眼儿"。

在职场中,上司虽然是高高在上的人物,但并不代表上司没有任何的喜怒哀乐。其实，上司也不过是一个平常人，在工作中或工作以外，他们也有自己的喜怒哀乐。有的上司会喜怒于形色，高兴时会表现出来；有的上司则是将情绪藏在心里，常以一张面无表情的脸示人，让人猜不透他的真实情绪。但无论上司如何隐藏自己的喜怒哀乐，他们的情绪反映跟普通人并没有什么不同，不过，由于上司所处的特别身份，使得他们存在着一定的情绪心理。对此，作为下属，我们要处处留个"心眼儿"，不要一脚踏进"火坑"里，惹火上身。当然，要想把握上司的情绪心理，就应该懂得察言观色，弄清楚上司的情绪处于何种状态，或试探，或猜测，以此来避开上司的不良情绪。

清朝时，一位新上任的县令，初次去拜见上司，想不出该说什么话。沉默了一会，忽然问道："大人尊姓？"这位上司很吃惊，勉强说了姓某。县令低头想了很久，说："大人的姓，百家姓中所没有。"上司更加惊异，说："我是旗人，贵县不知道吗？"县令又站起来，说："大人在哪一旗？"上司说："正红旗。"县令说："正黄旗最好，大人怎么不在正黄旗呢？"于是上司勃然大怒，问："贵县是哪一省的人？"县令说："广西。"上司说："广东最好，你为什么不在广东？"县令吃了一惊，这才发现上司满脸怒气，赶快走了出去。不久，这位县令便被借故免职了。

我们从这里不难发现，正是这位县令不会察言观色，口无遮拦，才会引发上司的情绪和不快心理，而他自己也被免职了。在现实生活中，当我们在与上司进行语言交流的时候，经常会遇到一些意想不到的情况，这时，上司通常会以细微的言行来透露其真实的情绪反映。作为下属，我们应该敏感地察觉到上司表露出来的信息，并进行恰当的处理，比如，当我们在谈论某件事情，而上司隐隐露出不悦表情的时候，我们应该适时闭嘴，将话题引开，这样往往能避免上司的不良情绪。

那么，身为下属，我们该如何来把握上司的情绪心理呢？

1. 上司骄傲的时候，为其制造喝彩声

作为上司，他喜欢得到下属的尊重，也喜欢让下属使他享受到各种各样的欢呼与喝彩。上司之所以能坐在上司的位置,他一定有自己的卓越的一面,他们能获得这样的成功,必定是经历了艰辛的历程。所以,在他们内心里,他希望自己现在所获得的成功需要得到身边的人的证实,更需要享受来自旁人的喝彩与欢呼。因此,下属应该在公众场合,不失时机地巧妙引进上司的奋斗史,促使周围的人都向上司表示出敬佩的眼神。而上司是乐于享受这样的"待遇"的。

当然,你想要上司在人前享受喝彩与欢呼,并不需要故意去表现,故意的设计有时候往往达不到效果。只要你明白上司的心态,就可以随时随地有机会表现。如果遇到上司参加某聚会,而你刚好陪同上司一同前往。那么,你不妨在酒后饭余,大家聊天的时候,巧妙地将话题引入到上司的丰功伟绩上。在这个时候,不是需要你说出上司的丰功伟绩,而是巧妙诱导上司自己来说。这样一来,上司一定会感到十分高兴,在众人的喝彩声中展现自己的奋斗历程,他一定会觉得十分有面子。

2. 上司挨批的时候,对其进行肯定

上司也有自己的老板,不可避免的是,他们偶尔也会受到老板的批评。这时,作为下属,应该与上司站在同一战线上,及时地安慰上司,对其某些能力进行肯定,以此转移上司的情绪。在这时候,千万不要自作聪明地将上司不对的地方再数落一遍,你这样只会惹火上司,到最后遭殃的只能是自己。

3. 巧妙进言

很多人在平时说话时习惯带着教训的口吻,特别是当自己占据了一定的道理时,就会开始居高临下地进行说话。但你千万不要把这样的习惯带进工作之中,特别是在面对上司的时候,这样对你来说是没有任何好处的。也许在某些时候,上司的想法和做法并不如你好,但是你如果以教训的口吻向上司提出建议,是一定不会被他采纳的,反而还会招来上司的愤恨。

如果你想向上司进言,希望他能够按照自己想法办事,那么你千万不要教上司怎么去做。最好的办法就是你可以在言语上对他进行巧妙地引导,让他按照自己的思路去思考问题,引导他能够接受自己的意见。这样可以给他独立的空间去思考,让他在思考之后做出正确的决定。这可以保持他决策上的自尊,也能向上司表达出你的敬佩之情。

4. 上司错了,委婉纠正

下属需要学会巧妙地纠正上司的错误,千万不能直接、当场就把上司的错误纠正过来,这只会令场面变得更加尴尬,而且,也会惹恼上司。上司也是人,他们也会犯一些错误,因而你在面对上司的某些不足之处的时候,千万不要当面提出自己的看法,这会让上司面子上过不去,也会让上司感到愤怒。

其实,上司并不是一个完全不讲道理、不开通的人,他们只是需要顾及到自己的颜面和权威。如果每一个人下属都能够对上司提出批评,那么上司如何能保持自己领导者的尊严呢?对上司来说,即便是自己在哪方面做错了,他们也不会在口头上承认,只会在心里默认,并在行动上纠正自己的不足之处。所以,下属在面对碰巧是上司的错时,也要考虑到他应该拥有一定程度的被尊重,为上司留些情面,不可以直接对上司的错误进行指责。聪明的下属就会讲究技巧地把上司的错误纠正过来,使双方之间建立和谐的关系。

第八章

解析朋友,学会识别友情的真心分量

　　每个人都需要友谊,没有谁可以独自一个人在人生的海洋中航行,我们既需要别人的帮助,也可以给予别人帮助。显而易见,朋友的重要性不言而喻,我们无法离开朋友。在与朋友的相处过程中,我们要善于解析朋友,学会识别友情的真心分量。

一、解析友人的心理,给朋友分分级别

　　对于每一个在社会上生存的人来说,多多少少都有自己的交际圈子,拥有几个不错的朋友。假如一个人完全没有朋友,那似乎是不可能的事情。朋友对于我们而言,它的分量与亲情和爱情一样弥足珍贵。我们都希望在快乐的时候,能有人与我们一起分享;忧伤的时候,能有人为我们分担。朋友就是在最关键的时候来到了我们身边,成为我们的知己。其实,我们都忽略了这样一句话:"朋友也是分等级的。"或许,听到这样的话,许多人会觉得很好笑,朋友还需要分等级吗?那自己岂不是成为了虚伪的人了吗?在现实生活中,交朋友还真得分个等级,因为有的朋友能够给你许多帮助,而有的朋友则往往只是面子上的。虽然,这样的区别明显带着功利性的目的,但试问自己,谁又喜欢那种酒肉朋友呢?不过,无论是什么样的朋友,我们都不能从门缝里瞧人,都应该以尊重为出发点,对待自己的朋友。

　　彭先生的公司终于成立了,他一直以来的梦想终于实现了。不过,他心里特别想感谢一个人,那就是小王。

　　怎么说这事呢?之前彭先生还未曾把小王当做很好的朋友,这话连他自己都不好说。当时,他是国企里的正式员工,而小王只不过是一个小工厂的工人,虽然两人没少在一起吃饭喝酒,但彭先生打心眼里没把小王当真心朋友,他觉得小王只不过是一般的酒肉朋友。因为有了如此归类,所以他从来没真心地关心过小王,以至于后来两人竟失去了联系。

　　谁料,几年后再见面,小王已经成为了大公司的老板。当彭先生从朋友那里听说后,简直不敢相信自己的耳朵。而彭先生正打算开办自己的公司,不过,还有一部分资金没着落。于是,抱着一丝侥幸心理,他找到了小王。见到彭先生,小王感到很意外,但马上就表现得很热情,一个劲儿地问他这些年过得好不好,小王的热情出乎彭先生的意料。

短暂的寒暄之后,彭先生慢慢说出了自己的来意,他以为小王会委婉拒绝。没想到,小王居然爽快地答应了,还说道:"如果需要的话,我可以借给你多一点。"就这样,因为有了小王的帮助,成立公司的事情自然就顺利多了。看着小王如此待自己,彭先生的心里充满了自责和愧疚,他与小王增加了联系,也开始关心起小王起来,不自觉地,他将小王列为值得信赖的朋友。

明显地,之前彭先生只把小王列为一面之交的朋友,而且,总是带着势利眼看对方,打心眼里瞧不起人家。但他万万没料到,"三十年河东,三十年河西",谁料到一个小工厂的工人有一天也成了大老板,而由于小王的真心帮助,自己的公司也创办了起来。经历了这样的过程,彭先生将小王划分为了值得信赖的朋友。

在古代,只要是志同道合、交情深厚的人才可以以朋友相称,而在今天,朋友的定义更加宽泛。凡事与我们有过交往的人,哪怕是一面之缘,都可以称得上是朋友。虽然,我们的朋友越来越多,但无形中为自己增添了不少麻烦,既然都是朋友,那么,就需要为对方付出,还得花费时间和精力,这常常会让我们忙得应接不暇,到最后,连真心的朋友还是"假朋友"也分不出来了。所以,我们通常会在心里将这些朋友做一个区分,将他们分出等级、主次轻重,对于那些我们看得较重的朋友,应该多花一些时间与他们培养感情,而对于那些泛泛之交,我们只要尽到一般交际礼数就行。

那么,如何来划分朋友的等级呢?其具体的标准,当然不是以"三教九流"来划分的,因为凡事没有绝对,不一定"一等"的朋友就一定是最好的,而"九等"的朋友就一定一无是处。

有人曾把圈子里的朋友比喻为一个倒金字塔,在下面一层的朋友,大概只有七八个,他们愿意为你付出很多东西,必要时甚至对你倾囊相助,在你最困难的时候也会陪伴在你的身边;稍上面一层的朋友,可能有十个左右,这些朋友会一直记得你,偶尔也会发发信心询问你的近况,如果你需要帮忙,在他们能力范围之内,一定会不遗余力;最上一层的朋友,至少在二十个左右,这样朋友你大多都能叫出他们的名字,知道他们的职业,并且手机里也有他们的号码,节日里也会互发短信祝贺,却只是"君子之交淡如水"。

二、分辨出你身边的损友和益友

在我们身边,有益友,亦有损友。有真情真意的朋友,也有虚情假意的朋友;有雪中送炭的朋友,亦有锦上添花的朋友。当我们遇到困难的时候,身边的朋友来安慰自己,帮助我们解决难题,我们对他们有感激之情,因此,他们也会伸出友谊之手的做法,便会在无形中影响我们,使我们在以后遇到同样的事情,亦会用同样的手法去帮助别人,这就是"患难见真情"。当我们遭遇失败的时候,失去自信,一蹶不振,朋友陪我们度过最失落的日子,他告诉我们在人生坎坷路上,难免会有坎坷,只要重拾信心,勇往直前,一切都会好的。相反,若是交了损友,他会在我们成功之时送上鲜花,却在我们最失落、最痛苦的日子里离开。益友就像是一盏指明灯照亮我们前进的光明大路,而损友则会使你跌进深谷,越陷越深,永不翻身。

哪些是益友,哪些是损友呢?孔子说:"益友有三,损友有三。友直,友谅,友多闻,益矣;友便辟,友善柔,友便佞,损矣。"意思是说,与正直的人交朋友,与守信的人交朋友,与见识广的人交朋友,是有益的;而与谄媚逢迎的人交朋友,与两面三刀的人交朋友,与花言巧语的人交朋友,则是有害的。古人曰:"损友敬而远,益友亲而近。"对待损友,需"闻过怒,闻誉乐,损友来,益友却",如果你听到别人的批评就发怒,听到别人的赞誉就快乐,这样,损友就会来,而那些益友就会离你而去;对待益友,需"闻誉恐,闻过欣,直谅士,渐相亲",听到别人的赞誉要惊恐不安,听到别人的批评要感到欣慰,这样,正直的朋友就会主动与我们亲近。

张大千不仅是一位杰出画家,而且是一位精通鉴定、善于模仿的高手,他的仿古画甚至达到了以假乱真的程度。而张学良自幼受到良好的教育,成年后喜好收藏书画。

有一天,张学良重金购得几幅石涛山水画。欣喜之余,他兴致勃勃地请来名家鉴赏,没想到,专家一致认为这些画并非石涛真迹,其实大半是出自一个青年画家张大千之手的仿作。张学良为自己的"上当"而感到震惊,于是很想结识这位能把假画造得天衣无缝,令海内外大名鼎鼎的鉴赏专家难辨真伪的高手。

张大千也没想到临摹之作居然蒙过了张学良。正在这时,张大千接到了张学良派人送来的请柬,张学良请他赴宴。友人们提醒张大千,说这恐怕是"鸿门宴",张学良有可能找他算石涛赝品画这笔账。不过,张大千还是赴宴了。宴会上,张学良对张大千颇有礼贤下士的谦恭之风,张大千逐渐消除了顾虑。张大千与张学良因赝品画而结识,张大千对张学良宽大的胸襟深为叹服,而张学良由此对张大千的画更加爱不释手。至此,两大奇才因画结缘,友谊持续了半个多世纪。

张大千与张学良两人都是极富传奇色彩的人物,身世、经历、禀赋、才能截然不同的文武奇才,原本毫不相干,但他们却偶然因画结缘,友谊持续了半个多世纪。实在是"惺惺相惜"之下,才会促成了一生的友谊,当然,他们对于彼此,那定是一辈子的益友了。

那么,我们如何来辨别身边的益友和损友呢?

1. 言谈举止

有时候,观察对方是否是损友,则需要察看他的言谈举止。如果身边的朋友不分善类,说话经常陷入沉默,而所说又与实际情形不相符合,走路步调也不一致,那么,这样的朋友大多比较自我,他只会利用你而不会真心地帮助你。而且,他们常常以自我利益为中心,与这样的朋友相处,应谨记"防人之'口'不可无"。

2.眼神、目光

有时候,我们需要观察朋友的"目视方向",即他们在与我们相处的时候,用了怎样的眼神、目光。如果朋友目视的方向常常是斜视,那表明这样的朋友嫉妒心较强,喜欢报复别人,很容易因为你比他优秀而对你产生嫉妒心理。在这样的朋友面前,要收敛住自己的锋芒,不要过于显出自己的优势,否则这样很容易让对方生"红眼病"。

有的朋友还有偷视的行为,这样的朋友对你的隐私或者秘密十分感兴趣,如果你不告诉对方,他们有可能会不择手段地来获得自己想知道的一切。这样的朋友属于不可深交的"损友",在这样的朋友面前,一定要留神自己的隐秘,与他们保持一定的距离,方能自保。

三、当考验降临,看清友情的真心分量

俗话说:"在家靠父母,出外靠朋友。"我们每个人都离不开朋友,无论是在生活中,还是在工作中,每个人都会有朋友。朋友就是与我们交情深厚,彼此要好的人。我们与朋友之间的友情是一种纯洁、平凡的感情,也是坚实、永恒的感情。对于每一个人来说,你可以没有爱情,但不绝不能没有友情。当你的生活圈子里没有了朋友的相伴,那么每一天的生活都会如同死水一般,没有生气也没有激情。友情是可以伴随我们一辈子的感情,因此友情无疑是最珍贵的情感之一。不过,我们都知道,任何感情都需要经受住考验,这样才能称之为永恒。当我们成功了、失败了、伤心了、落泪了,这时候,考验的时机就到了,身边的朋友对待我们的方式方法可以看出他们的真心假意;有的朋友可能见你遭遇困难了,会唯恐殃及自己,早就躲得远远的了;而有的朋友则会表现得十分仗义,主动提出帮忙,倾力相助。

小军与张亮是一对好朋友,小军从事导演工作已经十几年了,但是,最

近这些年总是走"下坡路"。前不久,小军踌躇满志地策划了一部新戏,投入了大部分资金作为启动资金。这部戏对于他来说就像是自己的孩子一样,积聚了他无数的心血。可是,谁也没有想到,从创作、一手筹备、策划,眼看着就快要开拍了,可是,投资方却突然撤资了。剧组所有工作陷入了困境,小军整日沉浸在痛苦中,原来因为自己执意从事导演工作,前几年已经欠下了千万元的账款,这次好不容易找到了肯投资的公司,准备打个漂亮的翻身仗。却没有想到不知投资方选择了撤资,这对他来说简直是毁灭性的打击。

朋友们听说了这个消息,纷纷远离了小军,聚会也不再叫他。小军只得感叹:"世态炎凉!"在这时,朋友张亮不知道从哪个朋友那里听到了这个信息,于是马上放下手上的工作,开车来到小军家,一进门就说:"我来给你的新戏投资。""什么?"小军满脸惊讶,张亮不懂得演艺事业,以前还经常开玩笑说:"那玩意挣不了什么大钱。"现在,他竟然愿意投资,张亮笑了,说道:"我是不懂表演,甚至,直到这一刻,我也不是喜欢它的,但是,你是我的朋友,好哥们儿。你现在遇到了困难,我不能袖手旁观,我相信你的眼光我马上就将资金转过来。"听了这话,小军心里暖暖的,由于资金的及时到位,小军的作品被如愿搬上了大屏幕,并取得了巨大的成功。在庆功宴上,小军举起酒杯向张亮敬酒:"你是我这辈子的恩人,我是不会忘记你的。"张亮颔首微笑,并没有说话。

经过这次,小军自然明白,张亮才是自己最真心的好朋友。自己遭遇了失败,能够鼎力相助的人才是真心对你的,那些只习惯于锦上添花的朋友不过是摆设,他们不想对你付出任何真情。试想,如果朋友仅仅是建立在"同享福,不能共患难"的基础之上,那么,这样的朋友也是不会长久的。

任何感情需要在经历了考验之后,才会显得更深厚。就拿朋友来说,如果彼此都没出什么事情,平日里聚聚会,逛逛街,吃吃饭,喝喝酒,这些是很难看出朋友的是真心的。但每每到了紧要关头,却不见了踪影的朋友,却可以让我们看出其假意。对于我们来说,要善于观察朋友对自己的态度,尤其是在关键时刻,这可以让我们看清哪些朋友是真心的,哪些朋友是假意的。

那么,我们该如何去判断分辨真、假友情呢?

1. 成功时刻,朋友的表现

或许,成功时刻并不是最佳的考验时期,但对于考验朋友的真诚度,还是可以的。有的人发现,那个平日与自己无话不谈的朋友在听说自己成功后,突然沉默了,这是为什么呢?这可能是因为他内心的嫉妒、羡慕心态在作祟。面对你的成功,也许他表现得满脸不屑,甚至,满嘴的风凉话。其实,真正的朋友是不会嫉妒你的,他只会为你的成功而高兴、祝福。心胸狭隘的朋友,他们就连"锦上添花"都做不好,如此的朋友,对你自然没什么真心。

2. 失意时候,朋友的表现

一个人失意的时候,可以说是一个考验朋友是否真心的最佳时期。许多人在得意的时候,高朋满座,但一旦失意的时候,则是门可罗雀了。那些在你失意的时候,离你而去的朋友,对你并不是真心的。更有甚者,有的朋友就是奸诈小人,在你失意之后,他非但不帮忙,反而会雪上加霜、落井下石。如此的朋友,更应该选择远离,甚至是绝交。

不过,真正的朋友是不会这样的,即使你失败了,他也会陪伴你度过最难熬的日子,在他看来,他所结交的只是你这个朋友,而不是你的头衔、地位。

四、学会真正理解最亲密朋友的心理

在我们的一生中,可能会有不计其数的朋友,如潮来潮往,所谓"财富不是朋友,朋友才是财富"。其实,对于我们来说,要想能交到好的朋友,应该学会真正理解最亲密朋友的心理。朋友之交,贵在棋逢对手、将遇良才的欣赏,而不是诚惶诚恐的崇拜,不是财富驱使下的利益关系。对此,有人这样说:"酒肉朋友不交,势利小人不交,阳奉阴违不交,为富不仁不交,倚权仗势不交,欺小恶老不交,口是心非不交,无信无德不交,恃强凌弱不交。"交朋友,重在交心,彼此之间不应该掺入其他任何杂质的成分。而且,要想能成功交到优秀的朋友,赢得朋友的欣赏与信任,我们必须以心交心,如果你只是一味地做表面文章,那么,你最终会失去这位朋友。交友要交心,因为只有心灵之交才会肝胆相照,才会成为知音。

俞伯牙乘船游览,面对清风明月,他思绪万千,于是又弹起琴来,琴声悠扬,渐入佳境。忽听岸上有人叫绝。伯牙闻声走出船来,只见一个樵夫站在岸边,他知道此人是知音,当即请樵夫上船,兴致勃勃地为他演奏。伯牙弹起赞美高山的曲调,樵夫说道:"真好!雄伟而庄重,好像高耸入云的泰山一样!"当他弹奏表现奔腾澎湃的波涛时,樵夫又说:"真好!宽广浩荡,好像看见滚滚的流水,无边的大海一般!"伯牙兴奋极了,激动地说:"知音!你真是我的知音。"这个樵夫就是钟子期。从此二人成了非常要好的朋友。

两人分别约定,明年此时此刻还在这里相会。第二年,伯牙如期赴会,但却久等子期不到。于是,伯牙就顺着上次钟子期回家的路去寻找。半路上,他遇到一位老人打听子期的家。这一打听才知道,原来,这位老人正是子期的父亲。老人告诉伯牙,子期又要砍柴,又要读书,再加上家境贫寒,积劳成疾,已经在半月前去世了。子期去世时担心伯牙会这在里久等,叮嘱父亲一定要在这一天来通知伯牙。听到这个消息后,伯牙悲痛欲绝。他随老人来到子期的坟前,抚琴一曲哀悼知己。曲毕,就在子期的坟前将琴摔碎,并且发誓终生不再抚琴。

所谓"知音弹于知音听,不是知音莫与弹",仅仅一曲《高山流水》,钟子期和俞伯牙成为了知音,他们之间,除了心灵的交汇,还有什么呢?后来,钟子期死后,俞伯牙认为自己失去了知音,发誓永不弹琴。因为理解了朋友的心理,他们成为了知音。

最亲密的朋友,那就是最值得信赖的朋友,也是我们一生的知己。对于这样的朋友,我们需要珍惜,需要长久地将友谊维持下去。但是,要想达到这样的目的,就需要我们理解他们的心理。那么,他们心理到底渴望的是什么呢?

1. 需要你的真诚

很多时候,比起那些物质,他们更需要要你的真诚。当他们感受到你的真诚,意识到你是真心待他时,他才会换之于真诚。朋友之间,只有真诚才能换来真诚。所以,当朋友遭遇了什么变故或者灾难,我们一定要第一时间赶去对他进行安抚。一个人最脆弱的时候,也是情感最为至诚的时候,也是最需要朋友的时候。这时候,我们不妨为朋友带去真诚的关怀,在他危难时陪在他身边,在他心情烦闷时陪在他身边。朋友之间都是相互的,你怎么对他,他就会怎么对你。

2. 最忌讳"贵人多忘事"

很多人与朋友之间的交往,都会陷入这样一个误区:总是在自己需要帮助的时候,才想起去探望对方;只有在自己遇到烦闷的事情时,才想到给对方打个电话,倾诉一下心中的苦闷;只有在自己最脆弱的时候,才想到朋友、想得到朋友的依靠。于是,你给朋友的感觉就是"只有出了什么事情,才会想到我,把我当成什么了"。其实,对朋友来说,他们最忌讳的就是你这种"贵人多忘事"的行为。

真正的朋友,并不只是一片止痛药,随时拿来,随时扔掉。它更像是我们生活中不可缺少的阳光,并不在我们的控制范围之内。因此,我们在平时生活中要学会主动联系朋友,即便是没有什么事情,也可以约出来一起喝喝茶,吃吃饭,聊聊天。彼此交流一下情感,这样才会使你们之间的友情更加稳固。

3. 任何时候都是朋友

最亲密的朋友,希望无论什么时候,你都会把他当朋友。有的人在贫困的时候,能够与朋友同甘共苦,可一旦自己有一天飞黄腾达了,就把与自己一起吃苦的朋友忘记了。甚至,当朋友去探望他时,他也会时时提防对方是不是在窥探自己的钱财,或者在言语中奚落对方。

真正的朋友既是能共苦,也是能同富贵的。其实,如果是真正的朋友,看见你获得了成功,往往会比自己成功还要高兴,而根本不会心生嫉妒,也不会有窥探他人财富的欲望。因此,无论在什么时候都要记住自己的朋友,即便是你获得了巨大的成功,也不要忘记与自己一起走过来的朋友。因为,如果没有他们在你的身边关心你、照顾你,支持你,你不可能获得如此巨大的成功。

五、慧眼识人,巧妙识别朋友中的小人

俗话说:"防人之心不可无"。尤其是在面对某些"小人"朋友的时候,更不能掉以轻心,以防掉进对方早已"挖好"的陷阱里。这就需要我们在平时生活中识别出朋友中的小人,通过对方的言行举止来透析其真实意图,以此来使自己不受任何伤害。因为小人的手段是极其隐秘的,也是极其卑鄙的,他们在任何时候都不会轻易放弃陷害他人的机会。如果朋友在你面前表现出异常的举动,那么你一定要严加小心了,多一点防备,多一点准备,才能够有力地瓦解对方的卑鄙行为,否则就会使自己付出惨重的代价。

一般而言,小人都有这样一些行为举止:他们善于当面说一套,背后做一套,当着你的面说得挺好听的,可是背着你却做着见不得人的勾当;他们是心计多端善于见风使舵的人,当着你的面答应你,可背后却把你的话一字不漏地传达给你的竞争对手;他们见不得你比他好,看到你即将职位高升了,他可能会想方设法使计策来拖你的后腿;他们还善于使用糖衣炮弹,经常在你面前甜言蜜语,给你一些小恩小惠的甜头,却隐含着对你的算计。因此,面对那些善于"变脸"的小人不可交,但却不可不识,只有辩识出小人,才

能够防患于未然。

1898年，以康有为、梁启超为首的维新派在中国掀起了轰轰烈烈的维新变法运动。他们的活动得到光绪帝的支持，但光绪帝是一个没有实权的皇帝，慈禧太后控制着朝政。于是，这场变法运动实际上变成了光绪帝与慈禧太后的权力之争。

正在这时，荣禄手下的新建陆军首领袁世凯来到北京。袁世凯在康有为、梁启超宣传维新变法的活动中明确表态支持维新变法活动。康有为曾经向光绪帝推荐过袁世凯，于是，光绪帝在北京召见了袁世凯，封给他侍郎的官衔，旨在拉拢袁世凯，为自己效力。康有为等人认为，要使变法成功，解救皇帝，只有杀掉荣禄。而能够完成此事的人只有袁世凯，所以谭嗣同后来又深夜密访袁世凯，希望袁世凯能够杀掉荣禄，当时袁世凯一口应承下来。

却没有料到，袁世凯是个诡计多端，善于见风使舵的人，袁世凯虽然表面忠于光绪皇帝，但是他心里明白掌握实权的还是太后和她的心腹，于是他又和慈禧的心腹们勾搭上了。所以，他决定先稳住谭嗣同，再向荣禄告密。不久，袁世凯便回天津，把谭嗣同夜访的情况一字不漏地告诉荣禄。

第二天天刚亮，慈禧就怒冲冲地进了皇宫，把光绪带到藏台幽禁起来，接着下令废除变法法令，又命令逮捕维新变法人士和官员。变法经过103天最后失败。谭嗣同、林旭、刘光第、杨锐、康广仁、杨深秀"戊戌六君子"在北京菜市口被砍下了脑袋。

袁世凯这类奸雄式小人，为了邀功请赏，飞黄腾达，不惜利用他人的人头献媚。而没有任何戒备心理的革命党人，被袁世凯的假面所迷惑，错把他当成了朋友。由于没有能够识别、防备小人，他们为此付出了惨重的代价。

面对居心叵测的小人，我们不得不防，他们会混进我们的朋友圈里，企图伤害我们。对此，我们要善于识别他们，通常情况下，这些貌似朋友的小人会有这样的小动作：比如，他突然之间对你很亲近，并且经常说些好话；通过其他人来打听你的行踪，你平时的情况；平时与你关系都极为和谐，在你即将晋升的时候却忽然冷淡了起来。这些往往是小人表现出来的异常行为,我们要学会观察对方的这些"小动作",以此来推断他下一步将要做什么。

1. 亲近攻势,必另有所图

有时候,我们与某人在平时往往会保持一定的距离,把关系始终维持在不亲不疏的一种状态,属于"点头之交"的朋友。可是,如果有一天他突然开始对你亲近了,经常当面夸奖你,对你说一些恭维话,企图与你保持一种亲近的关系。这时候,你就要有所防备了,对方想给你造成一种亲近感,可能是试图在你身上获取一些东西,有可能是关于你自己的一些情况,也有可能是想通过你打探别人的隐私。对小人这样的行为,我们不得不防,对他的亲近行为要保持警惕,也不要给对方透露任何有价值的信息。

2. 暗暗关注你的行踪

在生活中,有时候你会意外得知,某位朋友经常悄悄地向你身边的人打探你的行踪。只要他们看不见你的人影,就会向坐在你身边的人或是与你关系密切的人询问:"你知道他上哪去了吗?我找他有点事。"即使他稍微用了借口,但是经常这样问,也会使身边的人觉得不大对劲。面对小人这样的"小动作",是企图通过你的行踪来抓住你的把柄。你不妨故意把你的行踪泄露给对方,模糊他的想法,到时候他就没有办法来陷害你了。

六、友情诚可贵,几种类型的朋友要诚心理解

生活在这个世界,其实,每个人都是平等的,人与人之间的交往也是建立在平等的基础之上的。不过,对于我们身边的朋友,却是有分别的,有的人是损友,有的人是益友,有的人却是良友。在日常交际中,我们需要分清朋友的类型,如何才能识别朋友的真实心理呢?在我们的朋友中,存在着不

同类型的朋友:有的人是我们的好朋友,能够在自己遇到困难时为我们排忧解难;有的是我们的知己好友,能在我们心情烦闷时安抚我们的心灵;有的朋友是所谓的酒肉朋友,他们只是在我们身上索取,而不会对我们投入任何的情感。

通常情况下,我们会将所有的朋友分为良友、益友、损友,其中,良友和益友是我们人生中不可缺少的朋友,至于损友,则是我们需要敬而远之的。当然,这需要我们在结交朋友的时候,注意观察朋友的言行举止,分清他是属于哪类朋友,这样,我们才能真正地明白他的心理。分清了朋友的类型,才能够使我们多交良友、益友,多避开一些损友。下面,我们就主要介绍良友、益友、损友这三种类型的朋友,以便我们在交际中能及时看清楚对方的真面目,识破朋友的心理。

1. 良友

良友又包括普通朋友和好朋友,对于这种类型的朋友,在经过长时间的相处与交往之后,他们其中的一部分会成为我们的益友,变成我们的知己好友。因此,这样的朋友是值得交往的,当然,对这样的朋友,需要我们付出自己的真诚,这样,才能打开对方的心扉,进行心灵上的交流。

普通朋友:在日常交际中,我们通常会说"我和他只是普通朋友",其实,所谓的普通朋友指的也就是那些萍水相逢的朋友,彼此之间既不存在亲密的关系,当然,也不会有敌意。在生活中,彼此的交往方式不过是在擦肩时打个招呼,而后就会匆匆离去。对这样的普通朋友,我们需要掌握好距离,与他们的关系尽量保持在既不过分亲密又不过分疏远的距离。当然,随着交情的加深,你们有可能会成为以后的好朋友,甚至有可能是益友,更多的时候,他们不过是我们人生路上的一个匆匆过客。

好朋友:好朋友就是在我们困难时能给予帮助的人,虽然,他们并不是与我们朝夕相处,形影不离,但朋友之间的那份情谊却是不言而喻的。当我们陷入了窘境的时候,他们会毫不犹豫地伸出援助之手,而对于他们而言,付出这样的帮助却并不希望得到任何回报。好朋友会在给予帮助之后悄然离去,或许赶着去处理他们自己的事情。这种类型的朋友对我们来说,是良友,如果能与之保持紧密的联系,继续交往,他们还有可能成为我们的益友。不过,有时候,由于疏于联系,他们也有可能只会成为我们人生路上的过客,停驻一段时间就会悄然离去。

2. 益友

我们常说的"一辈子的朋友",其实就是指的益友。这样的朋友,无论是我们在困难之际,还是在我们飞黄腾达之时,他们都是我们永远的知己好友。对于这样的朋友,只要我们能用心去经营那份友谊,以诚相待,定会让我们终身受益。

所谓的知己好友就是"益友",当我们变得颓废萎靡的时候,他们会安抚我们忧郁的情绪,替我们分担一部分压力;当我们在享受生活的时候,他们也会陪在我们身边,给我们一些提醒与问候,却从来不会因为我们的富贵而心生嫉妒。像这样的朋友,会是我们一生的朋友,正所谓"海内存知己,天涯若比邻",不管我们在哪里,彼此都不会忘记对方,无论我们离开了多久,想起对方时的那种感觉是永远不会变的。

3. 损友

所谓的损友就是在与我们交往中,不付出一点真情,只是希望从我们身上不断地索取一些东西的人。他们就是那种只有喝了酒才与我们称兄道弟的人,而且,那都不过是表面工夫,并不是出于真心。这样的朋友在与我们交往的时候,他所怀着的完全是一种功利性的目的,他们既不会在我们困难之时伸出援助之手,也不会在我们心情烦闷时为我们排忧解难。所以,在交际中,对待这样的朋友,我们不能太过于真心,只要与之维持和谐的关系即可。

利友:我们所说的利友就是为了功利性目的而来到我们身边的朋友,他们无论在什么时候与我们交往,都是为了我们的财利。他们会在表面上对我们十分友好,会对我们说一些甜言蜜语,给予我们一些小恩小惠。可一旦到了最危险的时候,他们就会离我们而去,弃我们而不顾,更别说给我们提供帮助了。他们之所以在我们身边,是因为我们有可以利用的价值,一旦这样的价值没有了,他们就会离我们远去,彼此之间的朋友关系也将终结。面对这样的朋友,我们最好与之保持一定的距离,以防不小心被对方所利用了。

酒肉朋友:酒肉朋友就是指在一起只是吃喝玩乐而不干正经事的朋友,在我们身边,可能会有很多酒肉朋友。他们只有在吃喝玩乐的时候,才会想到我们,即便是与我们交往的过程中,他也绝不带一点感情,只是想索取我们身上的东西。当你对他而言失去了索取的价值,他还会毫不客气地指责你、谩骂你。这样的朋友,并不会长久地待在我们身边,当我们身上已经没有可捞取的油水时,他就会随着时间的消逝而销声匿迹。

第九章

展现风采，先用自信心理让别人记住你

心理学家指出，人们对初次打交道的陌生人的印象只会保持很短的一段时间。那么，如果你想要别人记住你，就需要突出自己，展现自己的风采，让自己最突出的个性成为对方记忆的焦点。不过，一个人要想大方、从容地展现自己，他更需要一种潜意识的力量，那就是——自信。

一、想办成事，先让别人记住你

在日常生活中，要想办成事，必须得让别人能够记住你。否则，对方连你是谁都不知道，又怎么会帮助你呢？不过，有人纳闷了，如何才能别人记住自己呢？其实，这透露了一个自信心理：有自信的人，虽然长得平淡无奇，但他会以自己别样的特点让别人记住自己；而那些内心自卑的人，只会小声说"你好，我是某某"，如此的打招呼，等到下次见面的时候，你有可能已经被别人遗忘在某个角落了，甚至，压根儿就忘记了你这个人。在交际中有这样一句话："忘记别人是谁可能会尴尬，但不被人记住才是最可悲的。"这句话听上去比较矫情，但实际上，这就是事实。

在更多的时候，我们会发现，那些被人们记住的人并非有多优秀，长得有多美丽，但是，比起常人，他们多了一份自信。即使不断地被拒绝，但他们还是会把名片递给大家，微笑地说："您好，我是某某，请多指教。"你要相信，这句话如果在你耳边出现多次，自然你就会记住他了。同样的道理，在与人相处的过程中，我们要对自己充满信心，不管对方的态度如何，我们所需要做的就是拿出自己的自信，一次次介绍自己，一次次增加自己在他人心中印象，以此来让他人记住自己。

有一次，原一平去拜访一位客户，在拜访之前。他了解到这位客户性格内向，脾气古怪。见面后，为了营造轻松的气氛，原一平微笑着打招呼："你好，我是原一平，明治保险公司的业务员。"客户情绪似乎很烦躁："哦，对不起，我不需要投保，我向来讨厌保险。"原一平继续微笑着说："能告诉我为什么吗？"客户忽然提高了声音，显得很不耐烦："讨厌是不需要任何理由的！"

原一平知道客户发脾气了，但是，他依旧笑容满面地望着他："听朋友说您在这个行业做得很成功，真羡慕您，如果我能在我的行业也能做到像您这样,那真是一件很棒的事情。"听到原一平这样一说,客户的态度稍有好转:"我一向讨厌保险推销员,可是你的笑容让我不忍拒绝与你交谈,好吧,说说你的保险吧。"

在接下来的交谈过程中,原一平始终带着微笑,客户在不知不觉中也受到了感染,谈到了彼此感兴趣的话题时,两人都大笑了起来。最后,客户微笑着在单上签上了名字,与原一平握手道别。

原一平,这位只有1.53米,整体毫无气质和优势可言的保险推销员成功了。或许,有人会说,他是以微笑征服他人的。但是,那一直挂在脸上的微笑来自于哪里呢?当然是内心的自信,或许,在旁人看来,原一平的长相并不出色,其口才也不是有多棒,但是,他就是多了自信。自信,让他时刻面带微笑;自信,让他一次次不厌其烦地介绍自己;自信,让他一次次让客户记住了自己。最后,全世界的人都记住他了。自然而然,他办成了自己想办的事情,他成为了世界闻名的推销员。

或许,有人会说,让别人记住自己是需要技巧的,但实际上,如果你对缺乏自信,那么,任何技巧都是无济于事的。要明白,只有拥有了自信,你才会谈笑自若地面对他人,也才能绽放出自己最自然的光彩。当然,在这样的情况下,别人想不记住你,恐怕都困难了。

我国台湾著名节目主持人凌峰曾做过这样一番精彩的自我介绍:"在下凌峰,我和文章不太一样,虽然我们都得过金钟奖和最佳男歌星称号,但我是以长得难看而出名的,一般说来,女观众对我的印象不太良好,她们认为我是人比黄花瘦,脸皮比炭球黑。"自嘲而又幽默的介绍方式,令大家耳目一新,自然会给人们留下深刻的印象。

凌峰的这一番自我介绍确实精彩,自然能够让所有的观众记住他。这是因为在精彩介绍背后,那是非比寻常的信心。很少有人会拿自己不出众的长相开涮,但凌峰就有这样的自信,他自信观众喜欢他并不是因为他的长相,而是自己的演技。仅因为这份自信,记住他的人会越来越多。

二、自信的心理暗示，能够给他人传递力量

爱默生曾说："自信是成功的第一秘诀，谁相信自己的能力，谁就能征服世界。如果做一件连自己都担心不能成功的事，那么失败的结局在所难免。"在这个世界，除了你自己以外没有人能欺骗你，没有人能阻止你最终走向成功，这就是自信的力量。自信的心理暗示，往往能够给他人传递力量。对此，自信不仅仅是一个人走向成功的第一秘诀，更是征服人心的利器。

有这样一句话："人活着，或许有不少人值得欣赏，但你最应该欣赏的应该是你自己。"当你对自己充满自信的时候，别人的眼光也会被你吸引，在不知不觉间，对你产生莫名的好感；相反，一个内心充满自卑的人，在他身上所显现出来的是颓废、迷茫，毫无形象魅力，自然也就没有办法获得他人的好感。自信产生的巨大力量可以推动着自己走向成功，与此同时，自信也能够很好地打动他人，从而赢得他人的好感，如此一来，办事自然会成功了。

小泽征尔是世界著名的交响乐指挥家，在他还没有出名之前，他曾参加了一次世界优秀指挥家大赛。在决赛中，他按照评委会给出的乐谱指挥乐队演奏，在指挥过程中，小泽征尔敏锐地发现了不和谐的音符。刚开始，他以为是乐队的演奏出现了错误，于是，他停下来重新指挥，但是，演奏还是出现了不和谐的声音。他当即指出："我觉得乐谱有问题。"

这时，所有在场的作曲家和评委会的权威人士都坚定地说："乐谱绝对没有问题。"面对着权威人士的质疑，小泽征尔涨红了脸，但还是斩钉截铁地大声说："不！一定是乐谱错了！"话音刚落，评委们全部站了起来，对他报以热烈的掌声，祝贺他通过了决赛。原来，乐谱不过是评委们精心设计的一个"圈套"，而小泽征尔却以坚定地认同自己而获得了最后的成功。因为自信，他获得了最后的成功。

小泽征尔因为自信而成功,在遭受评委质疑的时候,他却一再坚定地相信自己。如此强烈的自信心理,也传递给评委以力量,使得评委愿意相信他。在这个世界,我们要明白,每个人都具有独一无二的价值,没有任何人能够取代我们,也没有任何人能够贬低我们,除非你首先看轻了自己。有人总是叹息自己工作不如别人,外貌不够出众,所以才不被老板所赏识。其实,有时候,仅仅是因为我们对自己缺乏自信,无法传递一种力量给对方,而致使对方对我们失去了信心。

在一次面试中,人事部经理看到了这样一个女孩,当他问道:"你只不过是一个专科生,怎么会到我们这样的大企业来面试呢?"时,那女孩一点也不胆怯,而是自信地说:"我相信机会都是自己争取而来的,而我对自己很有自信。"经理看了看那张年轻的笑脸,嘴里竟说不出拒绝的字眼,他继续问道:"可是,你所学的专业是计算机,而我们所需要的是销售人员,如此截然不同的两个专业,你怎么能保证你能胜任这份工作呢?"女孩坦率地说:"虽然,计算机和销售是两个不同的专业,但是,学计算机的也需要与人打交道,而这恰恰是销售人员所需要的能力。而且,我从来不否认自己在与人沟通这方面有过人的能力。"

经理笑了,心想这个女孩也太有自信了。经理有些挑衅地问道:"可是,你的自信来自于哪里呢?"女孩微笑着说:"我的自信跟你的自信一样,你能坐在这里面试我,我的自信来源于我知道自己能做什么,不能做什么。"就这样,经理当即决定了录用这位女孩,后来,他在工作中对那女孩说:"虽然,你的学历并不是最好的,但你的回答却是我最满意的,你的自信传递给我无限的力量,我相信,一个自信的人是有足够的能力去干一些事情的。"

虽然,自己在各方面的条件都不如一起前来面试的人,但是,女孩的自信却是无人可比的,而恰恰是这份自信打动了经理,也使她自己获得了那份工作。在生活中,那些对自己充满自信的人,他们身上有着一种非凡的魅力:神采奕奕,精神百倍,任何时候都给人一种活力四射的印象。如此的风采魅力，能传递给他人以力量，使他们开始相信自己，当然，这样能够很好地打动他人，从而赢得他人的好感。

三、自信使你：想要什么，就能得到什么

有人说："信心是一种态度，常使'不可能'消失于无形。"因为自信，你想要什么，就能得到什么；你想成为什么样的人，就能成为什么样的人。在很多时候，决定我们人生命运的绝不仅仅是能力、环境和外在条件，更取决于我们内心的自信。当你对自己充满了自信时，你的命运就会因自己的想法而变好或变坏，所谓的"心想事成"其实是一种潜意识的力量，它和自信一样，促使我们走向成功。美国职业橄榄球联会前主席 D. 杜根曾说："强者不一定是胜利者，但胜利者迟早都属于自信的人。"从心理学角度说，信心可以决定一个人的成功与失败。在现实生活中，办事是否能够成功，很大程度上，取决于我们对自己的信心。如果你对自己有百分之百的自信，那么，不可能成功的事情也能办成；反之，如果你总是担心自己不能成功，那么，有可能一件简单的事情，你都会办不成，这就是自信心理的力量。

那么，如何才能获得自信呢？对此，心理学家告诉我们这样的答案：成功的回忆中可以帮助我们建立成功的自我想象，可以使自己获得自信。当你对自己的能力表示怀疑，为自卑感所困扰的时候，不妨从过去的成功经历中吸取养分，来滋润自己的信心。不要沉溺于对失败经历的回忆，要将失败的意象从自己脑海中赶出去。生活中，许多人之所以缺乏自信，有诸多因素，可能是在失败的经历中被磨灭，可能是内心存在的自卑感，等等。然而，我们应该记住这样一句话：你想要什么，你就能得到什么。

杰克·韦尔奇出生在一个典型的美国中产阶级家庭，父亲在铁路公司工作，每天早出晚归，因而，培养孩子的任务就落在了母亲的身上。与其他

母亲不太一样,她对韦尔奇的关心更注重在提升他的能力和意志上。母亲是一位十分权威的人,她总是让韦尔奇觉得自己什么都能干,教会韦尔奇独立学习。每当韦尔奇的行为有所不妥时,母亲总是以正面而有建设性的意见"唤醒"他,促使韦尔奇重新振作,母亲虽然话不是很多,但总令韦尔奇心服口服。

母亲一直抱持着这样的理念:坦率的沟通、面对现实、主宰自己的命运。她将这三门"功课"教给了韦尔奇,使得韦尔奇终生受益。母亲告诉韦尔奇:"要掌握自己的命运就必须树立自信。"韦尔奇到了成年以后还是像小时候一样略带口吃,但是母亲安慰韦尔奇:"这算不了什么缺陷,只不过思维比开口快了一些。"正是母亲给予的这份自信,让口吃不再成为阻碍韦尔奇发展的绊脚石,而且成为了韦尔奇骄傲的标志。美国全国广播公司新闻部总裁迈克尔对韦尔奇十分钦佩,甚至开玩笑说:"他真有力量,真有效率,我恨不得自己也口吃。"

韦尔奇的中学成绩应该可以进美国最好的大学,但是,由于种种原因,他最后只进了麻州大学。刚开始,韦尔奇感到十分沮丧,但进入大学以后,他的沮丧变成了幸运。他后来回忆这段经历,这样说道:"如果当时我选择了麻省理工大学,那我就会被昔日的伙伴们打压,永远没有出头的一天,然而,这所较小的州立大学,让我获得了许多自信,我非常相信一个人所经历的一切,都会成为自信的基石,包括母亲的支持、运动、上学、取得学位。"韦尔奇的大学班主任威廉这样评价他:"他总是很自信,他痛恨失败,即使在足球比赛中也一样。"

"你想要什么,就能得到什么",这句话在韦尔奇的身上实现了。1981年,韦尔奇成为了历史上最年轻的CEO,他是通用电气公司董事长。而自信成为了通用电气的核心价值观之一,韦尔奇这样说:"所有的管理都是围绕自信展开的。"

我们只能这样总结:韦尔奇的成功源于自信,因为自信,你想要什么,就能得到什么。戴高乐将军曾说:"眼睛所看到的地方,就是你会到达的地方,唯有伟大的人才能成就伟大的事,他们之所以伟大,就是因为他们决心要做出伟大的事。"凡事成功者都具备一个共同特征,那就是对自己有信心,每一次的成功就会使他们很快地树立自信心,成功机会越多,他们的自信心就越强。成功的第一秘诀就是自信,如果自己都不相信自己,那么别人更不可能相信你。

四、用自信的手势,彰显自我

通过现代科学研究表明,手是人体中触觉最敏感、肢体动作最多的部位。那么,我们完全可以通过观察一个人说话时的手势动作,以此来捕捉对方内心潜藏的信息。而且,手势也是可以展露一个人内在信心的,那可以称之为"自信的手势"。如果一个人对自己充满了自信,那么,他的这种心理会通过手势表现出来,达到彰显自我的目的;相反,若是对自己缺乏应有的自信,这样的心理也会在手势中展露无遗。

没有来得及找好下家就辞职的小王,这段时间正忙着"赶场"面试。这天下午,他接到了两个面试通知,都是他比较喜欢的工作。于是,他把一家公司的面试安排在上午,而另一个安排在下午,中午还能吃个饭休息休息。

可是,等到面试那天,小王却破天荒地睡过了头,起来的时候已经九点半了。他急忙洗漱,整理面试资料,等赶到公司时已经是十点半了。他刚气喘吁吁地坐下,经理就走了进来,没说两句,公司副总也走了过来,想看看这里的面试情况。

顿时,小王的紧张一下子就到了顶点,在介绍自己工作经验时自不觉地摸自己的鼻子,尽管他并没有感冒,也没觉得自己鼻子有多痒。副总脸上露出了不耐烦的表情,小王心更慌乱了,本来自己昨天还做了准备工作的,可是,一紧张什么都忘记了。一会儿,副总就出去了,剩下的面试官问了几个无关痛痒的问题就匆匆结束了面试。小王明白,这次的面试完全让自己搞砸了。

一个人在说话的时候摸鼻子,给人的第一印象就是不太自信,而小王从某个角度来说,正是因为这个小小的动作而失去了一份好的工作。如果小王手心向上,两手向前伸出放在腿上,手的位置基本上与腹部等高,这样的姿势就给面试官一种坦诚,并使对方觉得你充满着热情与自信的感觉。当然,在面对他人的时候,手势也不能自信过头,以至于让人感觉容易受到攻击。比如,将双手握得太紧,手指交叉等。

在与他人的相处过程中,如果你希望你所说的话被对方所接受,那么,就应该在心里树立信心,不要妄自菲薄。如此一来,你的身体语言就会像你的说话一样令人信服。通常情况下,我们在进行语言表达的时候,为了辅助语言的表达效果,会适当地增加身体语言,在这时,自信的手势恰好能起到辅助语言表达的效果。所以,在说话的时候,要常用自信的手势,以此彰显自我。

那么,那些才能算是自信的手势呢?

1. "寻求信心"的姿势

通常情况下,一个女人常见的"寻求信心"的姿态是:把手缓慢而优雅地放在喉咙上。另外,还有一种"寻求信心"的姿势是紧捏自己的手掌部分,这样的手势传达出的是一个人因焦虑等原因而出现信心不足的情况。

2. 塔尖式手势

塔尖式手势就是指将双臂放在桌面上,十指对应相抵,与拜佛的手势有些相似,但掌心是分开的。心理学家认为,那些自信的人经常会用到这样的手势,以显示自己的高傲情绪。有时候,上级对下级会出现这样的手势,其传递的信息是"情况早在我的意料之中"。另外,这一手势在从事会计、律师等行业的人身上,也使用得比较普遍。

塔尖式姿势有公开与隐藏这两种形式,女性的塔尖式动作是隐蔽性的典型,她们坐着时会把手搁在膝盖上,在站着时将合着的手轻放在及腰的位置。研究专家发现,那些自视愈高的人,塔尖式的位置也就愈高。有时候,甚至会出现齐眉的动作,这样一来就像是从手缝中看人。

3. 热情而自信的手势

当我们向人们解释某些问题的时候,可能会将一只手自然地放在一起,或采用手心向上的动作,这样的手势显得热情而自信。如果你对自己所说的话有很大的把握,可以先将一只手掌心向下向前伸,然后从左向右做一个大的环绕动作,就像你能用手覆盖住要表达的主题一样,这样说明一切尽在你的掌握之中。

五、反冰山理论:尽可能多地展露你的风采

对于"冰山理论",海明威在《午后之死》中有这样一个解释,他写道:"如果一位散文家对于他想写的东西心里很有数,那么他可能省略他所知道的东西,读者呢,只要作家写得真实,会强烈地感觉到他所省略的地方,好像是作者写出来似的。"很明显,海明威在这里强调的是省略,主张水面下的"八分之七"应该留给读者去感受。海明威是"冰山理论"的提出者,我们根据他的解释,可以如此来理解:所谓"冰山理论",就是用简洁的文字塑造出鲜明的形象,把自身的感受和思想情绪最大限度地埋藏在形象之中,使之情感充沛却含而不露、思想深沉而隐而不晦,从而将文学的可感性与可思性巧妙地结合起来,让读者从鲜明形象的感受去发掘作品的思想意义。当然,"冰山理论"最初只用于文学创作中。在现实生活中,要想让别人记住你,我们应该反向利用"冰山理论",既然它所倡导的是将自己隐藏起来,那么,我们则应该尽可能地多展露自己的风采。

在日常交际中，如果每个人都把自己隐藏起来，只说那么一两句话，或许露出一个微笑，那在别人看来，你只不过是一个比较陌生的朋友，他们不会记住你，甚至会忘记你的名字。现代社会生活节奏越来越快，人与人之间的相识也快了起来，如果你总是含蓄地把自己包裹起来，我想是没有人会好奇地想认识你的。这是一个个性张扬的时代，人们更多的是彰显自我，尽可能地展现自我风采，也只有这样，你才会被人们所记住，这样一来你办起事来自然也就容易多了。

王先生讲述了自己的一次经历："在一次非正式的聚会中，我遇到了两位初出茅庐的大学毕业生，一位男生这样介绍自己：'您好，我叫某某，今年刚毕业。'我当时呆住了，头一次听人这样介绍自己，只好接话说：'是吗？那加油啊，祝你早日找到满意的工作。'不过，另外一个女生的自我介绍比较特别一些，给我的印象也比较深刻，她开口就说：'您好，听说您是一位作家。'我急忙回答说：'哪里算作家，就是随便写写。'那位女生回答说：'我也是，不过，我更喜欢画画，我是一名美术学院的学生。'这样一来，我和她至少有两个话题聊，写文章和画画，我们都聊得比较开心的时候，她自然就谈到找工作的事情，而我就乐意为她引荐在美术馆和画廊工作的朋友。"

虽然，这位女生的自我介绍不算特别，但是，却与王先生有了聊天的内容，她还可以再顺势聊到自己的工作。那么，也许女生的工作也能有个着落，这估计算是人际交往中的智慧吧。而前一位男生的介绍就简单多了"您好，我叫某某，今年刚毕业"，在整个自我介绍中，我们只知道对方是一位刚毕业的大学生。他没说自己的专业，也没说自己的爱好，如此一来，他所展现的自我只是很小很小的一部分，如此一来，别人只能远远地望着他，而不知道该跟他说些什么。

在与人相处的时候，需要尽可能地突出自己的闪光点，这是"冰山理论"的反作用。如果你幽默风趣，那就尽情地展现自己的幽默；如果你很有才华，那就尽情地展现自己所学；如果你很有绅士风度，那就尽情地展现自己细致体贴的一面。总而言之，越多地展现自己，对方才越有可能会记住你。如果对方对你有了较深的印象，那么，如果你刚好有事要办，那么自然也就容易多了。

六、莱斯托夫效应：突出你的个性

在生活中，或许我们会有这样的经历：在学习地理的时候，要记住每个地方的形状、位置等特征真的很难，但你却会对那些有着显著特征的地方有较深刻的记忆。比如，说到法国，你就会想到埃菲尔铁塔；说到埃及，你就想到了金字塔。其实，这样的例子很多，所呈现出来的规律是：那些特殊的事物更容易被人们记住。其实，它所涉及的心理效应就是莱斯托夫效应。莱斯托夫效应的出现，与人们的记忆特点有关，人们对于身边的许多事物的记忆都是无意识的记忆，简单地说，就是没有自觉去识记，也没有任何识记的方法，也不需做出任何意志努力去记忆，如此的记忆带着某种偶然性。这就是为什么人们在同一个交际场合认识的两位陌生人，但最后或许你只会记得他们其中的一位。因为人们对于自己所接触过的人和事物，并不会每次都记得，他们只会选择那些能引起人浓厚兴趣并能激发人的情感的事物。

通过研究发现，心理学家认为莱斯托夫效应在人际关系中体现得最为明显。许多人为了自己能被人们记住，他们不是在服装上力求新颖，就是在言行上刻意表现，虽然，他们所采取的方式不同，但目的只有一个，那就是：让别人记住自己。在人际交往中，许多人不知道自己的个性是什么，或许认为自己根本没有个性，这其实是一种错误的想法。每个人都有自己的特色和个性，有的人幽默风趣，有的人热情自信，有的人微笑很甜美，有的人眼睛很动人，有的人穿着很吸引人……只要我们能够善于发现并且利用好自己的特色，它们都能帮助我们取得很好的莱斯托夫效应。

阿玉的脸绝对算不上最漂亮的,身材也比较普通,但这并不妨碍她成为了办公室里最美丽的一道风景线。在办公室里,她是大家公认的最会穿衣服的女人,在很多时候,看她穿衣服其实是一种享受。

阿玉的穿衣哲学是拒绝奢华,她非常鄙夷买名牌,她觉得奢侈的品牌没什么不好,但不容易凸显个性,也容易撞衫。对此,她对大街上那些琳琅满目的品牌并没有特别的喜好,也不会在意价钱,最重要的是服装本身的价值。穿衣搭配在阿玉这里已经到了不费吹灰之力的程度了,她常常将平价品牌与奢侈品牌一起混搭,穿出自己的个性。

当然,如此有个性的女人人缘自然好了。男同事为了更好地欣赏她,会不时地在工作中帮她点小忙;而女同事为了能够学习她的穿衣哲学,常常是帮她做这做那。基本上,办公室里一说到她的名字,那可谓是"无人不知、无人不晓"。

有时候,闪光点也是可以制造的,聪明的阿玉就为自己制造了一个靓丽的闪光点,并且收到了良好的莱斯托夫效应。在人际交往中,人们总是先看到一个人的外表、长相、身材、服饰,等等,这会让人们产生一定的心理感受。而在这些方面中,最容易变换、最讲究技巧的就是服饰了。如果你想要在办公室里脱颖而出,也可以像阿玉一样,着手研究自己的穿衣技巧。

那么,我们该如何制造莱斯托夫效应,以此来突出自己的个性呢?

1. 以眼神突出自信

在与人接触的时候,一个人是否有自信,那就应该看其眼神。当然,自信的眼神应该是正视对方,面带微笑,目光炯炯,但却不咄咄逼人。如果你以自信的眼神对视他人,那么,你必然会从人群中脱颖而出,而对方自然会把你纳入"自信、从容"这一类人。

2. 仪态突出优雅

在人际交往中,优雅的行为举止很容易让你显得出类拔萃。如果你拥有良好的修养,那么,你可以不用说话,只需要用行动就能给人们留下较为深刻的印象。在与陌生人打交道的时候，需要不疾不徐，落落大方，如此，你自然能被别人记住了。

3. 以语言突出幽默风趣

如果你是一个幽默风趣的人，那在与人相处的时候，就应该保持最自然的状态，巧妙地将幽默、风趣融入言语中。这样，只需要短短几分钟的接触，你幽默风趣的个性往往就会展露无遗，对方就会记住你了。

4. 以行动突出热情

如果你天生就是一个热情的人，那完全没有必要隐藏自己的优点。当你初次与陌生人打交道的时候，你可以主动与对方握手，面带微笑介绍自己。如果对方正处于困境中，需要帮助，那你更需要以热情施以援手。这样，对方就很容易记住你，并且认为你是一个热情友好的人了。

七、首因效应：初次见面，就让对方牢牢记住你

首因效应是指我们在与对方交往中给对方留下的第一印象，而首次产生的印象将在对方头脑中形成并占据着主导地位的效应。通常来说，我们在第一次与某物或某人接触时都会留下深刻印象，我们在对他人的认知过程中，通过"第一印象"最先输入的信息对以后的认知产生影响的作用。经过研究表明，第一印象作用最强，持续时间也长，这比后来得到的信心对于事物或人的整个印象产生的作用更强。由于首因效应所带来的强大作用，在现实生活中，我们应该学会修饰自己，努力留下良好的第一印象。

两人初次见面的时候，通常是通过对他人的衣着、谈吐、风度等方面做出对对方的评价。能够给他人留下好的印象，往往决定着你是否能被他记住。一旦初次印象建立起来，对后面获得信息的理解和组织有强烈的定向作用，由于人们具有保持认知平衡与情感平衡的心理作用，他们更倾向于使

后来获得的信息的意义与已经建立起来的观念保持一致,而人们对于后来获得的信息的理解,往往是根据第一印象来完成的。

雪后初晴的一天,作家盖达尔正在公园里兴致勃勃地堆雪人。忽然,在他身后响起了"咯吱咯吱"的脚步声,他回头一看,一位年轻姑娘正向他走来。姑娘彬彬有礼地向他伸出右手说:"我认识您,您是作家盖达尔,我读过您的全部著作。"盖达尔听了微笑着,十分幽默地说了一句:"我也认识你,你或许是七年级或十年级的学生,我也读过你全部的书,代数、物理、几何。"这时候,姑娘笑着做了自我介绍,从此,他们相识并成为了好朋友。

在人际交往中,人们往往注意外表、服饰的"首因效应"。其实,"首因效应"带来的影响并不仅仅局限于外表、服饰,等等,还表现在见面时所说的第一句话,而且,该效应带有比较鲜明的情绪色彩,很容易影响对方的心理。所以,当我们说好了第一句话之后,便奠定了整个谈话的基调,话题才会源源不断而来。

与人交往的主要目的是赢得他人的好感,而要想达到这个目的就应留给他人一个良好的第一印象。当然,除了对自己装扮、语言、表情以及动作的约束来影响和改变他人对自己印象,更为关键的是,要对自己充满自信,如此,你才能以自信、从容的姿态出现在人们面前,也才能被对方记住。

1. 说好第一句话

第一句话表达了你的情绪与感情,你所想要传递给对方的信息全在第一句话里了,是好抑或是坏,都将有效地影响对方的心理。说好第一句话,往往能起到意想不到的效果。心理学家认为,第一印象主要是一个人的性别、年龄、衣着、姿势、面部表情等"外部特征"。但同时,一个人的谈吐却在一定程度上反映出这个人的内在素养和其他个性特征。

第一句话要以赞扬为基调,尽量谈论对方颇为得意的方面,比如"您可真有气质""听说您的书法很大气,今天见你算是知道什么叫'人如其字'了",等等。当然,这样的赞赏并不是毫无诚意的恭维或拍马屁,而是发自肺腑的语言,这样才能激起对方的自豪和信任感。

2. 外表装饰

虽然,一个人的相貌是自己无法决定的,但服饰却是完全取决于自己的。俗话说:"三分长相,七分打扮。"我们的服饰装扮需要保持整洁、得体、自然的原则。另外,还需要注意细节修饰,有的人穿名牌衬衫,但从不熨烫,有的人穿名牌皮鞋,但从不擦干净,这些都会让你的完美形象大打折扣。

3. 行为举止

一个人的动作常常会令他的气质、性格表达得淋漓尽致,粗俗的行为总是令人生厌的,这就要求我们注意自己的行为举止,待人接物面带微笑,注意分寸和距离,尤其是与异性交往时,举止不可轻浮,以避免不必要的误会。

第十章

做事得力,完美行事风格令你百战不殆

在日常生活中,办事得力很大程度上在于你的行事风格。换句话说,你的行事风格将决定你办事是否能获得成功。那些成功者,他们必然有着一套追求细节完美的行事风格,在他还没有开始办事的时候,就已经产生了巨大的影响力。因此,对于我们来说,应该努力培养自己完美的行事风格,如此,你才会办事得力。

一、奥卡姆剃刀定律：简约的行事风格更得力

在小说《安娜·卡列尼娜》中，有这样一句话："安娜卡列尼娜以一袭简洁的黑长裙在华贵的晚宴上亮相，惊艳无比，令周遭的妖娆粉黛颜色尽失。"有时候，繁重的装扮远不及简洁的魅力，这所体现的就是"奥卡姆剃刀定律"。这个定律是14世纪英格兰圣方济各会修士威廉提出来的一个原理，他说："如无必要，勿增实体。"其含义就是：只承认一个个确实存在的东西，凡干扰这一具体存在的空洞的普遍性概念都是无用的累赘和废话，应当一律取消。这个看似有点偏激独断的思维方式，被人们称为"奥卡姆剃刀"。该定律的出发点是：大自然不做任何多余的事。如果你有两个原理，它们都能解释观测到的事实，那么你应该使用简单的那个，直到发现更多的证据。对于现象最简单的解释往往比复杂的解释更正确；如果你有两个类似的解决方案，选择最简单、需要最少假设的解释最有可能是正确的。当然，奥卡姆剃刀的定律告诉我们：应该把一些繁琐、累赘一刀砍掉，让事情保持简单。

在工作中，我们常常发现，简约的行事风格更能彰显自我力量，而对于我们所办的事情有很好的促进作用。有的人做事拖沓，明明是一个小时能完成的任务，他却硬是花了整整一天，如此拖沓而繁重的行事风格，会让人对你的工作能力产生质疑，进而对你之前所做出的良好评价也会大打折扣。因此，为了更好、更快地办成自己想办的事情，我们应该抛却一切繁重而累赘的程序，以最简洁的方法解决问题。在这个过程中，不仅有助于我们早日办成事，而且，还会给我们身边的人留下很好的印象。

在办公室里，小王的办事风格是出了名的，上司曾在公司大会上当众夸奖他："小王，你那简约的行事风格是我们公司所需要的。"对于同样一件事情，他总能够卸去繁重的部分，而找到最简洁的方法。对此，同事常常感到

奇怪："你是怎么做到的?"小王举了这样一个例子："下班后,我经常去钓鱼,每次都增加一些小东西,比如剪刀啦,装鱼料的小胶瓶啦,新购置的鱼网袋啊,小折叠凳啊,前不久,我还想去买个钓鱼箱。可是,钓鱼的装备越来越多,也越来越重,从最开始的一个背袋,增加到一个背袋、手提袋。等我到了钓鱼的地方,发现我已经承受不住重力了。于是,我开始减少自己所带的东西,最后,只剩下每次都能用得上的一个背袋渔具,如此,我也轻松多了,每次钓鱼都能够乘兴而归。"说完,小王又补充了一句:"这让我明白了,复杂的事情往往可以从最简单的途径解决。"

"如无必要,勿增实体"所告诉我们的是:许多事情就如同一棵大树,要把握主干,应该将无用的枝叶都砍掉。把事物变复杂很简单,把事情变简单却很复杂。我们在处理事情的时候,需要把握事情的主要实质,把握主流,解决最根本的问题,特别是要顺应自然,不要把事情人为地复杂化,只有这样,才能将事情处理好。

在奥卡姆定律提出之时,人们把它当做异端邪说,但现在,它越来越多地应用到企业管理、实际生活中。美国最大的证券网站 etrade.com 曾成功地运用了一次"奥卡姆剃刀定律",它推出了一次惊世骇俗的品牌推广活动:"踢开你的经纪人"。简洁的语言,一下子便引起了人们的共鸣。而美国另一家公司推出了这样一个广告:身穿白色制服的"服务小队"成员像圣诞老人一样从壁炉中钻出,从天而降,为顾客及时递送日常用品。如此的广告不仅承诺很到位,而且,很好地突出了时间的主题,剃掉了一切无用的废话,自然在市场收到了空前的效果。

那么,在日常工作中,我们如何才能保持简约的行事风格呢?

1. 努力做好准备工作

在新的一天开始之前,我们应尽可能地把第二天所需要的东西在前一天晚上准备好。在准备的过程中,我们可以适当将那些繁琐的程序省略掉,而致力于寻找出最简洁的方法。这样一来,在第二天则能很好地完成工作任务了。

2. 学会说"不"

许多人总是抱怨："为什么我一天总是干不了几件事情？"有时候，之所以会这样，往往是因为我们不善于去拒绝，每每身边的人要求我们去做一些事情，我们都会应承下来，而其实这些事情通常都是无关紧要的。但是，这样一来，无形之中就为我们自己增加了不少麻烦，所以，在生活中，要学会拒绝，尤其是那些无关紧要的事情，这样一样，我们就能将事情做得更简洁一些了。

二、反羊群效应：做事不跟风，拥有独到见解

在生活中，当大家的意见无法统一，在绝大多数时候都会采用"少数服从多数"的"游戏"规则。虽然，我们也经常说"真理掌握在少数人的手里"，但还是挡不住随大流的趋势，这就是人们的心理。人们的行为在很大程度上体现出了"羊群效应"，也就是当看见所有人都在朝一个方向涌进的时候，即使没有任何外力，他自己也会朝那个方向走去。其实，每个人都有随大流的心理特征，人们往往不能忍受独自坚持着某个意见，而需要与大众持同样的态度。当然，羊群效应所告诉我们的并不是"群众的眼睛是雪亮的"，相反，我们要从羊群效应中意识到：做事不要跟风，需要拥有自己的独到见解。

羊群本身就是一种很散乱的组织，平时在一起也是盲目地冲撞，但一旦有一只头羊动起来，其他的羊也会不假思索地一哄而上，全然不顾前面有可能出现的危险。羊群效应就是一种跟风行为，表现了人们共有的一种从众心理，这样一种心理很容易导致盲从行为。实际上，羊群效应本身是一种无法认同的做法，社会心理学家认为，产生从众心理的最重要的因素在于有多少人来坚持同一个意见，而并不是坚持这个意见本身。即使有少数人有自

己的意见,他们往往也不会在众口一词的情况下坚持自己的意见。在实际生活中,每个人都有不同程度的从众倾向,他们总是倾向于大多数人的想法或意见,以此来证明自己不是孤立的。由于羊群效应,使得许多人抛弃了自己的想法和意见,而转而同意他人的看法,尤其是在职场中,这使得许多人丧失了脱颖而出的机会。

有这样一个笑话:

一位石油大亨到天堂去参加会议,当他踏进会议室时,却发现里面已经座无虚席,自己根本没有地方落座,于是他灵机一动,喊了一声:"地狱里发现石油了!"这一喊不要紧,天堂里的石油大亨们纷纷向地狱跑去,很快,天堂里就只剩下自己了。

这时,这位大亨心想,大家都跑了过去,莫非地狱里真的发现石油了?于是,他也急匆匆地向地狱跑去。

这虽然是一个笑话,却是深刻地反映了从众心理的现象。当看到大多数人都在做同一件事时,我们往往会自然地觉得那样做是对的、正确的,而自己没有任何理由来拒绝做这样的事情。他们并没有把自己的看法作为判断标准之一,而是以人数的多少来判断这件事是否自己也要做。

法国科学家让亨利·法布尔就曾经做过一个松毛虫实验,他把许多松毛虫放在花盆的边缘,一只挨着一只,首尾相连成了一圈。他又在花盆的远处,撒了一些松叶,那是松毛虫最喜欢吃的。就这样,那些围成一圈的松毛虫就这样一圈又一圈地走,一走就是七天七夜,最终因为饥饿劳累而死去,可悲的是,只要其中任何一只松毛虫稍稍改变路线就能吃到松叶。这也许是动物世界的"羊群效应",但在人类的世界也常有这样的场面。

羊群效应给所有的职场者这样的启示:做事不要跟风,而是要有独到的见解。在职场中,每每遇到上司询问有什么可解决的办法时,下属总是会人云亦云,即使心中真的有可行的办法,也总是憋着不说出来,在这类人看来,既然大部分人都同意的观点,怎么会有错呢?其实,往往并不是这样,要知道"真理往往是掌握在少数人的手里",如果想在众多职场者中脱颖而出,不妨克制"从众心理",大胆表露出自己的想法。

那么,在职场中,如何才能避免羊群效应呢?

1. 切勿"人云亦云",而是需要有自己的判断

面对同一件事情,不同的人有不同的判断标准,虽然,在某些时候,人们会因为从众心理造成统一的观念或看法。在这时,我们依然不应该放弃自己的判断,不要人云亦云,而是需要拿出自己的判断标准,并检验着判断标准是否正确,这样,你才能较好地提出真知灼见。

2. "群众的眼睛并不是雪亮的"

羊群效应出现的时候,人们通常都是一哄而上,你抢我夺,全然不顾旁边虎视眈眈的"狼",或是看不到远处还有更好的"青草"。大量事实证明,群众的眼睛并不是雪亮的,也并非多数人的意见就是正确的。因此,在这样的情况下,我们更应该坚持自己的意见和观点,如此,或许你才会更受上司的青睐。

3. 收集信息并加以正确判断

羊群行为产生的主要原因就是信息不完全,由于未来状况的不确定,导致了人们的判断力出了问题,因而才有了从众的盲动性。事实上,正确全面的信息才是决策的基础,现在这个时代,信息的重要性是不言而喻的,当然,要找到正确的方向,敏锐的判断力也是必不可少的。

很少有人天生就拥有明智和审慎的判断力,它是一种培养出来的思维习惯。因此,每个人都可以通过学习或多或少地掌握这种思维习惯,只要下工夫去认真观察、仔细推理就可以培养出来。收集信息并敏锐地加以判断,是让人们减少盲从行为,更多地运用自己理性的最好方法。

三、巴纳姆效应：从客观的视角看问题

肖曼·巴纳姆是一位著名的魔术师，他曾经这样评价自己的表演："我的节目之所以受欢迎，是因为节目里包含了每个人都喜欢的成分，所以，每一分钟都会有人上当受骗。"事实上，在现实生活中，我们既不能时刻来反省自己，看清自己，也不能把自己放在局外人的位置来观察自己。在大多数的时候，我们只能借助外界的一些信息来认识自己，所以，我们在认识自己时很容易受到外界信息的暗示，迷失在环境中，并习惯性地把他人的言行作为自己行动的参照。而且，我们在看问题的时候，常常是不自觉地从主观的角度出发，而忽略事情本身的客观性。究其原因，来源于心理学上的"巴纳姆效应"。

巴纳姆效应是心理学家伯特伦·福勒在1948年通过试验证明的一种心理学现象，通过试验表明：每个人都会很容易相信一个笼统、一般性的人格描述特别适合自己。因此，要想避免巴纳姆效应，在对待一件事情时，我们应该尽可能地认识到其优势与劣势，如此，才能一针见血地指出问题所在之处。有时候，我们之所以无法了解事情的真相，大部分的原因在于我们容易受主观因素的影响，诸如个人喜好，等等，在那些来自主观或外界信息的干扰下，我们就有可能出现认识上的偏差。对此，要想避开巴纳姆效应，我们应该从客观的视角看待问题。

有一个割草的孩子打电话给陈太太："您需不需要割草？"陈太太回答说："不需要了，我已有了割草工。"这个孩子又说："我会帮您拔掉花丛中的杂草。"陈太太回答说："我的割草工也做了。"这个孩子又说："我会帮您把草与走道的四周割齐。"陈太太说："我请的那人已经做了，谢谢你，我不需要新的割草工人了。"孩子挂了电话，哥哥在旁边不解地问道："你不是就在陈太

太那儿割草打工吗？为什么还要打这个电话？"孩子带着得意的笑容说道："我只是想知道我做得有多好。"

孩子通过打电话向雇主询问，从而收集了一些关于自己的信息，这样，他才能客观地评价自己的未来成长以及可能取得的成绩。比如，那个孩子大可以觉得："我就是最棒的，我的工作可以说是毫无挑剔。"但是，其真正的出发点是主观因素。仅仅依靠自己的评价，那是不行的，于是，他向雇主咨询了一些关于自己的信息。这样一来，便能够客观地来看待自己了。

对于大多数人来说，往往难以拥有天生明智和审慎的判断力，实际上，判断力是在收集信息的基础上进行决策的能力，而信息对于判断有着不可忽视的作用。当我们无法收集到一些关于事情真相的信息时，对事情就难以做出明智的判断，所以往往导致最终不能看清事情的真相。

1. 以第三者的眼光去看待问题

在很多时候，导致我们无法客观地看问题的原因是纠结于主管情绪。因此，我们要从问题带来自己的情绪中脱离出来，把自己置身事外，以第三者的眼光去看待问题。这时，你就会发现，你看问题会更加透彻。

2. 换位思考

对同一件事情，每个人都有不同的看法，但其看法中蕴涵着主观的因素。于是，在生活中，我们总是因为一件小事而与他人产生分歧，每个人所能想到的都是关于自身的问题。为了避免巴纳姆效应的产生，我们应该学会换位思考，站在对方的角度上看待问题，这样自己的想法就会一下子客观起来了。

3. 多听取他人的意见

一件事情，如果我们把个人的情感和复杂的思想加进去，整个结论就变得主观了。如何才能淡化自己的主观性呢？这就需要我们在看待某些问题的时候，不能太主观，太武断，而是要多听取他人的意见，角度多一些，这样，就更利于我们总结出更好的办法了。

四、雷鲍夫法则：取得他人对你办事能力的信任

雷鲍夫法则是美国管理学家雷鲍夫提出的，其宗旨是：认识自己和尊重他人。雷鲍夫法则从语言交往的角度，言简意赅地揭示了双方建立合作与信任的规律。在我们需要建立信任基础的时候，应该将雷鲍夫法则自觉地运用到我们的交流与沟通中，这样，自然就会产生事半功倍的效果。雷鲍夫法则包括这些内容：最重要的八个字是"我承认我犯过错误"；最重要的七个字是"你干了一件好事"；最重要的六个字是"你的看法如何"；最重要的五个字是"咱们一起干"；最重要的四个字是"不妨试试"；最重要的三个字是"谢谢您"；最重要的两个字是"咱们"；最重要的一个字是"您"。在职场中，如何才能建立与上司、同事之间的信任关系，让他们信任你的办事能力呢？把话说得好听些，把事情做得漂亮些，信任度自然也就高了起来。虽然，做比说更有说服力，但是，如果能将说和做联系起来，推动雷鲍夫效应，那么，我们将能取得他人百分之百的信任。

老王是办公室最受欢迎的人，为什么这样说呢？原因很简单，就四个字"办事放心"。同事有什么麻烦的事情，一旦说给老王听，他一定是最先伸出援助之手的人，虽然，有的时候并没有帮上什么忙，但是，同事对他都是赞不绝口："老王这个人真好，实在、厚道，他办事我放心""就是啊，上次我说一个单子没弄好，结果他硬是花了一天的时间帮我完善了手续，我都不知道该怎么感谢他"、"是啊，而且，他这个人还懂得感谢，那回我不过是顺便帮了他一个忙，谁想，他硬是拉着我去吃了一顿饭"……只要一说起老王这个人，他们似乎都有话说。

有一次，老王与一位客户会谈结束后，正在办公室整理签订的合约资料，这时，客户打电话来了，说自己的一些文件资料不见了，希望老王帮忙找

找。本来，合约已经签订下来了，要是遇到其他同事，敷衍几句就过去了。可是，老王觉得这样不行，他马上打车去刚才会谈的地方，问人，到处寻找，花了整整一下午，终于将资料找到了。对此，客户向老王竖起了大拇指说："贵公司的人办事能力真行，让我很放心，希望以后咱们能继续合作！"同事们都说："老王，你太傻了，牺牲自己的工作时间去办这样一些事情。"可是，老王笑呵呵地说："也没什么，不就一个下午嘛，我还得感谢这位客户，不然，我怎么能有签单的机会呢。"

老王以自己的言行获得了上司、同事以及客户的信任，他们不约而同地给了老王这样一句评价"你办事我放心"。在职场中，我们经常听到上司对下属评价"你的办事能力是有目共睹的，你办事，我很放心"，这表明，上司将百分之百的信任寄予下属。当然，作为职场中的一员，如果能够换来对方这样一句评价，那确实难能可贵。

在职场中，雷鲍夫效应所注重的是语言效果。作为职场人，如果想仅凭着自己熟练的技能和勤恳的工作，就能够得到上司的青睐，这也许不会太容易。俗话说得好："会干的不如会说的。"虽然，能力很重要，但会说话，却会让你工作起来更轻松，而且，能够帮助你更快地升职、加薪。

那么，在职场中，我们该如何发挥雷鲍夫效应呢？

1."我马上去办"

面对上司分配的任务，我们应该冷静、快速地做出这样的回应"我马上去办"。这样会让上司感觉你是一个工作有效率、处理问题果断，且服从上司的得力助手。相反，如果上司已经下达任务，可你还在那里犹豫不决，只会让上司不快，他自然会把你归类成为"优柔寡断"的下属。等到下次有什么好的机会，也话就不会给你了。

2."我们遇到了一些问题"

在工作中，如果遇到了麻烦，或者出现了危机，不能马上就冲到上司办公室里告诉他这个坏消息。即使危机的出现与你并没有多大的关系，但这也会让上司怀疑你对待危机的能力,搞不好你还会被骂,使你成为上司发泄怒气的对象。

让上司信任你的工作能力,应该从容地告诉他:"我们似乎遇到了一些麻烦",说话的时要保持冷静,不要自乱阵脚。这样,上司会感觉事情并不是有多糟糕,会感觉到你会与他并肩作战,共同解决问题。

五、飞轮效应:点滴积累让你的"大楼"更高、更稳

想象我们面前有一个很大的飞轮,我们的任务就是把飞轮推得尽可能地快。刚开始的时候,轮子是静止不动的,所以我们需要费九牛二虎之力,才能让飞轮移动一点点。但是,如果我们并不放弃,而是继续使劲地推,过不久,轮子就能够转一整圈了,且转得稍微快点了。这时,我们继续推,飞轮的速度便会继续加快,两圈、三圈、四圈、五圈……飞轮转得越来越快,越来越快,最终,在某一点的时候,我们只需要用较小的力气,轮子就可以转得飞快了。这时,我们发现,虽然我们的力量并没有增加,但是轮子的速度却飞得更快,这就是著名的"飞轮效应"。其原理是在每件事开始的时候,我们都必须要付出艰辛的努力,这样才能使我们的事业飞转起来。而一旦自己的事业走上平稳发展的道路之后,一切都会慢慢好起来。有时候,点滴的积累,会让我们的"大楼"更高、更稳。

俗话说:"万事开头难。"当我们在进入某一新的或陌生的领域的时候,必然会经历这样一个过程。如果要想在后面不花费太大的力气,所要做的就是坚持,时间的累积会让我们获得越来越多的力量。飞轮转动的阶段,就相当于我们职场生涯发展的阶段,它必要经过开始、基础、发展、辉煌这四个阶段。刚开始的时候,我们需要制订清晰的职业目标,具备良好的学习态度,做好职业规划;基础阶段,要做好准备工作,打好基础,才能够为以后的

发展提供更有效的保障；发展阶段，在这个时期是非常吃力的，每走一步我们都需要付出艰辛的努力，否则，"飞轮"就会停止下来；辉煌阶段，一切都已经走上了正轨，即使我们没有使什么力，但职场生涯还是不可避免地走向了高峰。

1965年，为了避免踏上破产的命运，又因为找不到可靠的供应商，纽可公司开始建立起第一座自己的钢铁厂。纽可的员工发现，他们有办法将钢铁炼制得比别人好，比别人便宜。后来，纽可公司又建立了两个迷你炼钢厂，接着，又建了三个厂。

这时，有客户向他们采购，过了一段时间，有更多的客户上门。年复一年，由于纽可公司之前累积了充足的实力，因此他们的货物成了炙手可热的抢手货。后来，纽可人猛然醒悟了，如果他们一直建厂，那么，公司将会成为美国排名第一、获利率最高的钢铁公司。其公司创始人，波尔曼在与艾弗森说话的时候，艾弗森说："波尔曼，我想我们应该可以成为美国排名第一的钢铁公司。"波尔曼问他："那么，你打算什么时候成为全美第一呢？"艾弗森说："我不知道，但是只要我们继续做目前在做的事情，我看不出我们有什么理由不能成为全美第一。"

终于，经过了二十年的努力，纽可终于成了企业排行榜上最会赚钱的钢铁公司。

濒临破产的纽可公司，最终凭着点滴的积累，使自己一跃成为企业排行榜上最会赚钱的钢铁公司，这就是"飞轮效应"。可能，在刚开始起步的时候，公司发展得很艰难，但只要走上了平稳的道路，一切就会好起来了。尤其是等到公司发展速度加快的时候，或许，这时候，纽可人只需要付出比之前少很多的力量，就可以推动整个公司运转了。

那么，在职场生涯中，我们该如何发挥"飞轮效应"呢？

1. 注重细节积累

俗话说："不积跬步，无以至千里；不积小流，无以成江海。"许多大事，无一不是细节积累而成的。注重细节是一种日积月累的习惯,而人的行为有95%会受到习惯的影响。人与人之间的差别,往往就在一些习惯上,而正是那些关注细节所养成的习惯,决定了人们不同的命运。

2. 从小事做起

在职场中,尤其是对于刚步入职场的年轻人,很少会立即得到上司的青睐。他们所面对的,往往是一些琐碎的工作,但是,千万不要小看这些琐碎的工作,更不要敷衍了事,因为上司是通过你的这些工作来评价你的,如果你连细小的事情都做不好,又怎么能担当重任呢?

3. 精益求精

许多人之所以工作做得不好,往往是因为他们马虎大意、鲁莽轻率。如果你没有花时间和精力为未来做好准备工作,临到紧要关头时就会捉襟见肘。许多事情不能求精,反而会成为祸害,比如,建筑师小小的误差,可以使整栋建筑物倒塌。所以,对于自己的工作,我们要精益求精,如此一来,点滴积累才能铸就成功。

六、半途效应:有过人的意志力方能事半功倍

高尔基说:"哪怕是对自己的一点小小的克制,也会使人变得强而有力。"每个人都是有毅力的,可以说,毅力和克服困难相伴。换句话说,克服困难的过程,也就是培养、增强毅力的过程。在生活中,那些毅力不是很强的人,往往能克服小困难,而不能克服大困难,但不断地积累毅力,也可以使人有克服大困难的毅力。大量事实证明,毅力是可以培养的,心理学家举了这样一个生动的例子:"今天,你或许挑不起一百斤的担子,但你可以挑三十斤,这就行。只要你天天挑,月月练,总有一天,即使一百斤的担子压在你的肩上,你依然能健步如飞。"这就是"半途效应"的侧面反映,半途效应是指在

激励过程中达到半途时,由于心理因素以及环境因素的交互作用而导致的对于目标行为的一种负面影响。

大量事实表明,人的目标行为的中止期大多发生在"半途"附近,那是一个极其敏感和脆弱的区域。导致半途效应产生的原因来自于两方面:一是目标选择不合理,有可能在选择目标的时候,过大或过小,从而导致了半途效应;二是个人的意志力,那些意志力越弱的人越容易出现半途效应,如果你想干点什么,那一定要培养一种坚韧不拔的精神。那些大凡做出巨大成就的人,他们与常人的区别就在于,他们拥有较强的意志力,而可能并非他们有多么过人的本领。在大多数人不能坚持的时候,他们再多坚持了一会;在大多数人想要放弃的时候,他们咬着牙坚持了下来。当然,由于其拥有过人的意志力,任何事情在他们面前,都可以说是简单的。而对于我们来说,拥有过人的意志力,可以说是事半功倍。

小时候,妈妈总是对玫琳凯这样说:"你能做到,玫琳凯,你一定能做到。"玫琳凯不仅将这句话作为自己的座右铭,而且将这句话作为公司的理念来激励更多未来的女性。玫琳凯坦言,自己想创建公司是在遇到了一些挫折之后才真正开始的,那时候她才意识到自己的意志力的强大。

玫琳凯曾在直销行业工做了25年,当时,她已经做到了全国培训督导的职位。但是,眼看着自己的一位男下属得到了提拔,而且薪水将是自己的两倍。玫琳凯心里很不服气,于是她毅然决定辞职,接下来实现自己的一个理想,她说:"我建立公司时的设想是想让所有的女性都能够获得她们所期望的成功,这扇门为那些愿意付出并有勇气实现梦想的女性带来了无限的机会。"

然而,在创业之初,她经历了多次失败,也走了不少弯路,但是,她从来不灰心、不泄气,从来没想过要放弃,反而越挫越勇,决心坚持到底。她这样诙谐地解释:"挫折是化了妆的祝福。"最后,她创建了玫琳凯公司,玫琳凯这样说道:"从空气动力学的角度看,大黄蜂是无论如何也不会飞的,因为它身体沉重,而翅膀又太脆弱,但是人们忘记告诉大黄蜂这些了。女性就是如此——只要给她们以机会、鼓励和荣誉,她们就能展翅高飞。"

　　玫琳凯的成功案例是哈佛学子案头必备的研究,从她的身上,我们懂得:强大的意志力能战胜一切。凡是能够成大事者,他们必须经得起挫折的历练,经得起失败的打击,因为成功需要风风雨雨的洗礼,而一个有追求、有抱负的人,他总是视挫折为动力。迎接挫折的过程,就是他们培养、增强意志力的过程。所以,挫折对于天才来说是一块成功的跳板,对于强者来说则是一笔宝贵的财富。所谓的挫折与苦难却是一所修炼人生的高等学府,你是否能顺利毕业则源于内心强劲的意志力。

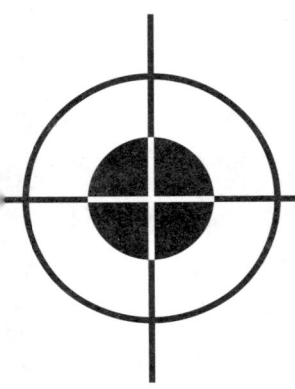

第十一章

交际心理，主动出击方能掌握全局

在交际场合中，谁掌握了全局，谁就是最后的大赢家。对此，与人交际，我们应该熟知一些交际心理，洞悉对方的心理状况，主动出击，方能掌握整个全局。这样，不仅能达到成功办事的目的，而且，还能使自己轻松自如地应对交际中的复杂问题。

一、懂得巧妙拒绝，才能让交际更顺畅

在日常生活中，我们都不可避免地遇到需要拒绝的人或事，面对别人提出的不合理、不合适的要求或者自己不愿意去做的事情，这时需要我们说"不"。但是，直接的拒绝将意味着对他人意愿或行为的一种否定，无形中会打击对方的自信心，甚至伤害对方的自尊心。那么，如何能够既保全了双方的面子，又巧妙地达到拒绝的目的呢？我们可以通过语言来向对方暗示说"不"。拒绝也是一种艺术，艺术的拒绝既能达到巧妙拒绝的目的，又不至于让对方心里产生不快的情绪，这才是最高明的拒绝。在某些时候，我们不得不说"不"，当然，拒绝并不是以伤害他人为目的的，而是以和为贵，尽量在保全双方面子的前提之下进行。另外，一个人的心理是可以通过语言来暗示的，当我们想要拒绝的时候，不妨把这种心理通过言语来传递给对方，达到保全双方面子的目的。

有一天，萧伯纳收到了著名舞蹈家邓肯的求爱信，她在信中写道："如果我们结合，有一个孩子，有着和你一样的脑袋，和我一样的身姿，那该多美妙啊！"萧伯纳看了信以后，很委婉又很幽默地回了一封信，他在信中说："依我看那个孩子的命运不一定会那么好，假如他有我这样的身体，你那样的脑袋岂不糟糕了吗？"

邓肯收到信以后，明白了萧伯纳的拒绝之意，她失望地离开了，但她一点也不恨萧伯纳，反而成了他最忠实的读者和好朋友。

拒绝的话一向都不好说，说得不好很容易扫对方的面子，或者让自己陷入尴尬的情境之中。所以，我们在拒绝他人时，需要讲究策略，其中最关键的一点就是用含蓄委婉的语言来传达"拒绝"的心理。

意大利音乐家罗西尼生于1972年2月29日，因为每4年才有一个闰年,所以等他过第18个生日的时候,他已经72岁了。在他过生日的前一天,一些朋友来告诉他,他们凑了一些钱?要为他立一座纪念碑。他听了以后说:"浪费钱财!给我这笔钱,我自己站在那里就好了!"

罗西尼本来就不同意朋友们的做法,但他并没有正面拒绝,反而提出了一个不合理的想法,含蓄地指出朋友们的做法太奢侈了,点明了这种做法的不合理性。拒绝是需要讲究技巧的,尤其是语言上的诀窍之处,只有掌握了这些技巧,才会既不得罪人,又能让别人欣然接受。

1. 委婉地拒绝他人

一位男青年被女播音员优美动听的声音所吸引,他写信希望见一见播音员本人,对此,播音员在回信中说:"这位听众朋友,首先,我了解你的心情,感谢你的好意。你听说过'知人知面不知心'这句格言吧,看来,交朋友最难的是交心。那么,还是让我们做一个知心的朋友吧!"

通过语言暗示"拒绝",而且拒绝方式极其婉转,回应了男青年提出的无理要求。

2. 幽默地拒绝他人

在拒绝的时候,我们需要考虑到对方的面子,而幽默地拒绝恰好可以巧妙地体现这一点,用幽默的方式来拒绝对方,让对方在毫无准备的大笑中了解你的拒绝之意。比如面对同事相约去钓鱼的要求,"妻管严"丈夫回答"其实我是个钓鱼迷,很想去的,可结婚以后,周末就经常被没收了",同事听后往往会哈哈大笑,也就不会再勉强他了。

3. 诱导性暗示

身边的同事或朋友可能会向你打听一些绝密的事情,这时候,你不妨采用诱导性暗示,诱导对方自我否定。比如,你可以对他说:"你能保密吗?"对方肯定回答:"能。"然后你说:"你能,我也能。"

4. 间接暗示

有时候面对下属提出的建议,上司不忍拒绝,只好委婉地暗示"这个想法不错，只是目前条件还没有成熟，我觉得你应该把工作重心放在现阶段的主要工作上"。

5. 借用他人之口暗示拒绝

如果自己不知道该如何拒绝，你可以借助他人之口把拒绝的暗示语说出口。比如利用公司或者上司的名义进行拒绝："前几天董事长刚宣布过，不准任何顾客进仓库，我怎么能带你去呢"？或者说："这件事我做不了主，我会把你的要求向领导反映一下，好吗"？

二、近因效应：最后时刻，改变他人对自己的看法

近因效应，指人们识记一系列事物或某人的言论时对末尾部分项目的记忆效果优于中间部分项目的现象。当你所传递的前后信息间隔时间越长的时候，近因效应就越明显，原因在于前面的信息在记忆中逐渐模糊，从而使近期信息在短时间记忆中更为突出。心理学认为，人的记忆受到"近因效应"的影响，在交往过程中，人们对我们最近、最新的认识占了主体地位，使得过去的一些评价得以改变。比如，在整个见面过程中，他人对自己的印象并不太好，但就在我们说最后一句话或留下最后一个印象时，对方往往是记得最牢的。这时，由于近因效应，你可能就在最后时刻改变了他人对自己的看法。

在生活中我们经常会经历这样的场面：两个朋友在一起愉快地聊天，可是告别的时候，她居然说了一句很恶劣的话。那么，无论之前的畅谈是多么愉快，我们都会把最后一句话留在心里，并挥之不去，而且，这句话所造成的影响将波及彼此的关系。相反，本来对那个人的印象并不好，但分别时她居然说"认识你真高兴，我觉得今天你真漂亮，咱们下次再聊"，那么你会觉得之前的不好印象都随之而去了，从此对她有了好的印象。其实，这些都是心

理学上的近因效应在起作用。

曾国藩在最初和太平军的交锋中,一直处于劣势,于是在奏折中称自己是"屡战屡败"。但他幕下的一个师爷看了说,不要这样写,而是将这四个字的位置调动了一下,变成了"屡败屡战"。曾国藩顿时恍然大悟,把奏折改了过来,交了上去。结果由一个"常败将军"的形象变成了败而不馁、坚忍不拔的形象。

其实,在这里我们不难看出,在整个说话过程中,最后一句话往往决定了整句话的基调。如此看来,如何在最后时刻改变他人对自己的看法,还需要在最后一句话上下工夫。比如,上司对下属说"这个月总能超越上个月的销售额吧,虽然这个月销售出去的产品很少",或者说"虽然这个月销售出去的产品很少,但总能超越上个月的销售额吧"。其实,这两句话的意思是一样的,但就是因为语句排列的顺序不同,给对方的印象也是迥然不同的。前者给对方留下悲观的印象,后者给对方留下乐观、积极的印象。相比较而言,后者传递的言语暗示会更容易影响其心理。

谈判过程中,虽然张先生一再表现出合作的诚意,但对方公司负责人就是不为所动,甚至言辞犀利地拒绝:"我觉得你们公司不合适做咱们的合作伙伴,您现在提出的一些要求都是毫无作用的。"张先生遗憾之余,还是面带微笑地说:"谢谢贵公司能在百忙之中抽出时间与我公司会谈,以后我还会为咱们的合作继续努力。"说完了,他还亲自把对方谈判代表送到宾馆门口。次日,张先生意外地接到了对方公司的邀请电话。

张先生利用告别时的"近因效应"挽回了合作伙伴,促成了谈判的成功。工作中的洽谈并不是一两次就能完成的,即便双方已经达成了协议,但毕竟是合作伙伴,说不定以后还能遇到,所以,用最后一句话给未来做好铺垫,同时,给对方留下一个好的印象,这都是十分重要的。

那么,在日常交际中,我们如何才能把握好最后时刻,改变他人对自己的看法呢?

1. 简洁有力的告别语

在结束整个谈话的时候,告别语不宜过多,如果你总是絮絮叨叨"今天我真高兴,没想到你会邀请我到你家来,这真是我的荣幸啊……那我走了啊,哎,你就别送了",这样对方会觉得你很啰唆,之前对你的好印象可能会消失不见;相反,如果你用简洁有力的语言告别,如:"今天过得很愉快,谢谢你,再见",则对方往往会觉得你是一个做事果断的人,可能会对你更有好感。

2. 向对方传递友好的信息

即使在谈话即将结束的时候,我们也要向对方传递友好的信息,否则有可能因你无意的一句话就毁掉了前面的整个沟通。比如"今天真的很愉快""我觉得你是个很不错的聊天伙伴,下次有空再过来玩""谢谢你今天的盛情招待,我过得十分愉快"等等,给对方留下好的印象,有利于进一步接触或者下一次合作。

3. 传递期待心理

一般情况下,参加面试的人在结束时很少会注意最后一句话,其实在大多数情况下,最后一句简单的话可能会使你收到意想不到的效果。我们可以在最后一句话中传递期待的心理"您能给我这份工作吗?"、我最晚什么时候能得到回信?"、"如果因为种种原因您没有在最后期限通知我,我可以联系您吗?"你所传达的期待心理,会使他人对你的印象大大改观,最后一句话有效地影响了其心理,或许你最后就得到这份工做了。

三、投射效应:善于挖掘对方的欲望点

投射效应,指将自己的特点归因到对方身上的倾向,即以己度人,认为自己具有某种特性,对方也一定会有与自己相同的特性,于是,他们把自己的感情、意志、特性投射到对方身上并强加于人,这是一种认知障碍。比如,一个善良的人认为对方也是善良的,一个敏感多疑的人,则往往会认为别人都是不怀好意的。投射效应使我们对他人的知觉产生失真,我们在对他人形成印象时,有一种强烈的倾向就是假定对方与自己有相同之处,但实际上对方所具备的特性却是全然不同的。由于投射效应更倾向于以自己是什么样的人来知觉他人,而不是按照被观察者的真实情况进行知觉,因而,投射效应是一种严重的认知心理偏差,它会给正常的人际交往带来严重的负面效应。所以,在日常交际中,我们需要克服这样的心理,善于从言谈比较中挖掘对方的欲望点,使对方"欲求不满",如此,才能达到我们的目的。

1964年4月,作为中国外交部长的陈毅在印尼首都雅加达参加了第二次亚非会议的筹备会。他在雅加达会见了印尼总统苏加诺,见面后却发现彼此的意见不一致。苏加诺主张第二次亚非会议在万隆召开,而陈毅觉得应该选在非洲国家召开。由于双方的观点不一致,这为筹备会增加了难度。陈毅知道苏加诺非常好面子,所以,他从照顾东道主的面子出发,尊重苏加诺的考虑,对他说:"非洲有四十几个独立国家,总统阁下如果主张此次会议在非洲召开,等于支持了非洲的独立,你的做法可谓是高瞻远瞩,还能够充分展现你政治家的风度,当你去那里发言时,你会得到更多的支持。"苏加诺听了点头称是,却不愿放弃自己的观点,陈毅从言语中挖掘出对方碍于情面的心理特性,于是说道:"你是总统,我是元帅,我给你当个参谋长,你要不要呢?"苏加诺无法拒绝,只好称是。

陈毅挖掘了对方的欲望点,不伤和气地说服了印尼总统苏加诺,从而达到了自己的目的。心理专家认为,人与人之间内心深处所想的事情,是彼此完全不同的两个状态,每个人都有自己的欲望点。这就需要我们在日常交际中,善于用语言挖掘对方的欲望点,懂得他人的心理,再适时"出手",方能达到自己的目的。

1964年,刚从海军学校毕业的吉米·卡特遇到了海军上将里·科弗将军。当将军让他谈谈自己的事情的时候,吉米·卡特为了获得里·科弗将军的喜欢,骄傲地谈起了自己在海军学院的成绩,他说自己在全校820名毕业生中,名列58名。他自认为将军听了他的成绩后一定会对他刮目相看,没想到将军却没有任何反应地问道:"你尽力了吗?为什么不是第一名?"这句话让吉米·卡特不知道该如何回答。

吉米·卡特与将军的对话验证了错误投射现象带来的负面影响,心理学研究发现,在日常生活中,人们总是不自觉地把自己的心理特征强加在对方的身上,认为自己是这样想的,对方也应该有同样的想法,并试图通过这样的想法去影响他人,最终却适得其反。

投射效应主要有两种表现形式:一是感情投射,也就是认为对方的喜好与自己有相同之处,继而按照自己的思维方式,试图来影响其心理;二是缺乏客观性的认知,他会以自己的价值判断去过度地赞扬喜欢的人,或者贬低厌恶的人。其实,投射效应告诉了我们一个道理,即每个人的心理都是不同的,我们不要以己心度人,而需要在言谈比较中挖掘出对方的欲望点,准确投射,这样才能有效地掌控局面,达到办事成功的目的。

1. 通过言语比较洞悉其心理

如果自己喜欢吃火锅,你可以试着询问:"你觉得火锅怎么样?"假如对方回答:"火锅还行吧,我倒觉得牛排挺不错的。"通过言语比较,对方所中意的应该是牛排而不是火锅;假如对方回答:"我最喜欢火锅了。"那么,你就可以知道他的喜好应该和你差不多。

2. 以自己的喜好无法正确衡量别人

俗话说:"物以类聚,人以群分。"这就是人们心理活动的一种投射,在投射效应的驱使下,人们的行为常常有失偏颇,继而不能更好地影响他人心理。比如,你自己很喜欢吃西餐,并不代表对方就会喜欢吃西餐。因此,我们在交际中不要以自己的喜好来衡量别人,这样造成的结果只会适得其反。

3. 利用惯性思维

看这样一个例子：税务员假装不相信地问道："唉，据我所知你没有这个肚量。"店主有点生气地说："什么?! 我没有那个肚量，这算什么呀！自从今年以来，我哪个月不卖个两万多呀。""那好，你先把这几个月所漏的税额补交了吧！"税务员说道。这里，税务员所使用的就是惯性思维，利用其欲望点洞悉其心理。

四、看准对方性格，选择应对策略

在人际交往中，我们经常会遇到性格不同的人，他们有的性格强硬，有的性格软弱，对于不同性格的人，须采用相应的心理策略，如此才能拿捏恰当，从而掌控局面。比如，性格强硬的人，他们生性倔强，对于这样的人，他们是服软不服硬，这时不妨放下自己的架子，以较谦恭的姿态请求他，相信事情必能办成，如果你执意硬碰硬，那最后吃苦头的还是你自己；而对于那些性格软弱的人，他们常常犹豫不决，需要有人给他们出主意，这时，我们就要拿出较强硬的作风来，才能掌控整个局面。对此，在交际过程中，我们要看出对方是吃软还是吃硬，再选择应对策略，或以柔克刚，或软硬兼施。

俗话说："求神要看佛，说话要看人。"人上一百，形形色色，每个人都有自己的性情，每个人都有不同的心理。这时候，交际策略也需要因人而异，需要迎合对方的性情、心理特点，这样我们才能有效地占据主动。否则，一味的强势或一味的软弱，只会使我们在交际中处于越来越被动的位置。所以，我们在与他人交际的时候，需要因人而异，这样，才能使自己在人际交往中如鱼得水、应对自如。

两千多年前，孔子的学生仲有问："听到了，就可以去干吗？"孔子回答："不能。"这时，另一个学生冉求也问了同样的问题："听到了，就可以去干吗?"孔子回答说:"那当然,去干吧!"公西华听了,对老师孔子的回答感到很疑惑,就询问孔子:"这两个人的问题相同,而你的回答却相反,我有点儿糊涂,想来请教。"孔子回答:"求也退,故进之;由也兼人,故退之。"

孔子的意思是,冉求平时做事喜欢退缩,所以我要给他壮壮胆;仲有好胜,胆大勇为,所以我要劝阻他,做事要三思而后行。孔子诲人也不是千篇一律,更何况是与人交往呢?在交际场合,面对不同个性的人,更需要我们**看准人,办对事,时而强势,时而退避三舍**,这样,我们才能处于交际的主动地位。

战国时期著名的纵横家鬼谷子曾经说:"与智者言依于传,与博者言依于辨,与贵者言依于势,与富者言依于豪,与贫者言依于川,与战者言依于谦,与勇者言依于敢,与愚者言依于锐。""说人主者,必与之言奇;说人臣者,必与之言私。"其实,与人相处也是一样的道理。对不同的人,采用不同的交际策略,做人要有"弹性",这样,你的人际交往才会相应地收放自如。

贝尔那·拉弟埃是个著名的推销专家,当他被推荐到"空中汽车"公司时,他面临的第一项挑战就是向印度推销汽车。这是件棘手的事情,因为这笔交易已由印度政府初审,没有得到批准,能否重新寻找成功的机会,靠的便是特派员的谈判本领。拉弟埃作为特派员深知自己背负的重任,他稍做准备后就飞往了新德里。接待他的是印航主席拉尔少将。拉弟埃到印度后,对他的谈判对手讲的第一句话是:"正因为你,使我有机会在我生日这一天又回到了我的出生地。"

当然,拉弟埃那句开场白"正因为你,使我有机会在我生日这一天又回到了我的出生地"十分得体,语气之中透露出来的亲昵,使拉弟埃与拉尔少将之间的距离更近了一步。结果可想而知,拉弟埃的印度之行取得了成功。在这里,拉弟埃使用的就是"以柔克刚"的心理策略。

正面介绍几种根据对方性格可采取的策略。

1. 以情动人

充满感情的话语是能够打动人心的,如果你能够有感情地提出自己的诉求,甚至把自己当下的难堪情境说一说,对方多少都会因为同情而给予你帮助的。

2. 适当示弱

在求人办事的过程中,我们需要以一个弱者的姿态来赢得对方的同情。当然,这里所说的示弱并不是真的示弱,只不过是以话语来博得对方的同情,以使自己的诉求能够得以实现。

3. 柔中带刚

当我们在求人办事之前,需要找准对方的"心理弱点",这样我们才有"资本"说出柔中带刚的话语,

4. 强硬姿态

在某些场合,为了达到说服对方的目的,我们需要适时运用强势的心理策略,以强硬的语言表达一种坚定的立场,迫使对方服从于我们。

五、适时暴露缺点,让你受到更多人的亲近

据说,刺猬背上的刺可以保护自己,但柔软的腹部是其致命的弱点,如果它的天敌知道了它的弱点,它就十分危险了……有时候,我们也会自然地把人比做刺猬,以坚强的外表,小心翼翼地保护着自己那颗柔软、脆弱的心,或向世人隐藏自己的弱点,以免带来一些伤害。其实,人跟刺猬一样,都是害怕受伤的动物,竭力保护着那些致命的弱点,不敢暴露出来,在人前显示出自己最好的一面。但是,每个人都有自己的弱点,在对手眼里,这是可以击破的缺口;但在其他人眼里,这却是一种坦诚的方式。心理学家认为,适时暴露自己的缺点,会让你受到更多人的亲近。

在交际场合中，如果你总是想方设法地掩盖自己的缺点，不敢袒露真实的自己，那么，你下意识的行为会逐渐地影响你与他人之间的关系。因为你给别人的感觉，就是不够真实。人与人之间的交往是建立在真实的基础之上的，这样的真实就包括显示真实的自我。每个人都有自己的缺点，这是很正常的，在恰当的时候，也需要暴露自己的缺点，这会让对方觉得"原来他跟我一样，也是个有缺点的人"，这样一来，他自然会愿意亲近你。在现实生活中，许多人总是想树立一个"完美"的形象，所以现出来的全部是优点，没有缺点，这类人自以为如此形象可以使更多的人亲近自己，而结果却是出人意料的。所谓"高处不胜寒"，或许，你表现出来的"完美"形象会成为你交往的障碍，更多的人，他们更愿意与一个普通的人做朋友，而不是与一个没有缺点的"圣人"做朋友。

乐乐今天和朋友去逛街，虽然她的个头有163cm那么高，这在南方也不算矮了，但可"恨"的是那位朋友的个头比自己还要高。乐乐为了不让人们觉得自己比她矮，硬是穿了一双高跟鞋，刚开始的时候，还没有什么。但是，一个小时以后，乐乐觉得自己的脚已经吃不消了，脚是越来越痛，腿也开始觉得疼起来了。

乐乐的朋友好像察觉到了她的痛苦，于是把她引到了一个鞋店，笑着跟她说："我看你还是买双休闲鞋吧，这样穿起来就没有那么痛苦了，像你这样的个子应该不必穿高跟鞋的。"乐乐一脸苦笑，朋友笑着说："该不会是和我比高吧？"乐乐不好意思地低下了头，朋友拉着乐乐坐了下来说："咱们是这么多年的朋友，我又不会因为你比我矮那么一点点而看扁了你，你呀，在我心中，是永远不可替代的好姐妹。"乐乐心情很激动，她后悔自己不该穿高跟鞋来逛街了，同时，她很庆幸自己能有这样一位好朋友，她深深地明白，朋友才是自己的财富。

从乐乐的事例中可以看出，不要害怕自己的弱点。如果你仅仅是为了自己的弱点而刻意去逃避，或者为了自己的弱点刻意去隐藏，这样下去，最后受累的是自己,受伤害的也是自己,因为你总是在担心自己的弱点会不会被朋友发现,这样的掩盖是痛苦的。而你的弱点还是弱点,也许这一点是不能改变的,那么,你就没有必要隐藏真实的自己,让自己的弱点大胆地暴露出来,有时候,弱点也许会给你带来意想不到的惊喜。

可以在各种人前适时暴露自己的缺点,可以在朋友面前,在陌生人面前,在同事面前……这样可以,让人觉得你只不过是一个普通人,不具备威胁性,这样你才会受到更多人的亲近。

研究生小李刚刚毕业就来到了这所中学任职,当时,在这所偏远的中学里,小李是唯一的高学历,大多数同事都是年纪一大把的"老古董"。虽然他们有很多年的教学经验,但真正的学历并不高。小李刚开始不以为然,觉得自己应该表现得更优秀一点,这样才会受到学校领导的重视。

在学校待了一段时间后,小李才认识到那群"老古董"的力量。由于小李的清高,以及所展现出来的"完美教学"模式,使得他在学校中受到了排挤。不仅仅是"老古董"同事,甚至,就连学校的领导也觉得小李太难以亲近了。小李感到很难过,没想到优秀的自己也会受到如此的待遇。于是,他决定藏起自己的才华,在教学上不时露出一些小缺点,而且经常向老同事请教,他还谦虚地说:"我一个刚毕业的学生,什么都不懂,还需要你们多多指教呢!"这样一转变,小李一下子就成了学校里最受欢迎的老师,而且那些老同事也不再为难他,还想办法来亲近他。

每个人都有弱点、强项,这是均衡的,没有必要在他人面前故意掩盖。当你大胆地暴露自己的缺点时,并不会有人瞧不起你,反而会让别人看见了一个真实的你,这并不是一件坏事。或许,你的真诚可以换来一份难得的友谊,获得他人的认可,这样,办事自然就容易了。有的人不敢向朋友表现自己的弱点,认为那是一件难为情的事情,事实上,当你大胆地暴露出自己的弱点时,你也同时战胜了你内心的胆怯,这对于你来说,也是一个良好的开始。

六、利用同理心,与对方产生心理共鸣

同理心,是指在人际交往中能够体会对方的情绪和想法,理解对方的立场和感受,并站在对方的角度思考和处理问题的能力。换句话说,同理心就是站在对方立场上思考的一种方式。在已经发生的事情中,把自己当成对方,想象自己是由于何种心理导致的某种行为,最后触发了整件事情。在整个心理过程中,由于自己先接纳了这种心理,所以也就可以接纳对方的这种心理了,这与古人所说的"己所不欲,勿施于人"如出一辙。在人与人之间的沟通过程中,"同理心"始终扮演着重要的角色。利用同理心说话,就是我们站在对方的角度,同情、理解、关怀对方,接受对方的内在需求,并感同身受地予以满足。利用同理心说话,可以从对方言语的细微处体察对方的心理需求,从而通过语言表达出"惺惺相惜"的感觉,最终影响其心理,达到办事成功的目的。

卡耐基租用了某旅馆大礼堂讲课。一天,他突然接到通知,租金要提高3倍。卡耐基前去与经理交涉。他说:"我接到通知,有点震惊,不过这不怪你。如果我是你,我也会这么做的。因为你是旅馆的经理,你的职责是使旅馆尽可能赢利。"紧接着,卡耐基为他算了一笔账,将礼堂用于办舞会、晚会,可以获大利。"但你撵走了我,也等于撵走了成千上万有文化的中层管理人员,而他们光顾贵旅馆,是你花再多的钱也买不到的活广告。那么,哪样更有利呢?"最终,经理被他说服了。

卡耐基所使用的心理策略即"如果我是你,我也会这么做的",其实就是"同理心"。当他站在经理的角度时,经理的防备心理已经降低了,然后,卡耐基抓住经理的兴奋点,使经理心甘情愿地把情感的天平向卡耐基这边倾斜。

保险员李小姐一进门便开门见山地说明了来意："王先生,我这次是特地来请您和您的太太及孩子投入寿保险的。"可是,王先生却异常反感地说:"保险是骗人的勾当!"李小姐并没有生气,而是微笑着问道:"噢,这还是第一次听说,您能给我说说吗?"王先生说:"假如我和我太太投保三千元,这三千元现在可以买一部兼容电脑,而二十年后再领回三千元,恐怕连部电视机都买不到了。"李小姐又好奇地问:"这是为什么呢?"王先生很快地回答道:"一旦通货膨胀,物价上涨,即会造成货币贬值,钱就不禁花了。"通过这样的问话,李小姐对王先生内心的忧虑已基本了解了。

于是,李小姐首先维护王先生的立场:"您的见解有一定的道理。假如物价急剧上涨二十年,三千元恐怕连说黑白电视机都买不了了。"王先生听到这里,心里很高兴,但接着,精明的李小姐又给他解释了这几年物价改革的必要性及影响当前物价的各种因素,进一步分析我国政府绝对不会允许曾经发生过的通货膨胀的事情再发生的道理,并指出以王先生的才能和实力,收入可望大幅度增加。说也奇怪,经李小姐这么一说,王先生开始面带笑容,相谈甚欢。当然,李小姐最终获得了成功。

李小姐成功的秘诀就在于利用同理心来说话,站在对方的立场上思考问题,设身处地,洞悉对方的心理需求,再进行引导,最终说服了王先生。由此可见,灵活地运用同理心说话,站在对方的角度思考问题,与对方实现内心的对话,与其产生心理共鸣,能够有效地影响对方心理,进而达到自己的目的。

那么,如何利用同理心说话,与对方产生心理共鸣呢?

1."你的话有一定的道理……"

当对方表露出与自己全然不同的想法时,你应该以同理心说话,如可以说:"你的话有一定的道理……"并通过语言分析强化对方想法的正确性,站在对方的角度,再进行积极引导,通过同理心产生的作用达到影响其心理的目的。

2."如果我是你,我也会这样做"

汽车大王福特说:"假如有什么成功秘诀的话,就是设身处地替别人着想,了解别人的态度和观点。"于是,当对方说出了自己的决定时,我们应该强调对方这种做法的合情合理性,了解对方现在的心理矛盾,以感同身受影响其心理,再巧妙地说服对方。

3."咱们都是一家人……"

当你仔细观察对方身上所具备的特征之后,你会发现在你们之间其实也有许多相同点,而你需要的就是传递出"咱们都是一家人……"这样的信息,通过同理心来影响对方。比如"张先生,我也姓张,咱们五百年前可是一家人啊""王姐,您也是东北人啊,真是太巧了,我也是东北的"。

4."同是天涯沦落人"

相同的经历会有相同的感受,相同的感受自然会惺惺相惜,我们要巧妙地利用同理心说话,比如"你以前在广东工作过?我早些年也在广州工作过""李姐,咱们做女人的真是不容易啊,既要照顾家庭,又要照顾孩子,生活压力真大啊",以此来影响其心理,达到说服对方的目的。

七、妙用最后时限,让对方主动就范

心理学家认为:在"时间限制"面前,人们的效率总是会更高,而且更加感受到那种紧迫的压力。而制定"时间限制"是一种损失约束手段,通过拟定一定的时限让对方了解到如果不按时达成协议将会有更大的损失,而人类趋利避害的本性会驱使他们在最短的时间内做出改变或抉择来保护自己。其实,"最后时限"的心理策略主要针对的是那些"欺软怕硬"的人,在交谈过程中,他们总是假意提出一些刁难的要求,希望我们能够答应。或许,他们自认为能够迫使我们就范,实际上,这样的人才是最怕"强硬的",如果我们能巧妙地利用最后时限,宣告"如果你不按如此如此办,我们就将结束整个谈判",这样一来,对方就会自乱阵脚,主动就范,而我们自然能够达到自己的目的。

在日常生活中,我们经常会遭遇到"最后时限"的压力。比如,在某公司会议中,整个下午大家都在讨论一个方案,但都没能想出一个解决问题的好办法。眼看就快到下班的时间了,这时,上司发话了:"快下班了,可方案还没讨论出来,这样吧,我看大家的兴致都很高,不如加班讨论,如果还是讨论不出来,那我们周末接着讨论。"如此一个最后时限的设定,让大家乱了阵脚,结果,不到两个小时,方案就讨论出来了。这是什么原因呢?因为谁都不愿意将美好的周末献给加班,只想赶快结束讨论,在这样的急切心理下,他们办事的效率也会提高。

谈判桌上,对方强硬地表示:"厂址选在秦皇岛不合适,你们所做的一切工作都是毫无用处的,要从头开始!"这时,旁边的小李猛地起身发言:"如果按董事长今天的提议,事项要无限期地拖延下去了,那我们也只好把这块地让出去了!对不起,我还有别的事情需要处理,我宣布退出谈判,今天下午我等候你们最后的决定!"小李说完就拎起皮包走出了谈判室。30分钟之后,形势急转直下,对方强烈要求征用秦皇岛的厂地。

双方谈判,一方提出了最后的时限,无疑是给对方增加了巨大的压力,离最后时限越近,压力就会越大,一旦对方屈服于这种压力,就会被牵着鼻子走。在与对手谈判的过程中,一定要撑到最后一秒钟,这是因为谈判中的大赢家往往就是能够顶住"最后时限"这个巨大压力的人。当最后时限临近,彼此就会在内心有一番较量,离最后时限越近,压力就越大,一旦认输,往往就会功亏一篑。因此,如果对手属于欺软怕硬的类型,我们则应该巧妙利用最后时限,让对方主动就范。

1. 巧妙利用时限

在谈判过程中并不是可以随处使用"时限"的,大部分都是在最后的紧要关头巧妙利用,迫使对方做出让步。另外,当你提出了时限的要求时,就要坚持撑到最后一秒钟,切勿轻易改变决定。

2. 对方欺软怕硬,你应寸步不让

欺软怕硬是一种常见的心理,如果对方表现得十分强硬,而且不讲理,你也不必一味退让,反而应该寸步不让,毫不犹豫地展现自己的原则,大多情况下到最后对方是会屈服于你的。

第十二章
场面心理，没有"面子"办事难得力

中国人历来比较注重面子，在官场上、社交场合，人们都把自己的面子看得比什么都重要，誓死捍卫自己的面子。"面子"这个古老的中文词汇在它诞生之初就有了非比寻常的意义，以至于我们很多人无法不重视它的存在。对此，我们需要懂得一定的场面心理，因为没有面子，办事是很难成功的。

一、留面子效应：令对方主动让步，给你留个面子

留面子效应，指的是人们拒绝了某个非常高的要求之后，就会对相对小的要求的接受性增加的现象。基于人们的"留面子效应"，为了让人更好地去接受某个小要求，我们可以先提出某个明知他会拒绝的较高要求，用来提高对方接受小要求的概率。在人际交往中，人们都有这样一种心理：如果在某方面拒绝了对方，那么，在另一方面他就会主动做出让步，给对方留个面子，让对方得到满足。心理学家认为：人们会自然地倾向于执行能够为交往双方都带来最大满足的行为，拒绝别人后，出于补偿就会答应较小要求了。

心理学家查尔迪尼曾做过一项"导致顺从的互让过程"的研究：

他先将那些参与实验的大学生分为两组，对于第一组大学生，要求他们带领少年们去动物园玩一次，需要两个小时。当他向大学生提出这个要求后，只有六分之一的大学生答应了。对于第二组大学生，要求他们花两年的时间担任一个少年管教所的义务辅导员，这本身就是一件费时费力的工作，几乎所有的大学生都拒绝了。

紧接着，他又对第二组的大学生提出了一个小的要求，让大学生带领少年们去动物园玩两个小时，这时，大学生们在想："不就两个小时嘛，这事太容易了。"于是，一大半的大学生都答应了这个请求。

在生活中，我们经常会利用到"留面子效应"。比如，我们需要向朋友借钱的时候，如果你直接说："小李，先借我五百元钱，怎么样？"或许，对方会为难地回答说："找我借钱？我还缺钱呢？"可是，如果你这样说："小李，我最近手头紧，能借我一千元钱吗？"那么，朋友会说："什么？我哪有那么多钱，我也正需要钱呢，最多只能借你五百元。"如此，不是正好满足了你的要求了吗？

有两家卖粥的小吃店,每天的顾客都差不多,但每到晚上结账的时候,右边那家小吃店总是比左边那家小吃店多出两三百元钱。这是为什么呢?原来,顾客走进左边那家小吃店的时候,服务员总是微笑地问道:"加不加鸡蛋?"有的客人喜欢吃鸡蛋,就会选择加一个鸡蛋;也有的人不喜欢吃鸡蛋,就会说不加。这样一来,每进来一个人,加或不加,各占一半。

而顾客走进右边那家小吃店的时候,服务员会微笑着问:"加一个鸡蛋还是两个鸡蛋?"大多数客人都会笑着回答说:"加一个。"而特别喜欢吃鸡蛋的人会回答说:"加两个鸡蛋。"当然,在每天的顾客中,也有要求不加鸡蛋的,但这样的情况会很少。于是,一天下来,右边那家小吃店总是比左边那家卖出更多的鸡蛋,自然销售额就会多出两三百元钱了。

之所以会出现这样的现象,就是所谓的"留面子效应",欲得寸,先进尺。在提出自己的真正要求之前,我们应该向对方提出一个大要求,在遭到拒绝以后,我们再提出自己的真正要求,这样,对方答应的可能性就会大大增加。留面子效应源于人们内心深处的内疚感,人们在拒绝别人较大的请求时,会感到自己没能帮助到别人,辜负了别人对自己的期望,同时也损害了自己的形象,这时,他们就会感到非常内疚。在这样的情况下,如果对方再提出一个较小的要求,人们为了重新塑造良好的形象,也为了寻求心理上的平衡,便会欣然答应这个小要求。

二、得体装束打扮"唬住"他人

法国时装设计师香奈儿说:"当你穿得邋邋遢遢时,人们注意的是你的衣服;当你的穿着无懈可击时,人们注意的是你。"其实,穿戴也需要一定的心理策略,让人觉得"这人看上去很有来头",如此,不是显得很有面子吗?以得体的装扮"唬住"他人,令其答应自己的请求,如此一来,办事还会有困难吗？在西方流传着这样一句谚语："你就是你所穿的。"其实，一个人的衣着就是他自己，穿戴会无声地传递你的信息，暗示给对方你的心理诉求。当然，穿戴得体，有较强的吸引力，你就能给对方留下好的印象；如果穿着不够得体，就会给对方留下一个糟糕的印象，或许，你还没来得及说出自己的请求，就被人拒之门外了。

在生活中，有的人并不在意自己的穿着，整天穿着劣质的西装到处拜访客户，但是，他始终不明白自己为什么会被人拒之门外，在别人眼中，自己怎么就被列入失败者的名单中了呢？事实上，这往往与穿戴有很大关系。尤其是在求人办事的时候，我们要善于在穿戴上下工夫，以得体的装扮呈现一定的吸引力，令其在不知不觉的心理状况下答应自己的请求。

有人讲述了这样一个故事：

有一个村子正在办喜事，忽然看到一个衣着寒酸的秀才来到村子里。看到秀才的一身打扮，下人狠心地将他赶走了。过了一会儿，被赶出来的秀才穿了一身好看的衣服，再次来到了村子里，这一次，下人慌忙跑出来迎接秀才，邀请他一起入席。坐在摆满了酒菜的席桌旁，秀才拿起食物就开始往自己身上倒。面对秀才这突如其来的举动，人们感到十分惊讶，急忙问秀才："这是为何呢？"秀才回答说："我得到如此的待遇是全靠这身衣裳啊。"

美国心理学家曾提出了这样一个公式：S = (EF + CT + SP) DD。其中，S 代表"成功"，EF 代表"教育和经验"，CT 代表"创造力和思考力"，SP 代表"个人特质推销力"，DD 代表"按正确方向坚持不懈的努力"。可是，到了 21 世纪，人们逐渐发现这个公式似乎缺少了什么，那就是"S"，即服装的风格。从这里我们可以看出：装束打扮对一个人的成功来说有多么重要，因为大多数的人都认为一个人的衣着与其身份、地位、品味以及生活格调有着密切的关系。

阿东是公司的人事部经理，曾面试过上千人，为公司发掘了不少优秀的人才,不过,阿东非常看重一个人的第一印象。

有一次,阿东无意中看见了一个应聘者的简历,那个人的高学历和出色的工作履历让阿东这个阅人无数的经理也心动了。在还没有见到那个人时,阿东已经给他打了很高的分数,甚至,求贤若渴的他推迟了其他的工作,专门为这个应聘者安排了一场面试。

这天中午,在约定的面试时间里,阿东见到了那位优秀的应聘者,只见他身穿浅黄色的衬衣和灰色西裤,头发有些凌乱,胡须也没有修剪。这样的形象顿时让阿东大跌眼镜,这和他想象中的那个人的样子差距也太大了吧?!在阿东的指引下,面试者在对面的椅子上坐了下来,这正值盛夏季节,一股怪味扑鼻而来,阿东寻找源头,竟发现是对面那个人身上散发出来的。阿东仔细打量,发现面试者身上本来穿的是一件白色的衬衣,但由于汗渍长期的积累而泛出了黄色,就连深色的西裤也依稀看到汗渍和油污。这时,阿东心中对他的好感已经荡然无存,简单地聊了几句就结束了面试。阿东决定不再录用这个人,尽管他内心觉得很遗憾,但他坚信自己的判断是正确的。

在日常交际中,我们的服饰、发型、手势、声调和语言等时刻都在影响着他人对你的判断,不管我们愿意与否,我们都在留给对方关于自己的印象,尤其是自己的装束打扮。有的人认为自己有实力,只要自己能力强,工作表现好,肯定会赢得上司的好感,其实并不是这样。一旦自己与他人能力差不多,表现也都出色的时候,你的装束打扮就显得格外重要了。

1. 外表装饰

虽然一个人的相貌是自己无法决定的,但服饰却是完全取决于自己的。俗话说:"三分长相,七分打扮。"要知道,在交际场合,你的穿着就是你的面子。因此,服饰装扮需要保持整洁、得体、自然的原则。另外,还需要注意细节修饰,有的人穿名牌衬衫,但从不熨烫,有的人穿名牌皮鞋但从不鞋,这些都会让你的完美形象大打折扣,而这一切也会让你显得很没面子。

2. 整体修饰

你所选择的服饰必须是符合自己的身材、肤色、年龄的,这样才能够起到修饰形体、容貌等作用,从而形成一种和谐的整体美。除了你自身的一些因素以外,还需要考虑到服饰的款式、色彩、质地、工艺等因素,这样才能达到整体完美的效果,给人留下好的印象。

三、巧说好听话,将对方真诚地"捧一捧"

心理学家威廉·杰尔士说:"人性最深切的需求就是渴望其他人的欣赏。"在日常生活中,我们要巧说场面话,将对方真诚地"捧一捧",办事自然无往不利。巧妙的场面话,实际上就是我们常说的"赞美"。赞美就如同润滑剂,可以和谐彼此之间的关系,让对方感受到话语里的温情。在办事的时候,适当地表达出自己的赞美之意,对方会迅速对你产生好感与信任。一个人受到赞美后的行为往往更合理、更有效,同时也更容易按照你的要求去做。要想办事能够成功,就要学会适当赞美对方,因为我们需要承认这一点:几乎所有的人都有虚荣心,你所求助的人也不例外,在很多时候,一句赞美的话将决定这件事是否可以成功。

当然,仅仅是几句苍白无力的恭维话肯定是不够的,赞美还需要注入真诚,不是虚伪的赞美,也不是夸张的赞美。因为只有真诚的赞美,才能使对方的心灵感到滋润,而且更为重要的是,当你赞美对方的时候,他往往也会在乎你的存在价值。多些真诚的赞美,会让对方感到内心甘甜,而你也能获得好人缘,办事也更顺畅。

成功大师戴尔·卡耐基曾做过二流推销员,那确实是一段难忘的经历。当时,卡耐基对发动机、车油和部件设计之类的机械知识毫无兴趣,因此,他完全无法掌控自己推销产品的实质。

有一次，店里来了一个顾客，卡耐基立即走上前去向他们推销货车，不过，他说的话却往往连货车的边都沾不上。顾客觉得卡耐基是一个疯子，这时，老板气愤地走过来，大声吼道："戴尔，你是在卖货车还是在演说？告诉你，明天再卖不出去东西，我会让你滚蛋。"这下，卡耐基着急了，如果失去了这份工作，将意味着自己无法生存了。

于是，卡耐基立即说："老板，你是最仁慈的老板了，是你让我吃上了面包。你放心，为了你让我可以吃上面包，我会好好干的，而且，瞧你今天穿得多精神啊，相信你今天的生意会一帆风顺的。"被赞美了几句之后，老板的气消了，也再没提起要解雇卡耐基的事情了。

几句恰到好处的好话帮助戴尔·卡耐基赢得了一份工作，不难想象，真诚赞美所释放出来的力量是巨大的。其实，当时卡耐基的工作成绩并不算理想，而这位成功大师正是运用了恰到好处的赞美，使得他奇迹般地在那个公司待了下来，并生存下去。从心理学的角度说，在这个世界中，每个人都渴望得到别人的赞美，这是一种心理诉求。在办事的时候，当我们满足了对方的心理诉求，自然就能赢得他人的信任和好感，那么，在办事过程中，也会顺畅许多。

不过，赞美并不是像说几句好话那样简单，真诚的赞美是需要发自内心的。任何的虚伪和做作听起来都会显得那么苍白无力，只有真诚的赞美才能打动对方，虚情假意的赞美通常有讽刺、挖苦之嫌，令人感到恶心。俗话说："心诚则灵。"只有发自内心深处的赞美才是真诚的，才能使对方受到感染，从而产生心理上的共鸣。另外，赞美还需要准确，恰到好处，既不过分，也不要不及。

小王在与同事聊天的时候，随意说了几句上司的好话："张经理这个人真不错，处事比较公正，我来公司一年多了，他在各方面对我的帮助都挺大，能够有这样的上司，真是我的幸运。"没过多久，这几句话就传到张经理的耳朵里了，令经理心中既欣慰又感动，就连那位同事在向经理传达这几句话的时候,都忍不住夸赞一番:"小王这人真不错,心胸开阔,难得啊。"

年底分发奖金的时候,小王觉得自己这一年表现得很不错,想争取一下。为此,他敲开了张经理的门,经理满脸热情:"小王,有什么事吗?"小王有些不好意思:"张经理,又来麻烦您了,真是不好意思,那个……我是来询问年底奖金的事的,我想争取一下,您看我合格不?"张经理笑了起来:"这事啊,好说,我老早就觉得你这个小伙子不错,放心,这件事我一定放在心上。"

有时候,在背后说人家的好话、赞美几句的功效比当面说似乎更有效果,小王那看似随意的几句场面话使他在张经理心中的形象一下子提高了,这样一来,办事自然就容易多了。

1. 挖掘他人身上的闪光点

每个人都有自己的长处,我们在赞美他人的时候,关键在于与你是否能"慧眼识珠",能否发现对方身上的闪光点。有的人常常埋怨别人身上没有优点,不知道该赞美什么,其实,这恰恰说明了你缺乏发掘闪光点的能力。

2. 说场面话的角度要新颖

每个人都有许多优点和长处,我们对他人的赞美要独具慧眼,善于发现对方身上的"闪光点"和"兴趣点",从新颖的角度赞美,这样将收到事半功倍的效果。

四、特里法则:承认错误反而让你保住"面子"

美国田纳西银行前总经理 L. 特里曾说:"承认错误是一个人最大的力量源泉,因为正视错误的人将得到错误以外的东西。"由这句话引申出来的就是著名的心理学法则——特里法则,俗话说:"金无足赤,人无完人。"谁都难免会犯一点小错误,而且,每个人都存在着这样的心理:犯错误的时候,脑子里总是想着隐瞒自己的错误,害怕自己承认错误之后会觉得没有面子。其实,有这样的心理是正常的,但是,为了能够从错误中获得另外一些有用的东西,我们应该克服这样的心理。承认错误并不是什么丢面子的事情,相反,在一定程度上,承认错误反而可以让你保住面子。承认错误是一种勇敢的行为,因为对于每一个犯错误的人来说,错误承认得越及时,那么这个错误就越容易得到改正和补救。另外,更为关键的是,自己主动承认错误远比别人提出批评后再承认更容易得到他人的谅解。哲人告诉我们:一次错误并不会毁掉以后的道路,真正会阻碍你的,是那不愿意承担责任、不愿意改正错误的态度。

卡耐基从家里步行一分钟就可以走到森林公园,因此,他经常带着自己的小猎狗雷斯去公园散步。由于平时在公园里很少能碰到人,而雷斯看起来很友善,所以,卡耐基常常不给雷斯系狗链或者戴狗专用的口罩。

有一天,卡耐基在公园里遇到了一个警察,警察看见雷斯既没有系链子也没有戴口罩,就十分严厉地说:"你为什么让你的狗跑来跑去而不给它系上链子或戴上口罩?你难道不知道这是违法的吗?"卡耐基低声回答:"是的,我知道,不过,我认为它不至于在这儿咬人。"警察提高了嗓门:"你不认为!你不认为!法律是不管你怎么认为的,它可能在这里咬死松鼠或小孩,这次我不追究,假如下次再让我碰上,你就必须去跟法官解释了。"卡耐基照办了,但是,雷斯不喜欢戴口罩,卡耐基自己也不喜欢这样做。

又一天下午,卡耐基正和雷斯在山坡上赛跑,突然,他看见警察骑着马过来了,卡耐基想:"这下完了!"于是他决定不等警察开口就先认错,卡耐基说:"先生,这下你当场逮到我了,我有罪,你上星期警告过我,若是再带小狗出来而不给它戴口罩,你就要罚我。"这时警察的语气很温和,说道:"好说,好说,我知道没有人的时候,谁都忍不住要带这样一条小狗出来溜达。"卡耐基表示赞同:"的确忍不住,但这是违法的。"警察反而安慰卡耐基说:"哦,你大概把事情看得太严重了,我们这样吧,你只要让它跑过小山,到我看不到的地方,事情就算了。"

如果我们犯了错误,而又免不了受责备,何不先自己承认错误呢?这样可以很好地保住自己的面子,毕竟,自己谴责自己比挨别人的批评好受得多。因此,很多时候需要主动承认错误,这样比别人提出批评后再认错更容易得到别人的谅解。"特里法则"认为,承认错误是一个人的最大力量源泉,同时,正视自己的错误将得到错误以外的东西,其实,敢于认错的本身就具有很大的价值。

布鲁士·哈威是公司财务部的一名员工,有一次,他错误地付给一位请病假的员工全薪。当他发现这个错误的时候,他就及时地告诉那位员工,并解释说必须要纠正这个错误,他要在下一次的薪水中减去多付的薪水金额。然而,那位员工说这样做会给自己带来严重的财务问题,因此,他请求分期扣回多付的薪水。但是,这样的话,哈威必须首先获得上级的批准。哈威心想:"我知道这样做一定会使老板十分不满"。不过,在哈威考虑如何以更好的方式来处理这件事情的时候,他了解到这一切的混乱都是由自己的错误造成的,自己必须在老板面前承认错误。

于是,哈威找到了老板,说了事情的详细经过,并承认了错误。老板听后大发脾气,指责人事部门和会计部门的疏忽,然后,开始责怪办公室里的另外两个同事。哈威反复解释:"这是我的错误,跟别人没有关系。"最后,老板看着他说:"好吧,这是你的错误,现在把这个问题解决吧。"哈威解决了问题,纠正了错误,没有给任何人带来麻烦,从这以后,老板更加器重哈威了。

哈威勇于承认自己的错误,从而赢得了老板的信任。试想,如果哈威不承认自己的错误,而等到东窗事发的那一天,或许,脾气暴躁的老板会当众谩骂他,如此一来,他岂不是丢尽了面子。其实,如果一个人有足够的勇气来承认自己的错误,那么,在认错之后,其内心可以获得某种程度的满足感。承认错误,不仅仅可以为我们保住面子,而且还能够消除我们内心的罪恶感,有助于解决错误所制造出来的问题。

1. 与其被批评失去面子，不如主动承认错误保面子

在营救驻伊朗的美国大使馆人质的作战计划失败以后，美国总统吉米·卡特在电视里郑重申明："一切责任在我。"当时，仅仅因为这句简单的话，卡特总统的支持率上升了10%。大量事实证明，如果你真的做错了而不选择承认，那么，在人们批评你的时候，你已经失去了面子。所以，与其被批评失去面子，不如主动承认错误保面子，这样，所有的人都会站在你这边。

2. 率先批评自己

承认错误并不是等对方的责备已经来了再承认，这时候你已经激起了对方的怒火，因此，我们需要先发制人，率先批评自己，这样对方就不好意思再责备你了，而且，对方也会宽容地谅解你的错误言行。

五、场面真真假假，千万不可透支人情

在我们身边，那些各种各样的场面话充斥着生活的每一个角落。中国人一向是注重礼仪的，而当我们在面对我们的竞争对手时，为了寻求双方之间关系的和谐发展，就会不由自主地多了很多场面话。其实，场面真真假假，很多时候，我们不用太在意别人许下的诺言，对于场面中的人情账，应该储蓄，而不宜透支。在生活中，我们常听有人夸下海口："你有什么事情，尽管来找我好了，到时候，我一定给你办好。"或许，对方这只不过是在说句场面话，我们不要太当真，如果真遇到难以解决的事情，你可以试着询问对方是否有更好的解决办法，但是，千万不要大事小事都找别人，这样，你就是在透支你的人情，总有一天，对方会将你拒之于门外。

有一次，小李去参加一个宴会。正在他一个人端着酒杯喝酒时，有个商人模样的人过来和他打招呼。小李马上放下手中的酒杯，亲切地与他握手，

那位商人笑着问小李:"你的手为什么是冰冷的?"小李彬彬有礼地边笑边说道:"但是我的心是热的。"话一说完,两人都不禁大笑了起来。

其实那位随意搭讪的商人并不关心小李的手为什么是冰冷的,而这场面话也并不具有什么实质性的意义,不过是两个陌生人找个话题混个脸熟而已。

或许,在日常交际中,都存在着这样一种情况,那就是虽然我们电话簿里的名字越来越多,但真正无话不谈的朋友还是那么几个,绝大多数只是场面上的朋友。既然是场面上的朋友,我们所说的就是场面话,说得最多的无外乎"你好"或是"再见",因此,这就需要我们在与人交流时,能清楚地判断出其说的是否是场面话,以免自己错把客气话当成"承诺",一不小心,就会透支人情。

当医生的张小姐在两年前曾因自己孩子转学一事找过自己的一个在教委工作的同学,而且还送了一些礼物给他,可当时被对方谢绝了。生性豪爽的张小姐当即夸下海口:"这次太感谢你了,以后若是有用得着我的地方,尽管开口,我一定给你办到。"张小姐想,如果真的还对方的人情,也不过一两件事情"。可她万万没有想到,仅仅因为当初说的场面话,却为自己带来了不少麻烦。

在之后的两年时间里,那位同学多次带着亲友、朋友来医院找张小姐帮忙,有些事情根本不能办,但张小姐还是硬着头皮答应了下来。比如半价CT、婴儿性别鉴定、高价病房按低价算等等,想起之前对他人的承诺,张小姐只好咬着牙关撑了下来。还了人情的张小姐,后来想办法逐渐疏远了那位同学,再后来,两人索性不来往了。

可能在当初,张小姐本想找个机会还同学人情的,但万万没有想到同学却是一个"透支人情"的对象。对于场面中的人情,宜储蓄而不宜透支,如果你急于找后账,急于在这笔人情账中得到回报,那你就犯了人情世故的大忌。虽然,你要回了人情,但却丢掉了面子。

1. 人情账不宜透支

如果你想建立持久的人脉关系，就需要不断地增加人情储蓄。因为在一些朋友之间往往是互惠互利的，彼此之间都有所期待，假如你及时储蓄人情，这样就不会使原来的信赖枯竭了。在我们身边经常有这样的人，帮助了别人，就觉得有恩于人，于是怀着一种优越感与之相处。其实，这样的心理是很危险的，会在无意之中透支自己的"人情账户"。助人为快乐之本，只要你怀着热忱，善于帮助别人，给别人面子，多储蓄一些人情，就会获得更大的帮助、更多的人情。

2. 避免"情到用时方恨少"

在人际交往中，我们要做好估算，动用人情的次数要尽量少，有的事情自己能办的，应尽可能自己去办。如果大事小事都有求于人，这样，你的人情早晚会被透支。到那时，你才会体会到"情到用时方恨少"的深刻含义。

3. 人情用在刀刃上

即使你真的想动用人情，也应该将人情用在刀刃上。在请求别人的时候，你应该先搞清楚你与对方的交情究竟有多深，人情究竟有多重，然后再掂量整件事情的分量，看看找对方帮忙是否合适。这是十分重要的，切忌没有轻重缓急，就急匆匆地去找别人帮忙。

六、让别人赢你，利用"面子"让办事更容易

在现实生活中，我们经常听到这样的话："总是要给点面子嘛！"中国人历来比较注重面子，尤其是在办事跑关系的时候，面子问题可以说是至关重要的。既然，办事靠的就是面子，那我们怎样将面子给对方呢？有时候，交际场就相当于战场，谁赢了，谁就赢得了面子。如果想把事情办成功，不妨主动认输，让别人赢自己，这样，对方有了面子，你再想通过他办事，自然就

更容易一些。一般人都有面子思想,而且,都希望自己有面子,因为有面子就能被别人看得起,这表明了他在人群中更有优越感。

阿龙和阿方是大学同学,也是一对好朋友。大四那年,阿龙一个人南下广州,经过了长达两个月的奔波,他找到了一份不错的工作,安顿好自己的他不时联系着还在学校的阿方。阿方在学校参加各种招聘会,可每次投出去的简历都石沉大海,没有回音。阿龙让阿方去广州,把他介绍给自己的上司,阿方想了想,还是去了。

到了那里,在阿龙的引荐下,阿方谋得了一个好职位,对此,阿方心里很感激阿龙。每次遇到同班同学问候自己的近况时,阿方都会毫不犹豫地说:"阿龙真有本事,在广州,幸亏有阿龙帮忙,我才找到了一份还不错的工作,不然,我还不知道在哪里混饭吃呢,我真的很感谢他!"如此几句话,表明了阿龙处处胜过自己,而阿龙也觉得阿方这样说让自己在同学们面前很有面子,于是,他在广州就更加尽心尽力地照顾阿方了,两人的感情也愈来愈好了。

当阿方总是在人前称赞"阿龙真有本事,帮我找了一份不错的工作"时,在一定程度上,阿方是舍去了自己的面子,而长了朋友的面子。所以,在人际交往中,我们不要只顾及自己的面子,某些时候,为了达到成功办事的目的,我们要学会给他人面子,巧妙让别人赢自己,这样会促进彼此之间的关系,也会让你因"面子"而办成事。

学校组织开新学期教研会议时,头发花白的李老师就发牢骚了:"为什么老是安排我们老教师上普通班,年轻的教师上尖子班?你们是看不起我们吗?既然看不起就直接叫我们下岗算了,还留我们干吗!"坐在旁边的年轻老师沉默了,小王老师作为这次会议的组织者,他低着头默默地听着。李老师继续倚老卖老:"你们这些年轻人、小毛头,别看不起我们这些老家伙!别以为你们学历高,都是什么重点大学研究生的!我们在讲台上吐的口水都比你们多!二十年前,我们就站在讲台上教书了!说说看,二十年前你们在干什么呢!"小王老师低着头回答说:"二十年前我只读小学。"

等李老师牢骚发完了,小王老师才说:"这是上级领导这么安排的,我也只能这么做,不过以后在工作中有什么疑问,我们肯定会请教和考虑老前辈们的意见的。"就这样散会了。后来,小王老师在那些老教师面前,总像个什么都不懂的小学生一样,彬彬有礼地处处请教他们。而且无论做什么都维护老教师的意见。对于他们言语犀利的牢骚,小王老师也从不反唇相讥。久而久之,老教师们也没什么意见了,他们都很积极地配合小王老师的工作。

在众多资历高的老前辈面前,小王老师自认是一个"小人物",他很好地扮演了一个小人物的角色,以此在场面上给了老前辈面子。自然,老前辈有了面子,话也好说了,事儿也就好办了。于是,小王就这样以"面子"赢得了资历深厚的老前辈的支持与青睐。

给对方留一点面子,这是日常交际中必须铭记的一点,否则,你只会将事情越弄越糟。面子的哲学就是:你给别人面子,别人也会给你面子。面子是相互的,在相处过程中,巧妙地让别人赢你,这样一来,你让别人有了面子,才能利用面子办好事。

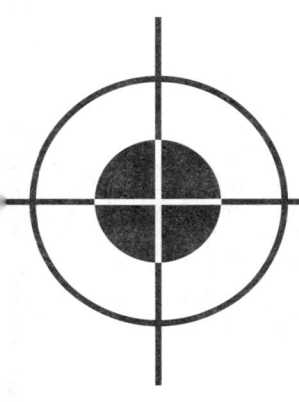

第十二章

职场心理,激励自己不断取得新成就

> 有人说:"职场是江湖。"确实,在职场这个大熔炉里,多少优秀的职场精英没有输在沙场,而是输在了暗流汹涌的人际关系上。作为职场人,应该了解一些心理学规律,掌握职场心理,所谓知己知彼,方能百战百胜。

一、权威效应：以崇拜心理，令他人深信不疑

权威效应，又被称为权威暗示效应，是指如果一个人地位高、有威信，就会受人敬重，而他所说的话以及所做的事情就很容易引起别人的重视，并能让他们相信其的正确性，即"人微言轻，人贵言重"。权威效应的普遍存在，一方面在于满足了人们的崇拜心理，威信、权势对于每个人来说都是一种强大的吸引力，崇拜心理的作用使得人们对那些权威人士所说的话深信不疑；另一方面，由于人们都有"安全心理"，人们总认为权威人士才是正确的楷模，听信他们的言论会使自己更具安全感，增加不会出错的"保险系数"。

美国心理学家们曾经做过一个实验：在给某大学心理学系的学生们讲课时，向学生们介绍了一位从外校请来的德语教师，说这位德语教师是从德国来的著名化学家。试验中，这位"化学家"煞有介事地拿出了一个装有蒸馏水的瓶子，说这是他新发现的一种化学物质，有些气味，请在座的学生们闻到气味时就举起手，结果多数学生都举起了手。

本来那瓶子中装的只是没有任何气味的蒸馏水，但由于"权威"的心理学家和"化学家"的语言暗示而让许多学生都认为它有气味。通过这个实验，直接体现了人们所具有的"安全心理"，同时，人们还有一种"认可心理"，也可以称为"崇拜心理"，他们总认为自己的言行要与权威人士保持一致，自己只有相信权威人士的言论，才能得到各方面的认可。所以，这两种心理就促使权威效应产生了。

在我们的现实生活中，利用"权威效应"的实例很多，比如在广告时请权威人士赞赏某种产品，在辩论说理时引用权威人士的话作为论据，等等。相传，南朝的刘勰写出《文心雕龙》后由于无人重视，他就想请当时的大文学家沈约审阅，但沈约却不予理睬。后来他装扮成卖书的人，将作品送给沈约。

没想到沈约阅后评价极高,于是《文心雕龙》就成为中国文学评论的经典名著。在日常交际中,我们利用权威效应,也能够达到引导或改变对方态度和行为的目的,通过"权威言论"来影响其心理,令其深信不疑。

浙江某小企业在当地小有名气,为了扩大市场,该企业决定招募各省会城市的代理商。在谈判桌上,该企业经理十分谦虚地说:"我们虽是小企业,却得到了商界人士的青睐,上次我带着产品去香港参加展销会,就连李嘉诚对我们的产品也赞不绝口。"对方一听李嘉诚的名字,想都没有想就签下了代理商的合约。

李嘉诚作为商业中的权威人士,如果他都大加赞赏某企业的产品,那自然是再好不过的"产品认证书"了。一般情况下,在某些方面有很深造诣并取得瞩目成就的权威人士往往更容易被人们信服,因为人们更愿意认同权威人士的言论。在绝大多数情况下,当某位权威人士发表观点时,大家很少会去怀疑,甚至反对。当然,在这时候,人们所相信的并不是某个人本身,而只是他的头衔,他们相信以他的地位、权势所说的话一定是真实的,值得相信的。

1. 借用位高权重人士的话

借用位高权重人士的话来支持自己的想法往往会取得成功,例如:最近几年国家经济飞速发展,但物价也猛涨,对此,国家相关权威人士表示会抑制部分的经济泡沫。于是,在平日闲聊中,邻居大妈可能更愿意相信物价不跌反涨,这时,你要是想否认她的观点,你就可以搬出权威人士的话"央行行长都发话了,要出台一系列措施,抑制物价……"

2. 借用名专家的话

利用知名专家的话来说服他人也是个不错的方法,例如:很多健康专家认为,晚上身体往右侧睡才是最健康的睡姿。于是,当你在向朋友或家人证实这些言论的真实性的时候,不妨这样说:"健康专家都这么说,难道还有假吗"?

3.借用上司的言论婉拒对方

很多时候我们不知道该如何拒绝对方,这时可以借助上司的言论进行拒绝,比如"前几天经理刚宣布过,不准任何顾客进仓库,我怎么能带你去呢?"或者说"这件事我做不了主,我会把你的要求向领导反映一下,好吗?"

4.借用各行业权威人士的话

在每个行业都有相应的权威人士,比如文学领域里的茅盾、鲁迅,艺术领域里的凡·高、贝多芬,等等。当我们在强调语言是多么重要的时候,不妨搬出语言大师林语堂的言论:"语言不是一般的工具,使用起来不同于其他工具。"

二、德西效应:抓住兴趣的关键砝码更有利

贝克曾说:"为工作而工作,才是工作的意义,希望借工作而获得报酬的人,只是在为报酬效劳而已。"许多私人企业老总每每向人抱怨:"我已经连续给他们涨了很多次工资了,可怎么就是看不到一点成效呢?"老板并没有意识到自己的行为已经造成了"德西效应",一个人对工作的兴趣并不仅仅是外在报酬,而是工作本身带给他们的乐趣。如果这份工作已经不能带给他们乐趣,那么,即使拥有再多的外在报酬,他们也会选择放弃这份工作。当一个人进行一项愉快的活动时,向他提供奖励反而会减少这项活动对他内在的吸引力,这就是所谓的"德西效应"。就老板给员工加薪资的例子来看,原有的外在报酬,如果距离人才需要满足的水平太远,直接激励的原有强度又不足,必然会导致"德西效应"。

心理学家德西在1971年做了这样一个实验:他召集了许多大学生在实验室里解有趣的智力难题。整个实验分为三个阶段,第一个阶段是:所有的被试者都没有奖励;第二个阶段是:将被试者分为两组,实验组的被试者完

成一个难题可以得到一美元的报酬,而控制组的被试者与第一阶段的相同,他们没有报酬;第三个阶段被列为休息时间,被试者可以在原地自由活动,并把他们是否继续去解题作为喜爱这项活动的程度指标。

结果,奖励组被试者在第二个阶段表现得十分努力,但在第三个阶段继续解题的人数很少,他们的兴趣与努力的程度在减弱。而没有奖励的大多数被试者花了更多的休息时间在继续解题,他们的兴趣与努力程度在增强。

经过这个实验,德西发现:在某些情况下,人们在外在报酬和内在报酬兼得的时候,不但不会增强工作动机,反而会降低其工作动机。一个人去做事的动机有两种:内部动机和外部动机。因内部动机去行动,他们觉得自己就是主人;相反,如果驱使他们的是外部动机,他们就会被外部因素所左右,并成为其奴隶。

有一位老人在一个小乡村里休养,但在附近却住着一些十分顽皮的孩子,那些孩子天天互相追逐打闹,喧哗的吵闹声使老人无法好好休息,在屡禁不止的情况下,老人想出了一个办法。他把孩子们叫到一起,告诉他们谁叫的声音大,谁得到的奖励就越多。每次,他都根据孩子们吵闹的情况给予不同的奖励。

不过,当孩子们已经习惯获取奖励的时候,老人开始逐渐减少所给的奖励。到最后,无论孩子怎么吵,老人一分钱也不给。孩子们认为自己受到的待遇越来越不公正,认为"不给钱了谁还给你叫",于是,他们再也不到老人所住房子附近大吵大闹了。

本来,老人没有给孩子们奖励的时候,他们大吵大闹,玩得不亦乐乎,这时,他们所得到的是内在报酬。可一旦老人给予孩子们的这种行为一定程度的奖励,孩子们就觉得自己的所作所为是有偿的,他们习惯了接受奖励。而老人突然宣布不给予奖励了,孩子们觉得自己受到了不公平的待遇,他们压根忘记了,之前自己嬉笑打闹也是没有任何报酬的。

在生活中,大多数人总是抱怨:"工作好累,工资却少得可怜。"他们之所以会觉得自己工作很累,但所得到的报酬却很少,原因在于他们强调了外在报酬,而忽略了内在报酬的价值。似乎工作本身的目的就是为了获得报酬,以这样一种价值标准来衡量,于是乎,如果外在报酬没能达到他们的满足点,他们就会觉得自己的付出不值得。当然,还有另外一类人,比起外在报酬,他们更注重内在报酬,即工作本身给他们带来的快乐。在很多时候,即使老板给足了外在报酬,但如果内在报酬无法达到自己的满足点,他们还是会选择离开。

对我们来说,在工作中,应该抓住兴趣的关键砝码。

1. 不要仅仅为薪资工作

工作的目的之一或许是为了养家糊口,但那并不是工作的全部目的。在工作中,我们自己也享受到了种种的乐趣,诸如成功的喜悦、失败的痛苦。由此可见,工作本身带给我们的东西远比物质更丰富、更有价值。如果你仅仅是为了那点微薄的薪水而工作,那只会为其所劳累,甚至,成为其奴隶。

2. 将工作当做兴趣

在工作中,要善于体会工作的快乐,将工作当做兴趣,这样你才不会感觉工作的枯燥,而是为工作而工作。至于工作能换来的报酬,权当是额外的奖励,如此一来,在不知不觉之间,你会爱上工作,而对工作的兴趣将有效提高你的努力与兴趣程度,当然你的工作也会越干越出色。

三、冷热水效应:欲扬先抑,迎合对方心理

当你先将手放进冷水中,再放到温水中时,就会感到温水热;相反,当你先将手放在热水中,再放到温水中时,就会感到温水凉。同样一杯温水,却出现了两种不同的感觉,这就是冷热水效应。其实,之所以会出现这样的心理现象,是由于每个人心中都有一个判断标准,只不过它的大小并不一致,

也不固定。随着心理的变化，判断标准也在变化，因此，人们对事物的感知，就是受判断标准的变化。我们在日常交际中，要善于利用冷热水效应，欲扬先抑，这样容易让对方满足，也更容易将事情办成功。

　　章经理经过慎重考虑，决定给刚刚聘请的广告策划员小王1.5万元的年薪，这个薪资数额虽然不高，章经理认为小王还是会接受下来的，唯一担心的是怕这个问题处理不好，会影响他的积极性、创造性。于是老成持重的章经理想出了一个妙法，他对小王说："鉴于咱们公司的实际情况，只能付给你1万元的年薪。"稍作停顿之后，章经理接着说："不过一万五千元也可以考虑，你认为如何？"小王一听"一万元"，就有点儿不乐意了，"期望值"随之降低，当听到"一万五千元"时，他的心里又有点儿高兴了。于是他爽快地说："我听经理您的。"章经理说："一万五千元相对于公司的其他人员来说，已经很高了。实话跟你说，我这个做经理的对此也犹豫不决，不过，只要我们齐心协力，顽强拼搏，就是砸锅卖铁，我也要把一万五千元钱发到你的手上！"小王听后心里感动得热乎乎的。

　　在这个案例中，章经理运用了冷热水效应，使小王对并不算高的薪资，不仅不灰心丧气，反而感到心情愉快。鲁迅先生说："如果有人提议在房子墙壁上开个窗口，势必会遭到众人的反对，窗口肯定开不成。可是如果提议把房顶扒掉，众人则会相应退让，同意开个窗口。"鲁迅先生的精辟言论实际上就是对冷热水效应的最好解释，如果先让对方尝尝"冷水"的滋味，就会使他心中的"期望值"降低，因此他对获得的"温水"也会感到满足。

　　老王是某汽车销售公司的业务员，他几乎每个月都能卖出三十辆以上的汽车，深得公司领导的赏识。但是，最近车市低迷，老王估计自己这个月只能卖出十辆车，于是，老王先歉意地对领导说："由于银根紧缩，市场萧条，我估计这个月顶多能卖出五辆车。"领导听了点点头，表示对他的看法很赞同。没想到一个月过去之后，老王居然卖出了十二辆汽车，于是公司领导对他大大地夸奖了一番，老王也相应得到了公司的奖励。

如果老王事先承诺"我这个月可以卖出十五辆汽车"或者对此表示沉默，可最后却只卖出了十二辆汽车，那么公司领导会怎么样想呢？他会强烈地感受到老王这个月销售失败了，不但不会夸奖，反而会指责。在整个事件过程中，老王为了满足公司领导的心理，先把最糟糕的情况报告给领导，使得公司领导心中的"期待值"降低。所以，当最后的销售成绩出来的时候，公司领导非但不会指责老王，反而会夸奖他。

1. 先提出苛刻要求，以获得对方同意

当遇到难以说服对方的难题的时候，不妨先提出苛刻的要求，令对方惊慌失措，在心理上压倒对方，然后再提出一个折中的要求。比如，经理对员工说："公司研究决定派你去远郊区的一个公司上班。"员工一听"远郊"，心就凉了半截，这时，如果经理能再提出合适的要求："不过，还有一个近郊区的公司，你愿意去吗？"那么，员工就很有可能会欣然接受了。

2. 先贬低自己，以获得良好的评价

第一次登台演讲的王女士的开场白是："我是一个普普通通的家庭妇女，自然不会说出精彩绝伦的话语，因此恳请各位专家对我的发言不要笑话……"听她这样一说，听众心中的"期望值"就会降低。最后，当她简单朴实的演讲结束之后，听众感到这已经在自己期望之外了，于是心中就会自觉地认为她的演讲达到了很高的水平。

3. 先摆出最糟糕的结果，以满足对方心理

当既定事情已经发生的时候，你可以先说出最糟糕的结果，令对方抱怨，再说出实际的结果，令其满意。比如，当你在开导一个对生活不满的人时，你可以说："如果你的妻子和儿子都离开了怎么办？"以这种假设道出最糟糕的情况，然后再接着说："至少你现在有漂亮的妻子和可爱的儿子，你应该为此感到高兴啊！"

四、敏锐触角,挖掘客户的兴趣点

著名口才大师卡耐基说:"虽然你喜欢吃香蕉、三明治,但是你不能用这些东西去钓鱼,因为鱼并不喜欢它们。你想钓到鱼,必须下鱼饵才行。"简单地说,当我们在与客户进行语言交流的时候,需要"忘记"自己的兴趣与爱好,以自己敏锐的"触角"挖掘对方的兴趣点,用对方的兴趣爱好来展开话题,这样会使彼此之间的沟通更加顺畅。在沟通过程中,谈论对方的兴趣与爱好,往往能让对方感觉到受重视、尊重,继而赢得对方的好感与信任。许多人习惯于谈论自己的兴趣爱好,从来不考虑对方,这样的人永远不会得到对方的认同,自然也难以办成事。所以,赢得客户好感与信任的诀窍在于:善于发现客户的兴趣点,并以其兴趣与爱好来展开话题,谈论他最喜欢的事情,达到成功办事的目的。

一位漂亮的女士在首饰店的柜台前看了很久。售货员问了一句:"这位女士,您需要买什么?""随便看看。"那位女士的回答明显缺乏足够的热情。不过,售货员发现这位女士总是有意无意地触摸自己的上衣,好像对自己的上衣很是满意,于是售货员忍不住说:"您这件上衣好漂亮呀!您的眼光真不错。""啊?"女士的视线从陈列品上移开了,移到了自己感兴趣的上衣上面,"这种上衣的款式很少见,是在隔壁的百货大楼买的吗?"售货员满脸热情,笑呵呵地继续问道。

"当然不是,这是从国外买来的。"那位女士终于开口了,并对自己的回答颇为得意。"原来是这样,我说在国内怎么从来没有看到过这样的上衣呢。说真的,您穿上这件上衣,确实很吸引人。""您过奖了。"女士有些不好意思了。"只是……对了,可能您已经想到了这一点,要是再配一条合适的项链,效果可能就更好了。"聪明的售货员顺势将话题转向了"主题"。"是呀，我也这么想，只是项链这种昂贵商品，怕自己选得不合适……"

在日常工作中，我们经常会与客户沟通问题，而双方的沟通最忌讳彼此沉默不语，或者客户总是一副爱理不理的样子。那么，如何打开客户的话匣子呢？最好的方法就是先从对方的兴趣谈起，这样会使整个谈话过程变得愉悦而畅快。当然，在这之前，我们应该通过提的方式来深入了解对方的心理需求、心理动机以及所感兴趣、关心的事情，顺势展开话题，这样，对方就会侃侃而谈了。

阿美是一家房地产公司总裁的公关助理，奉命聘请一位特别著名的园林设计师为本公司的一个大型园林项目担任设计顾问。但这位设计师已退休在家多年，且此人性情清高孤傲，一般人很难请得动他。

为了博得老设计师的欢心，阿美在正式拜访之前做了一番调查，她了解到老设计师平时喜欢作画，便花了几天时间读了几本中国美术方面的书籍。这天，她来到老设计师家中，刚开始，老设计师对她的态度很冷淡，阿美就装作不经意地发现老设计师的画案上放着一幅刚画完的国画，于是边欣赏边赞叹道："老先生的这幅丹青，景象新奇，意境宏深，真是好画啊！"她的这番话立即使老先生感到一种愉悦感和自豪感。

接着，阿美又说："老先生，您是学清代山水名家石涛的风格吧？"就这样她进一步激发了老设计师的谈话兴趣。果然，他的态度转变了，话也多了起来。接着，阿美对所谈话题着意挖掘，环环相扣，使两人的感情越来越近。最后，阿美说服了老设计师，出任其公司的设计顾问。

人类本质里最深层的驱动力就是希望具有重要性，而且，一个人的兴趣与爱好是其人生中最看重的一部分，他希望自己的兴趣与爱好能够得到别人的认同与肯定。一旦我们在与对方接触的时候，能够"恰好"地触碰到对方的兴趣之处，对方就会转变之前的冷淡态度，开始滔滔不绝起来，在自己感兴趣的事情面前，任何人都会激起一种谈话的欲望。所以，如果想与客户做成一笔生意，应该学会去挖掘客户的兴趣点，拉近彼此的距离，这样才能赢得客户的支持,也才能达成最后的协议。

1. 找到对方的兴趣点

每个人都有自己的兴趣爱好,因此在谈话过程中,我们要想办法找到对方的兴趣点。可以在与对方交谈之前做好准备工作,打听对方有什么兴趣爱好;也可以通过自己的观察或提问来获得对方感兴趣的事情。

2. 话题先从对方的兴趣说起

在沟通过程中,为了获得更多有关对方的信息,也为了满足其自尊心,我们需要让对方尽可能地多说话。所以,话题要先从对方的兴趣说起,这样顺势展开的话题会利于整个沟通的顺利进行。

五、不值得定律:不要把时间浪费在"不值得"上

人们普遍存在着一种心理:一个人如果觉得这是一件不值得的事情,他往往会持冷嘲热讽、敷衍了事的态度。换句话说,对于他们认为不值得去做的事情,那就不值得去做好。当然,由于这种心理,使得他们在从事自认为不值得的事情的时候,难以成功,即使成功了,他们也体会不到多大的成就感。每个人都有不同的价值观,而人们去做事情的准则是:只有符合自己价值观的事情,他们才会满怀热情地去做。对于符合自己价值观的事情,他们才能够做得更好;反之,与自己价值观不相符合的事情,他们是很难做好的,因为缺乏足够的热情,这就是心理学上的"不值得定律"。在职场中,同样一份工作,在不同的环境下,它所给我们的感受是不同的。比如,在一家大公司,初入职场的你被安排做打杂跑腿的工作,很可能你认为这是不值得做的工作,结果,你就连一些小事情都不能做好;反之,一旦你晋升了职位,你就会觉得这份工作是很难得的,自己一定要好好努力工作,因为它值得你去为之努力。

"我喜欢创作,但我却在做指挥。"这个矛盾一直折磨着世界著名的指挥家——伦纳德·伯恩斯坦。虽然,他无数次地站在舞台上接受掌声和鲜花,但是,他心里是不愉快的,总是感到一阵隐痛和遗憾。生活中,我们常说"选择你所爱的,爱你所选择的",其实,说的就是这个道理。当我们选择的是我们所感兴趣或认为有价值的事情时,我们就会激发全身的力量去努力,心理也会相对坦然很多。对此,"不值得定律"给予我们这样的启示:不值得做的事情不要做,值得做的事情就要把它做好。当然,什么是值得的,什么又是不值得的,这源自于每个人的价值观。

小杜是计算机专业的硕士生,毕业后去了一家大型软件公司工作。工作没多久,他就凭着深厚的专业知识和出色的工作能力,为公司开发出了一套大型的财务管理软件,因此,他得到了公司同事的称赞和上司的肯定。

就在去年,小杜被提升为开发部经理,在上司看来,他不仅精通技术,而且还是一个值得下属信任和尊敬的上司,而他所领导的开发部屡创佳绩。公司老总认为小杜是一个不可多得的人才,就把他提升为总经理,负责全公司的管理工作。接到任命通知书后,小杜显得并不高兴,他明白自己的特长是技术而不是管理,如果自己纯粹去管理公司,会使自己的特长无法发挥,而且专业技术也将会被荒废。更关键的是,自己并不喜欢做管理工作,在小杜看来,那是不值得去做的工作。

可是,碍于上司的权威和面子,小杜还是接受了这份对他来说不值得去做的事情。果然,在接下来的一个月里,虽然小杜做出了最大的努力,但还是令人失望。上司难以体会到他的苦衷,也开始对他施加压力。如今,小杜不但感到工作压抑,毫无乐趣可言,而且,还越来越讨厌这份工作,甚至,想到了离开这家公司另谋出路。

大量研究表明,在职场中,至少有一半以上的人将精力花在与工作无关的事情之上,如果你一天花这么多时间在一件不值得去做的事情上,那么工作对于你而言,将会变成一件痛苦的事情。就像案例中的小杜一样,或许因为这样,还会波及你的大好前程。在这里,要提醒那些将精力花在不值得去做的事情上的人们,不要再耗费自己的生命了。或许,是到了你该离开的时候了,离开这个不能让你振奋、给你新知的地方了。开始重新去寻找一些值得去做的事情,这样也才能体现出你应有的价值。

那么,在职场中,我们该如何避免"不值得"观念的产生呢?

1. 不断补充知识

论语曰:"十五而上学,三十而立,四十不惑,五十知天命,六十而耳顺。"人生是一个不断学习、不断丰富的过程。随着年龄的增长,我们的知识以及能力也会有所提高。在知识的感知下,我们将越来越能正确分辨:哪些事情是值得去做的,哪些事情是不值得去做的。

2. 换个角度思考问题

俗话说:"旁观者清,当局者迷。"有时候,我们自己置身其中,往往不能分辨出这件事到底值得不值得。这时候,我们应该换个角度思考问题,站在第三者的立场上看问题,这样你就会多一些理解与包容,看问题会更全面、更周到。这样,你会对一些之前认为不值得的事情有一些改观。

3. 善于听取别人的意见

哲人告诫我们:"多听,多看,多想,凡事三思而后行。"对于每一件事,每个人都有自己看不到、想不到的地方。为了避免一些人生的错误,我们应该多听、多看、多想,多听听他人的意见,这样我们才会将事情判断得更准确,避免过分值得或不值得的现象出现。

六、异性效应:婉求异性,办事更容易

在人际交往中,异性接触会产生一种特殊的相互吸引力和激发力,并能从中体验到难以言传的感情追求,而通常这将对人的活动和工作起到积极

的影响,这种现象就被称为"异性效应"。在日常生活中,我们经常听见有人调侃:"男女搭配,干活不累。"其实,这就是异性效应的典型表现,异性效应指的是因男女共同做事而引起的对活动起积极影响的微妙作用,这与物理学中所说的"异性相吸"是一样的道理。

当然,"异性效应"并不是指夫妻关系,或者男女之间日常的一般性接触,而是男女在工作、娱乐中,为了加深了解而有较多的接触、交流。在男女双方认为,这本身是一种为了事业进步的有意活动,他们之间所存在的这种感情和友谊,是人际交往中的重要部分,比起同性之间的交往,他们的情感有限度之别。

阿美青春靓丽,刚刚大学毕业就进了公司公关部工作。一次,公司资金周转出现了困难,急需一笔贷款,公司财务部派人去与银行协商,却不料吃了闭门羹。上司急得团团转,阿美主动请缨,出面在银行之间周旋,短短一天就争取到了上百万的贷款,而阿美也因此被升为公关部经理,工资、奖金一加再加。

身边的同事纷纷觉得奇怪,一个初出茅庐的小姑娘有这么厉害吗?对此,有人总结了阿美成功的秘诀,发现她除了具有清醒的头脑、伶俐的口才、丰富的知识以及待人接物的灵活之外,还有她那美丽的容貌、优雅的仪表,这与她能成功有着很大的关系。

阿美成功的原因主要是由于心理学上所谓的"异性效应"。在对现实生活的研究中,不少心理学家发现,在一个只有男性或女性的工作环境里,尽管条件优越,自动化程度比较高,但无论男、女,他们都很容易疲劳,工作效率也不高。比如,在几年以前南极考察的澳大利亚科研人员得了一种怪病:"晚上失眠,白天昏昏沉沉",他们用了许多方法治疗都无法治愈,后来经过调查发现,根源竟是"没有男女搭配,是性别比例失调严重,导致异性气味匮乏的结果"。

在日常生活中,我们还会经常看到这样的现象:男销售员在接待女顾客时,通常要比接待男顾客热情些;而在谈判中,女性出面会使谈判过程更为顺利。所以,我们需要求人办事的时候,需要记住:向异性婉求,办事可能会更容易。

当然,在利用异性效应的过程中,我们还需要注意以下几个问题。

1. 不能滥用

女性拥有漂亮的外表,且彬彬有礼,求异性办事很容易成功。但若为了达到某一目的,而利用自己的色相去引诱他人,这就是令人不齿的。

2. 大方不拘束

向异性求助,要想消除对方的紧张感,自己首先要表现得大方自然、不拘束,这样才有可能获得对方的帮助。

3. 不宜太严肃

虽然理智办事和善于把握自己的情感很重要,但太严肃或者太冷淡,也会伤害对方的自尊心,会让对方觉得你高傲无礼,有可能会拒绝你的求助。

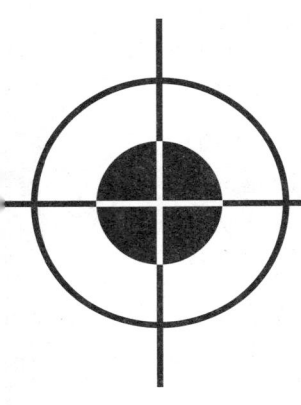

第十四章

沟通有"心计",说话就是要打动人心

　　交际赢在沟通力,而沟通力就是一种说话策略。在这个充满竞争的时代,巧舌如簧已经无法成为最有效的沟通策略了,越来越多的人意识到说话要"攻心",也就是说要打动人心。在日常交际中,懂得攻心的说话者才是真正的专家,只有敲开了对方的"心门",办事才会更容易。

一、威尔德定理：倾听永远凌驾于"说"之上

英国管理学家 L. 威尔德有一句十分经典的话："人际沟通始于聆听，终于回答。"在沟通过程中，一问一答之间可以使人受益无穷。对于人际交往来说，倾听是人与人之间沟通的基础，但在现实生活中却没有多少人能真正掌握倾听的艺术。这就是心理学中的"威尔德定理"，它给我们的启示是"倾听永远凌驾于说之上"。倾听是一种美德，没人会喜欢开口就叽叽喳喳的鸟儿，他们更喜欢能够认真倾听自己说话的人。在办事过程中，如果你能恰到好处地将这一美德表现出来，赢得主动位置，那么，绝对是无往不利。

或许，有人错误地理解了多说话才能把握沟通的主动权，其实，多说话也会给我们带来很多负面的影响，多说有可能会使他人对你产生戒心，认为你有某种企图；说得太多了，他人会对你敬而远之，因为他没有义务当你的"倾诉桶"；况且，说得多了，难免会出错，而且有的时候，说得太多，暴露的信息太多，会被别人看穿，不利于与人相处。所以，做一个懂得倾听的人，并将这样的美德沿袭在自己身上，你会赢得比别人更多的机会，获取更多的信息，把握沟通的主动权，也能够更加有效地打动人心。

小罗是一个很受欢迎的人，他常常会接到不同的邀请，而在各种社交场合，他能和大家打成一片。朋友小林十分敬佩他，不过，他始终没能找到小罗的秘诀。

有一天晚上，小林参加一个小型的社交活动，一到场他就看见了小罗和一个气质高雅的女士坐在角落里。小林发现，那位年轻的女士一直在说，而自己的朋友小罗好像一句话也没说，只是偶尔笑一笑，点点头。回家的路上，小林忍不住问小罗："刚才，那位年轻的女士好像完全被你吸引住了，你是怎么做到的？"小罗笑着说："刚开始我只是问她：'你的肤色看起来真健

康,去哪里度假了吗?'她就告诉我她去了夏威夷,还不断称赞那里的阳光、沙滩,之后顺理成章地她就开始讲起了那次旅行,接下来的两个小时她都一直在谈夏威夷,最后,她觉得和我聊天很愉快,可是,我实际上并没有说几句话。"

看了这个故事,我们应该清楚小罗为什么总是那么受欢迎了吧?是的,原因就是认真地倾听,其实,在沟通过程中,倾听是对谈话者最基本的尊重,同时,也是有效沟通的前提。懂得倾听,认真地倾听,让对方感受到你的注意力,让他觉得你对他所谈的内容很感兴趣,那么,他和你的心理距离就会缩短。在这样友好的氛围中,对方更容易对你产生好感,自然也很容易被你打动。

有一次,乔·吉拉德拜访了一位有趣的客户,一开始,客户就喋喋不休地谈论看自己的儿子,他十分自豪地说:"我的儿子要当医生了。"乔·吉拉德惊叹道:"是吗?那太棒了!"客户继续说:"我的孩子很聪明吧?在他还是婴儿的时候,我就发现他相当聪明。"乔·吉拉德点点头,回应道:"我想,他的学习成绩非常不错。"客户回答说:"当然,他是他们班上最棒的。"乔·吉拉德笑了,问道:"那他大学毕业打算干什么呢?"客户回答:"他在密歇根大学学医,这孩子,我最喜欢他了……"话匣子一打开,客户就聊起了儿子在小时候、中学、大学的趣事。

第二天,当乔·吉拉德再次打电话给那位客户时,却被告知他已经决定在自己这里买车了,而客户做出这个决定的原因很简单,他说:"当我提起我的儿子吉米有多棒的时候,他是多么认真地听。"

认真地倾听,使得乔·吉拉德打动了客户,赢得了一份订单,如此看来,"倾听"确实是一个讨人喜欢的行为。在日常交际中,我们习惯用语言来交流思想,用心来沟通感情,但是,沟通与交流需要的只是语言吗?这是否定的,在很多时候,我们都很容易忽视耳朵的作用,也就是倾听。倾听是一种交流,更是一种亲近的态度,只有倾听才能领略别样的风景,只有倾听才能真正地走进对方的心里。

1. 少说多听，使你受益无穷

布里德奇说："学会了如何倾听，你甚至能从谈吐笨拙的人那里得到收益。"倾听并不是没有任何意义的随声附和，一个优秀的倾听者可以从说话者那里获取大量的信息，赢得对方的喜欢，达到打动人心的目的。

2. 倾听也是需要技巧的

倾听也是有技巧的，除了听之外，还需要适时地重复对方话语中的关键字眼。当然，倾听比说话更需要毅力和耐心，假如你只是埋头玩自己的手机，或者把头瞥向一边，这样无疑会打击说话者的积极性。

3. 倾听是沟通的前提

只有听懂了别人所表达的意思的人才能沟通得更好，倾听是说话的前提，先听懂别人的意思，再表达出自己的想法和观点，才能更有效地沟通。同时，听懂了别人的意思，我们才有机会掌握沟通的主动权，如此，也更容易打动人心，达到办事成功的目的。

二、白德巴定理：话不在多，精练才行

白德巴定律认为："能管住自己的舌头是最好的美德，而善于约束自己嘴巴的人，会在行动上得到最大的自由。"它给我们这样的启示：话不在多，精练才行。在现实生活中，许多人说话有一个明显的弊病，那就是非常啰嗦，他们把一些极为简单的问题复杂化。本来可以三言两语就能说清楚的问题，他非要重复无数遍，结果越说越离谱，自己也搞不懂在说些什么。人们通常会从一个人的说话看这个人的做事风格，说话干脆、不拖泥带水的人，大多是自信心很强、办事果敢的人；而那些长篇大论、废话连篇的人，则通常都是思维比较迟钝，做事也显得犹豫不决、优柔寡断的人。那些思维和

认识能力都极为突出的人,说话就会简洁精致,不会把一句话翻来覆去地说。而在当今社会中,由于生活节奏快,人们的时间观念很强,说话更需要精练,而拒绝拖泥带水。

1863年7月1日,美国南北战争中的一场决定性战役,在华盛顿附近的葛底斯堡打响了。经过三天的激战,北方部队大获全胜。战后,宾夕法尼亚等几个州决定合资在葛底斯堡建立国家烈士公墓,把牺牲的全体战士安葬在此。

公墓在1863年11月19日举行落成典礼,美国总统林肯也被应邀到会做演讲。这对于林肯来说,有很大的难度,因为这次仪式上的主要演讲者是美国前国务卿埃弗雷特,而林肯只是因为总统的身份,才被邀请在埃弗雷特之后讲几句形式上的话。林肯深知埃弗雷特的演讲水平,他被公认为是美国最有演说能力的人,尤其是擅长在纪念仪式上演讲。而林肯在他之后讲话,无疑有点"班门弄斧"之嫌,如果讲得不好,更会使自己总统的颜面丧失。

在落成典礼上,埃弗雷特那长达两个小时的演讲确实非常精彩。轮到林肯总统讲话了,出人意料的是,他的演讲只有十句话,而从他上台到下台不过两分钟的时间,但是掌声却持续了整整十分钟。林肯的演讲不仅仅是赢得了当时在场的一万多名听众的热烈欢迎,而且还在全国引起了轰动。当时有报纸评论说:"这篇短小精悍的演说简直就是无价之宝,感情深厚,思想集中,措辞精练,字字句句都很朴实、优雅,行文毫无瑕疵,完全出乎人们的意料。"就连埃弗雷特本人第二天也写信给林肯:"我用了两个小时总算接触到了你所阐明的那个中心思想,而你只用了十几句就说得明明白白。"林肯这次出色的演讲的手稿被收藏到图书馆,演讲词被铸成金文,存入了牛津大学,作为英语演讲的最高典范。

林肯在这次演讲中靠什么取胜?很大一部分是简洁,他那简短有力的演讲比长达两个小时的精彩演讲更深入人心。很多时候,简洁的讲话比那些长篇大论更容易被人们所接受,"浓缩就是精华",因为简洁,所以它所阐明的思想会更有深度;因为简洁,它所表达的意思更加清晰;因为简洁,它所彰显的内容会更有力度。

在剑桥大学的一次毕业典礼上,整个大礼堂里坐着上万名学生。他们在等候伟人丘吉尔的到来。在随从的陪同下,丘吉尔准时到达了,并慢慢地走入会场,走向讲台。

站在讲台上,丘吉尔脱下他的大衣递给随从,接着摘下帽子,默默地注视着台下的观众。一分钟后,丘吉尔才缓缓地说出了一句话:"Never give up!"("永不放弃!")

说完这句话,丘吉尔穿上了大衣,戴上帽子,离开了会场。整个会场鸦雀无声,霎时间掌声雷动。

这是丘吉尔一生中最后一次演讲,也是最精彩的一次演讲。他仅仅用了几个字,就将自己要演讲的内容说了出来,语言贵精不贵多,丘吉尔就是用最简洁的语言达到了这个目的。

1. 话不在多,达意则灵

最会说话的人,往往是语言简洁明了的人。语言的精髓,在精而不在多。那些喋喋不休的人可能是口才最差的人,说了一大堆,也没有说出主旨,反而还认为自己很棒。事实上,要真正地将自己的话说得高效,就必须让自己的语言简练,要能在最短的时间内让对方明白你所说的意思。

2. 简洁更有力度

在实际生活中,要想你的语言表达获得较好的效果,就必须讲究语言的简洁、精练,能让他人在较短的时间里获取较多而有用的信息。相反,如果你只是空话连篇,言之无物,那么就是浪费他人的时间。毕竟,简洁的话语显得更有力度,也更容易被听众所接受。

三、杰亨利法则：真诚的沟通永远最受用

杰亨利法则是以发明人杰瑟夫·卢夫特和亨利·英格拉姆的名字命名的。它的核心是坚信相互理解能够提高知觉的精确性并促进沟通的效果。杰亨利法则主张运用坦率真诚的沟通。在人际交往中，沟通是不可避免的，这其中的沟通问题同样也是不可避免的。坦率、真诚是人际关系中的重要元素，同时，也是促进沟通渠道畅通的有效保证。在任何时候，真诚都将是最受用的沟通方式。真诚是沟通的基础，无论对于说话者还是听话者来说，都至关重要。说话的魅力，并不在于说得多么流畅，多么滔滔不绝，而在于是否善于表达真诚。语言的美丽源于真诚，与人交往，贵在真诚。

曾经打败过拿破仑的库图佐夫，在给叶卡捷琳娜公主的信中说："您问我靠什么魅力凝聚着社交界如云的朋友，我的回答是'真实、真情和真诚'。"真诚，是说话成功的第一要素，把话说得真诚，话才足以动听，也才能够打动人心。白居易曾说："动人心者莫先乎于情"。隐藏在话语里的至真至诚往往能使"快者掀髯，愤者扼腕，悲者掩泣，羡者色飞"。把话说得漂亮，并不在于华丽辞藻的堆砌，而是话语中蕴涵的真意、诚意。说话如果只求外表漂亮，而缺乏其中的真诚，那么，它所开出的只能是无果之花，或许，这能欺骗别人的耳朵，但却无法欺骗别人的心。

北宋词人晏殊以说话真诚著称，就在晏殊十四岁的时候，有一次参加殿试，宋真宗出了一道题。晏殊看了试题之后，说："陛下，十天以前我已经做过这个题目了，就请陛下另外再出一个题目吧！"宋真宗见晏殊如此真诚，对他十分信任，并赐予了"同进士出身"。

在晏殊任职期间，他都在家里与朋友们闭门读书，而其他大小官员都吃喝玩乐去了。有一次，宋真宗点名要晏殊担任辅佐太子的职位，对此，许多

大臣都很疑惑,怎么会点一个"同进士出身"的人来辅佐太子呢?宋真宗说:"近来大小官员经常出门吃喝玩乐,唯有晏殊与朋友们每天在家读书、书写文章,如此自我谨慎之人,难道不是最合适的人选吗?"晏殊听了,笑了,他向宋真宗谢恩,然后解释道:"其实我也是一个喜欢游玩的人,但因家里贫穷无法出去,如果我有钱,也早就溜出去玩了。"宋真宗听了,十分赞叹晏殊说话的真诚,对他也就更加信任了。

美国总统林肯曾说:"一滴蜂蜜要比一加仑胆汁能吸引更多的苍蝇。人也是如此,如果你想赢得人心,首先就要让他相信你是他最真诚的朋友。那样,你就会像一滴蜂蜜那样吸引住朋友的心,这也就是一条坦然大道,通往他的理性彼岸。"用真诚的话语打动人心,这本来就是最佳的沟通方式。

当公司还是一个小工厂的时候,王姐作为公司的领导,她总是亲自出门推销产品。而每次碰到砍价比较厉害的对手的时候,她总是真诚地说:"我的工厂只是一家小作坊,这大热天的,工人们在炽热的铁板上加工制作产品,汗流浃背,他们该是多辛苦啊,但是,一想到客户,他们依旧努力工作,好不容易才制造出了这些产品。为了对得起这些辛苦的工人,我们还是按照正常的利润计算方法,你看如何?"

听了这样真诚的话,客户开怀大笑,说:"许多来找我推销产品的人在讨价还价的时候,总是说出种种不同的理由,但是你说得很不一样,句句都在情理之中。我也能理解,你和你手下的工人都很不容易,好吧,我就按你开出的价格买下来好了。"

王姐的成功,在于真诚的说话态度,她的话语充满了情感,描述了工人工作的辛苦、创业的艰辛。从表面上看,语言本身并无矫饰,异常淳朴,但是,正是语言的真诚、自然,唤起了他人内心深切的同情。恰恰是王姐通过语言表达出来的真诚,换来了对方真诚的合作。在生活中,人与人之间应该以真诚相待,不管是朋友还是老板,当你袒露了自己的真诚,相应地,你也将收获对方给予的真诚。

在日常生活中,虽然说话流利、滔滔不绝,语言表达十分流畅优美,但若是缺少了其中的真意、诚意,也就失去了所有的吸引力。如此的说话就如同一束没有生命力的绢花,很美丽,但不鲜活动人,缺少魅力。在说话过程中,我们首先应该想到的是如何把自己的真诚融入到语言中,如何把自己的心意传达给他人,因为只有当对方感受到你的真诚的时候,他才会打开心门,接受我们的表达的看法,而彼此之间也才会有继续交流的机会。毕竟,只有把话说得真诚,话才会动人,也才会打动人心。

四、位差效应:双方平等的基础上沟通更自然

司马光在《资治通鉴·唐纪·四十五中》称:"下之情莫不愿达于上,上之情莫不求知于下,然而民恒苦上之难达,上恒苦下之难知,若是者何?九弊不去故也。所谓九弊者,上有其六而下有其三:好胜人、耻闻过、骋词给、眩聪明、厉威严、恣强愎,此六者,群上之弊也;谄谀、顾望、畏愞,此三者,臣下之弊也。"在这里,司马光所论述的可能是最早的"位差效应"了。阻碍人与人之间信息和情感沟通的因素很多,但最主要的恐怕还是交流双方因地位或角度不同而造成的心理隔膜,这种情况被管理学者称之为"位差效应"。

位差效应本意大多指的是上下级之间,其意指:由于地位的不同而使人形成上位心理与下位心理,具有上位心理的人因处在比别人高的层次而有某种优势感,具有下位心理的人因处在比别人低的层次而有某种自卑感,一个有上位心理者的自我感觉能力等于他的实际能力加上上位助力,而一个有下位心理者的自我感觉能力等于他的实际能力减去下位减力。在现实生活中,我们大多有这样的经历:当我们的谈话对象是一个比自己地位高或威望大的人,我们的表现往往会失常,事先想好的话

可能会在手足无措中乱了套,进而导致尴尬的局面;反之,如果在一个地位或能力都不如自己的人面前,我们却可以一切应对自如,甚至,还有可能超常发挥。

在美国有位很有钱的富翁,但是,他却得不到别人的尊重,为此,他很苦恼,每天都想着如何才能得到他人的敬仰。一天,富翁在街道上散步,看到旁边有一个衣衫褴褛的乞丐,他心想自己的机会来了。于是,富翁便在乞丐的破碗中丢下了一枚金币,可是,乞丐却头也不抬,自己忙着捉虱子,富翁感到很生气,说道:"你眼睛瞎了吗?没看到我给你的金币吗?"乞丐还是没有正眼瞧他,回答说:"给不给是你的事,不高兴你可以拿回去。"富翁很生气,又丢了十个金币在乞丐的碗中,心想这一次乞丐一定会趴着向自己道谢,却不料,那个乞丐还是不理不睬。

富翁几乎要跳起来了,咆哮道:"我给你十个金币,你看清楚,我是有钱人,好歹你也应尊重我一下,道个谢你都不会?"乞丐懒洋洋地回答:"有钱是你的事,尊不尊重则是我的事,这是强求不来的。"富翁一下子着急了,说道:"那么,我将我的一半财产分给你,能不能请你尊重我呢?"乞丐翻着白眼看着他,说:"给我一半财产,那我不是和你一样有钱了吗?为什么要我尊重你呢?"一着急,富翁说道:"好,我将所有的财产都给你,这下你愿意尊重我了吧?"乞丐回答道:"你将财产都给我,那你就成了乞丐,而我成了富翁,我凭什么要尊重你?"富翁一下子好像明白了什么,他抓住乞丐的手,真诚地说了一句:"谢谢你!"乞丐改变了之前的态度,正视着富翁的眼睛说:"不用客气,请您慢走。"

最后,富翁明白了:即使是乞丐,对他而言,他也需要平等的沟通,而只有在平等的基础上,自己才能得到应有的尊重。刚开始的时候,富翁总是以高人一等的姿态与乞丐说话,结果,连乞丐都不搭理他,他以什么样的姿态对别人,别人就会以什么样的姿态来回敬他。真正的尊重来自于平等基础的沟通。

从客观上讲,在我们与他人的交流过程中,应尽自己的最大努力获取信息。日本管理学家证实:信息每经过一个层次,其失真率为 10% ~ 15%;而上级向他的直接下属所传递的信息平均只有 20% ~ 25% 被正确理解,而下属向他的直接上级所反映的信息被正确理解的则不超过 10%。当然,他也提到了:"平等的交流,极少存在上位和下位之分,故其沟通和交流的效率可达到 90% 以上。"对此,在现实生活中,我们应该平等的沟通,这样的交流才会更自然,也更容易打动人心。

1. 互相了解

在沟通过程中,平等的交流包括双方的互相了解。放开自我,让对方了解你的需求,了解你的难处,让对方知道你需要什么样的帮助。同时,你也需要了解对方的需求,让对方感到你是理解的。

2. 站在别人的角度想问题

在沟通中,需要时刻站在别人的角度想问题。多考虑别人的感受,如果你是上级,不要不分场合地教训人;多把事情往好处想,少盯着别人的缺点;给对方多一些赞扬,少一些批评。

五、登门槛效应:说话有层次感才易被接受

登门槛效应,也称得寸进尺效应,是指一个人一旦接受了他人的一个微不足道的要求,为了避免认知上的不协调,或想给他人以前后一致的印象,就有可能接受更大的要求。这种现象,犹如登门槛时要一级台阶一级台阶地登,这样能更容易、更顺利地登到高处。其实,每个人都有一种在他人面前保持形象一致的心理需求,他们不希望自己被看做是反复无常的人。基于人们这样的心理,我们需要巧妙利用登门槛效应,一步步说理,使说话呈现出一定的层次感,这样会令对方欣然接受。

美国社会心理学家弗里德曼与弗雷瑟在1966年做了这样一个现场实验：实验者让助手到两个居民区劝人们在房前竖一块写有"小心驾驶"的大标语牌。在第一个居民区向人们直接提出这个要求，结果遭到很多居民的拒绝，接受的仅为被要求者的17%。在第二个居民区，先请求各居民在一份赞成安全行驶的请愿书上签字，这是很容易做到的小小要求，几乎所有的被要求者都照办了。几周后再向他们提出竖牌子的要求，结果接受者竟占被要求者的55%。

同样都是竖牌子的要求，却产生了不同的结果，为什么呢？原因在于如果你向对方提出一个微不足道的要求，对方往往难以拒绝，否则，就显得他太不近人情了。于是，一旦接受了这个请求，就仿佛跨越了一道心理上的门槛。当你再次提出较高的请求时，这个要求和前一个请求有了继承的关系，对方就容易顺理成章地接受了。

在钟表店里，一只组装好的小钟，放了两只老钟的当中，其中一只老钟对小钟说："天啊，这么小的钟等你一年走完3200万次恐怕便吃不消了！"小钟吃惊地说："要走那么多次?!我可办不到。"另一只老钟说："别听它胡说，你只要每一秒'滴答'一下就可以了。"小钟将信将疑地说："啊？这么简单吗？"就这样，小钟很轻松地在每秒的"滴答"声中，不知不觉地走完了一年，它回过头一算，自己果然摆动了3200万次。

登门槛效应给我们的启示是，当我们需要向对方提出一个比较大的要求时，可以先不直接提出，因为这个要求很容易被对方所拒绝。在这时，你可以先提出一个较小的要求，一旦被答应下来，再提出那个较大的要求，这时候才会有更大的被接受的可能性。当我们在说服对方的时候，也需要灵活运用这一效应。

豆豆早晨喜欢赖床，每天早上到了八点才起床，爸爸向豆豆提出了要求："以后每天早上提前两个小时起床读书。"豆豆听了立即表示抵触，妈妈见此情景，用商量的语气说道："那先每天提前十五分钟起床好吗？"豆豆听了马上就答应了,过了一段时间,妈妈又提出再提前十五分钟起床的要求,豆豆也很爽快地答应了。就这样,用了不到两个月的时间,豆豆完全做到了每天提前两个小时起床。

在这里,妈妈所使用的心理策略就是典型的登门槛效应。比如,对一个推销员来说,当他可以令客户打开门,跟客户展开交谈时,其实,已经取得了一个小小的进步。在这种情况下,假如他能够说服客户看一看他的产品的话,那么,他就可以再提出"购买产品"的要求,而且,这样的要求很有可能被满足。

下面我们来看一看如何运用登门槛效应。

1. 降低要求的"门槛"

如果你想要顾客购买自己的糖果,需要降低自己要求的"门槛",不妨先说"这是我们店刚进的新品种,清甜可口,甜而不腻,请您随便品尝,千万不要客气",对方在"恭敬不如从命"的心理状态下品尝了糖果,这时候你再提出"购买"的要求,对方往往不会拒绝。

2. 先提出一个微不足道的要求

一般情况下,很多男生都是这样"追求"女孩子的:"这道题我不是很理解,你能帮帮我,给我讲解一下吗?"之后,紧接着说:"顺路,我送你回家吧"……就这样一步步"说服"对方成为自己的女朋友,而且,由于是遵循了"登门槛效应",在整个过程里,对方不会有不安的感觉。

3. "哪怕一分钱也好……"

心理学家 D. H. 查尔迪尼代替某慈善机构做一次募捐活动,他对一些人说了一句话:"哪怕一分钱也好",结果这些人的募捐要远远高于另外一些人。当我们再向对方说出"哪怕……也好"的时候,就会产生登门槛效应,使得对方欣然接受我们的请求。

六、用你的神态语言抓住对方的心

在日常交际中,一次再简单不过的沟通都会包括语言与非语言两个部分,其中神态就是属于非语言部分的。当然,也有不少人认为沟通的方式有三种:语言、文字、神态。按其重要性依次排为:神态、语言、文字。这主要是因为神态完全由你的心态控制,正所谓"相由心生",说的就是这个道理。大多数人会把忧虑感、紧迫感、厌恶等统统写在脸上,不过,也有一些人不会把自己的喜怒哀乐表现在脸上。所以,我们在沟通中,要善于利用神态语言来向对方传递自己的想法,从而达到打动人心的目的。

从心理学上说,每个人的神态都反映着其相对的心理状态。比如,一个身体健康、心情愉悦的人,他的神态往往表现为红光满面、神采奕奕;相反,苦恼忧愁的人通常会愁云密布、眉头紧锁。其实,面相即为心相,一个人所自然表现出来的神态就是其心理,而且人们还习惯于利用神态语言来使对方理解自己的用意。

《红楼梦》里,湘云给袭人带来绛纹戒指,黛玉笑她在"前日"没有让人把袭人的一同带来,"是个糊涂人"。湘云做了一番分辩。这时,宝玉、黛玉、宝钗等几个人都笑了。宝玉笑道:"还是这么会说话,不让人。"黛玉听了,冷笑道:"她不会说话,就配戴'金麒麟'了!"一面说,便起身走了。幸而诸人都不曾听见,只有宝钗抿着嘴儿一笑。宝玉听见了,倒自己后悔又说错了话;忽见宝钗一笑,由不得也一笑。宝钗见宝玉笑了,忙起身走开,找了黛玉说笑去。

虽然大家都在笑,但却由于每个人的心理不一样,最后他们所表现出来的"笑"这个神态语言也是千差万别的。宝玉笑得很亲热,给人一种亲切的感觉,因为他习惯了与湘云开玩笑;黛玉的笑是妒忌的"笑",她担心宝玉会因为金麒麟与自己生隙，顿生妒忌之情，而且这样的心理影响到了宝玉，"宝玉听见了，倒后悔自己又说错了话"；宝钗则是幸灾乐祸的"笑"，后来宝玉见宝钗笑了，也自我解嘲地"笑"了。宝钗见宝玉笑了，却又忙着走开，找黛玉"说笑"了，这里的"笑"是为了掩饰自己与宝玉的相视而笑。

在交际中，神态语言是作为传情达意的一种重要沟通方式，它指的是通过眼神、动作、面部表情等来表达内心思想的一种非语言形式。神态语言不仅彰显着自己的喜恶，更为重要的是，通过自己一颦一蹙的变化展现自己的内心世界。在现实生活中，不同性格、身份、经历的人，他们会有各种不同的神态。即使在同一事件中、相同的情况下，神态也是各不相同的。而且，单纯的神态语言并不能完成一次沟通，它必须根据事件、环境、心境的状态恰如其分地表现出来。

当我们表达内心思想情感的时候，可以使用较多的神态语言。在其中，我们需要记住的是：神态语言在表达时要准确、清楚。至少能给对方一个大的方向，否则对方也会摸不着头脑，不知道你所表达的真正用意是什么。这样一来，对方的心门也不会为你打开。那么，在实际沟通中，我们该如何利用神态语言打动人心呢？以下简单介绍几种方法。

1."我很感兴趣你说的话题"

在双方的沟通过程中，作为倾听者，可以通过一定的神态语言表示"我很感兴趣你说的话题"。如身体前倾，以头部动作和丰富的面部表情回应说话者，或点头表示"你说得对"；微笑表示"赞同、认同对方所说的一切"；惊讶的表情表示"出乎意料"。当然，在整个倾听过程中，需要保持全神贯注的神态。这样，才能表现出你对其的说话十分感兴趣，对方也会很容易被你打动的。

2."我很有礼貌"、"我是一个彬彬有礼的人"

谈话过程中，眼睛适当地注视对方，这是一种尊重，说"我爱你"时，眼神要含情脉脉地望着对方；随时保持微笑，可以胜过千言万语，以优雅而迷人的神态打动对方。

3."我很在意你"、"我正在吃醋"

青年男女在恋爱的过程中,经常会向对方暗示"我很在意你""你不能和那个女生靠得太近了""我正在吃醋"等这样的信息。在很多时候,他们也会利用神态语言来令对方理解自己的用意,比如听了对方的解释就"冷笑",或者黯然神伤等。

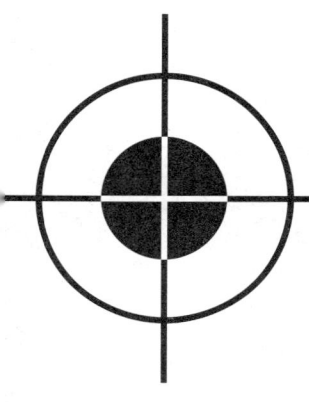

第十五章

谈判有道，字字珠玑方能稳得头筹

在日常工作中，谈判其实就是一个妥协的过程，通过双方的妥协使之达到平衡，从而实现双赢。当然，要想在谈判中赢得头筹，我们应该有一定的心理策略，少说多听，字字珠玑，判断对方的底线在哪里，从而达到自己的谈判目标，实现利益最大化。

一、先让对方开口，你才能句句对准其心理

俗话说："商场如战场。"在谈判桌上，为了避免受到对手的攻击，人们总是千方百计地掩盖自己的心理，而"紧闭嘴巴"则成为其掩盖自己心理的有效方法之一。试想，若是什么都不说，对方当然不知道自己在想什么，自然是胜券在握。反之，谁说得比较多，谁暴露出来的信息就比较多，他也就容易处于被动的地位了。因此，为了自己能占据主动地位，应该让对方先开口。更为关键的是，只有让对方先开口，你才能探得一些信息，在接下来的谈话中，也才能句句对准其心理了。

几年前，美国一家最大的汽车公司正在接洽采购一年中所需要的坐垫布。消息一传出来，立即有三家厂商把样品送去备选，这家汽车公司的高级职员验看后，便要求每家公司各派一位代表前来商谈，再决定选购哪家厂商的东西。

琪勃是其中一家厂商的代表，就在那天，他却患了严重的喉炎。当琪勃先生和其他厂商去见汽车公司那些高级职员时，他竟哑了嗓子，几乎连一点声音都发不出来。他们被带进了一间办公室，跟里面的纺织工程师、采购经理、推销主任和那家汽车公司的总经理一一见了面。当琪勃站起来想要说话时，却只能发出沙哑的声音来。大家是围绕一张桌子坐着的，琪勃的喉咙发不出声音，只好用笔把话写在纸上："诸位先生，我嗓子哑了，不能说话，你们先说吧。"于是，其他厂商代表纷纷开始讲起来，每到一个厂商讲话的时候，该汽车公司的总经理都会提出自己的某些看法。而坐在旁边的琪勃则会把那些信息记下来，再综合自己产品的信息进行分析。

等到大家都讲完了，琪勃开始嘶哑着声音说："大家都说得差不多了，我

来说说我们公司的产品吧……"由于之前琪勃收集了该汽车公司经理的一些信息,他已经知道了该汽车公司经理看重产品的哪方面,不介意产品的哪些方面,因此,他避重就轻地谈了其公司产品的特点,短短几句话,赢得了经理的认可。当然,最后,这家汽车公司向琪勃订购了五十万码(1 码 = 0.9144 米)的坐垫布,总价是一百六十万美元。

也许,这份订货单是琪勃至今为止所经手过的最大的一份,但是,琪勃很清楚如果不是自己喉咙嘶哑,说不出话来,他就会失去那份订货合同,因为他在之前对整个事情都有错误的观念,以前,他总是觉得自己越先开口,越能掌握话语的主动权。但通过这次经历,琪勃发现原来让别人先开口讲话,这是很值得的。

小王是一个推销员,经常是天南海北地跑。有一次,他出差到了杭州,工作任务是与商家洽谈一笔生意。

到了约定的时间,小王来到酒店,双方代表面对面落座。小王注意到对方是一个不苟言笑的人,而且,见到小王来了,他还在低着头看报纸。小王觉得有些纳闷儿,就主动向对方打招呼:"最近杭州天气比较热啊?"没想到,那位谈判对手头也不抬,冷漠地回答:"杭州都是这样的天气。"小王并没有放弃想交流的欲望,他继续问:"听口音您不是本地人吧?""噢,山东枣庄人。"对手抬起头来,警觉地看了小王一眼。"啊,枣庄是个好地方!读小学的时候,我就在《铁道游击队》的连环画上知道了。两年前去了一趟枣庄,还在那边玩了两天呢,很不错,真是个好地方。"听了小王的话,那位"枣庄人"精神为之一振,马上坐直身子放下报纸,先是递烟,又与小王互赠名片。两人越聊越高兴,晚上相约一起进餐。就在当天晚上,双方就谈成了互惠互利的一笔生意。

如果对手不先开口,小王就无法详细地了解对方,自然也就没有办法谈成生意了。在谈判过程中,谁先开口,谁谈论得比较多,谁暴露的信息就比较多。而作为其对手,我们应该从其所谈论的话题中洞悉其心理,这样,在接下来的言语交锋中,我们才能对准其心理,达到办事成功的目的。

1. 尽量让对方多聊他自己

成功的沟通是尽可能地让对方多谈论他自己,大多数人,当需要别人去赞同自己意见的时候,失败的原因就在于话说得太多了,特别是一些推销员,他们很容易犯这个错误。其实,要想取得良好的谈话效果,你应该让对方尽量聊他自己,表达出自己的意见,或者说,应该你问他问题,让他来告诉你一些事情,这样,你才能摸清对方心里到底在想什么。

2. 善于提问

潜能大师安东尼·罗宾说过:"对成功者与不成功者最主要的判断依据是什么呢?一言以蔽之,那就是成功者善于提出好的问题,从而得到好的答案。"在谈判过程中,善于提问是很有必要的,一个好的提问可以引发一次愉快的沟通,而一次愉快的沟通会让你获得更多的信息。

二、"僵局"出现,灵巧缓和场面

有时候,在商务谈判过程中,由于双方所谈问题的利益要求差距比较大,而彼此又不肯做出让步,因此导致双方因暂时不可调和的矛盾而形成了针锋相对的局面。谈判桌上之所以出现这样的局面,其原因是双方的观点、立场的交锋是持续不断的,当利益冲突变得不可调和的时候,僵局变出现了。当僵局出现后,如果不进行及时地处理,就会对接下来的谈判顺利进行产生不利的影响。当然,谈判过程中出现针锋相对的局面并不等于谈判的破裂,不过,它会严重影响到谈判的进程,在这时,我们需要灵巧地缓和场面,突破僵局,适时选择有效的方案,使谈判双方重新回到谈判桌上来。

在谈判过程中,针锋相对的局面随时都有可能发生,任何话题都有可能形成分歧与对立。从表面上看,僵局产生往往是防不胜防的,但其实,真正令谈判陷入危机的是由于双方感到在多方面谈判中与期望相差甚远。对此,谈判专家总结说:"许多谈判僵局和破裂是由于细微的事情引起的,诸如谈判双方性格的差异、怕丢面子以及个人的权力限制,等等。"有时候,谈判的一方会故意制造僵局,他们有意给对方出难题,搅乱视听,甚至引发争吵,这样,就能迫使对方放弃自己的谈判目标而向自己的目标靠近;有时候,则是双方对某一问题各持自己的看法和主张,产生了意见分歧,这样,越是坚持各自的立场,双方之间的分歧就会越大。当然,不管出于何种原因导致的僵局,作为谈判的一方,我们都应该及时缓解局面,以灵巧的策略缓和场面,促进谈判的顺利进行。

卡普尔任美国电报电话公司负责人的时候,在一次董事会上,众位董事对他的领导方式提出了质疑,顿时,会议气氛变得异常紧张。

一位女董事率先发难:"公司去年的福利,你支出了多少?"卡普尔回答说:"九百万美元。"那位女董事当场惊叫起来:"天啊,你疯了,我真受不了。"听到如此尖刻的发难,卡普尔轻松地回了一句:"我看那样倒好!"这时,会场意外地爆发出了一阵笑声,就连那位女董事也忍俊不禁,而紧张的气氛也随之缓和了下来。

谈判是正式的谈话,很容易在彼此之间形成一种严肃而又紧张的气氛。当谈判的一方就某个问题发生争执,各持己见,互不相让,横眉冷对的时候,这样的环境更容易使人产生压抑的感觉。当然,谈判代表一旦处于这样的心境,是很不利于整个谈判的进行的。这时,你不妨幽默一下,以巧言缓解僵局,将原本严肃而紧张的气氛变得愉快、和谐,那么,谈判桌上争论了几个小时无法解决的问题,在这时或许就会迎刃而解了。

某跨国公司总裁访问一家中国著名的制造企业,商讨合作发展事宜。中方总经理很自豪地向客人介绍说:"我公司是中国二级企业……"这时,翻译人员很自然地用"Second - Class Enterprise"来表述。

不料,该跨国公司总裁闻此言,本来兴致很高的他突然间变得冷淡起来,敷衍了几句立即起身告辞。在回去的路上,他抱怨道:"我怎么能同一个中国的二流企业合作呢?"

在谈判过程中,有时候就连一个小小的沟通障碍,也会直接影响到谈判的顺利进行。而一旦遭遇了僵局,就如同结了冰的河流,交流无法继续。这时候,如果处理不好就会导致谈判无法顺利进行,所以,这时你不妨巧言一句"破冰"开,不仅能够很好地化解尴尬、窘境,而且还会使交流更畅通无阻。

1. 冷静思考

在谈判过程中,有的人会脱离客观实际,盲目地坚持自己的主观立场,甚至,忘记了自己的出发点。由于固执己见,往往会引发矛盾,当矛盾激化到一定程度时,就会形成僵局。所以,谈判的一方在处理僵局的时候,要防止过激情绪所带来的干扰。在僵局出现的时候,要头脑冷静,这样才能理清头绪,正确分析问题,也才能有效打破僵局。

2. 协调双方的利益

当谈判双方在同一个问题上发生尖锐对立,且各自有自己的理由,谁也**说服不了对方**,又不能接受对方提出的条件,从而使整个谈判陷入了针锋相对的局面时,**作为谈判的一方**,应认真分析双方的利益所在,只有平衡了彼此的利益关系,才有可能打破僵局。有效的方法是:双方从各自的眼前利益和长远利益两个方面来看问题,**协调平衡**,寻找出双方都能接受的平衡点,达成最终的协议。

3. 顺水推舟

有时候,对方无意之中出了丑,感到很尴尬,这时候你不妨顺着他这个糗事,使当事人摆脱尴尬。比如,服务员不小心把酒洒到了将军的秃头上,将军只是笑着说:"小伙子,我这脑袋秃了二十多年,你这个方法我也试过,可是根本不管用,但还是**谢谢你**!"

4. 巧借情景做文章

有时候,会遭遇突发事件,若处理不当就会导致尴尬,这时候可以采用"情景法"。比如,大学教授跌倒了,引来同学们哄堂大笑,但他却说:"人生就是这样,跌倒了爬起来,再跌倒了再爬起来。这样,你才会更坚强,更成熟。"

三、木桶定律:勿让对方攻击你的短处

木桶定律,是由美国管理学家彼得提出来的,在他看来,组成木桶的木板如果长短不齐,那么,木桶的盛水量不是取决于最长的那一块木板,而是取决于最短的那一块木板。换句话说,一个人的长处或短处往往是优劣不齐的,但其劣势却是其最薄弱的部分,可以击垮整个人。"木桶定律"给我们这样的启示:只有桶壁上的所有木板都足够高,那水桶才能盛满水;只要这个水桶里有一块木板不够高度,水桶里的水是不能盛满的。在现实生活中,每个人都有自己的长处与短处,我们从来不介意别人赞扬自己的长处,但却非常痛恨别人攻击自己的短处。短处是我们最薄弱的地方,一旦遭受攻击,就击垮了我们的整个心境。对此,在谈判过程中,要在"木桶定律"的基础之上保护自己,勿让对方攻击你的短处。

美国传奇式篮球教练佩迈尔所带领的迪尔大学篮球队曾获得过39次国内比赛的冠军,使球迷们为之倾倒。可是有一年,他的球队在蝉联第29次冠军后,遭到一次空前的惨败。比赛一结束,记者们蜂拥而至,把佩迈尔团团围住,问他这位败军之主此时此刻有何感想。他微笑着,不无幽默地说:"好极了,现在我们可以轻装上阵,全力以赴地去争夺冠军了,背上**再也没有冠军的包袱了**。"听了这话,记者们竖起了大拇指。

也许,作为公众媒体的记者有可能想从中挖掘到一些失败的"信息",但佩迈尔幽默含蓄的表达方式改变了他在记者心目中的形象,使记者感到他

并不是一个失败者,而是一个绝对的胜利者。面对无礼者的言语攻击,我们并不需要正面回应,而是要巧妙地迂回,以此来躲过对方的攻击。

在一次记者招待会上,一位西方记者问周总理:"请问,中国人民银行有多少资金?"周总理听出他是在讥笑中国贫穷。对此,周总理并没有正面回答,而是巧用迂回、避实就虚地说:"中国人民银行货币资金嘛,有8元8角8分。"接着,周总理做了这样的解释:"中国人民银行发行的面额为1元、5元、2元、1角、5角、2角、1分、5分、2分,合计为8元8角8分。中国人民银行是由全国人民当家做主的金融机构,有全国人民做后盾,信用卓著,实力雄厚,它所发行的货币,是世界上最有信誉的一种货币,在国际上享有盛誉。"

在这个案例中,西方记者企图击中中国国情的短处,却不料被周总理巧妙地避开了。其实,在日常交际中,若是遇到对方想攻击自己的短处,我们可以以多种策略避开对方的攻击。比如说话绕圈子,绕道而行;用比喻、影射的方法举例说明;讲故事,说寓言;找出彼此之间的关系;采用游击战术,不正面冲突,拖延时间,静观其变,等等。

那么,我们在使用这些心理策略时应该注意哪些方面呢?

1. 保持平和的情绪

遭遇对方的言语攻击,我们需要做的就是不要激动,学会控制自己的情绪。在这个时候保持平和的情绪,对反击对方十分有利,一方面可以表现出自己的涵养;另一方面可以冷静、从容地思考出最佳的对策。

2. 含蓄地表达

对他人无理的言语攻击,我们可以含蓄地表达自己的不满情绪,但不宜锋芒毕露,而是需要旁敲侧击,可使对方无小辫子可抓,这样的表达方式更有效果。

3. 适当反击

面对他人的言语攻击,我们不仅需要巧妙迂回,保护自己的要害处,而且还需要做出适当的反击，一下子击中对方要害，使对方哑口无言，令对方刮目相看。

四、墨菲定律：把话说得滴水不漏，才能稳赢不败

墨菲定律，是由工程师爱德华·墨菲提出来的，墨菲曾参加美国空军，在空军训练营里，他做了MX981实验，目的是为了测定人类对加速度的承受极限，其中有一个项目是将16个火箭加速度计悬空装置在受试者上方，令人感到奇怪的是，有人竟将16个加速度计全部装在错误的位置。对此，墨菲提出了这样一个著名的论断："如果有两种或以上的选择，其中一种将导致灾难，则必定有人会做出这种选择。"通俗地说，事情如果有变坏的可能，不管这种可能性有多小，它总会发生。或许，很多人不知道，任何事情都没有表面上看起来那么简单，所有的事情都比自己预计的时间长。在事情发展的过程中，如果你担心某种情况的发生，那么，它就更有可能发生。说话跟做事是一样的道理，在说话的时候，我们需要考虑清楚，做到"慎言"，将话说得滴水不漏，方能稳得头筹。

通过墨菲定律，我们得到这样的启示：人类与生俱来的弱点就是容易犯错误，无论科技如何发展，但一些事故却总是频繁发生。虽然我们解决问题的方法变得越来越高明，但我们所面临的麻烦也越来越严重。为了避免麻烦的产生，无论是说话还是办事，我们都应在事前尽可能想得全面一些；把事情想得周全，把话说得滴水不漏，方能稳赢不败。在现实生活中，处处都是墨菲定律的实证，比如2003年的"哥伦比亚"号航天飞机失事，一次事故之后，人们总是积极寻找事故的原因，防止下一次事故的发生。所以，在谈判过程中，千万不要妄自尊大，要清楚你不可能成为上帝，因此你不妨表现得谦虚一点、无知一点，说话周密一点，这样事情才有可能

成功。

　　暑假期间，火车上十分拥挤。一位年轻姑娘中途上车，见两张对面坐席上坐着三个年轻人，而旁边座位正好空着，就走了过去问："同志，这儿没人吧？"对方回答："没有。"年轻姑娘于是放下东西，准备就座。不料，一个男青年竟突然把腿放到了坐位上。姑娘一楞，问："你这是为什么？""因为你不会说话。"那个男青年故意刁难。"那么，请问该怎么说？"姑娘好意请教，对方眯起眼睛装腔作势地说："看来你是井底的青蛙，没见过多大的天地。让大哥告诉你。你得这样说：'大哥。这有人吗？小妹我坐这可以吗？'哈哈哈……。"

　　说完，便肆无忌惮地狂笑起来。姑娘脸上一阵发烧，心里很生气，但转念一想："不对，有道是：兵来将挡，水来土掩。你耍贫嘴，我难道没口才不成？"于是，姑娘说："听你这一说，我确实没有见过你们这种独特的'礼貌'方式。不过，你们既然见过世面，又有自己独特的'礼貌'方式，见了我，就应按你们的'礼貌'方式办事才对。""你说怎么办？"男青年不解地问。"那还不容易？看见我来了，就该起身肃立，躬身致礼，说：'大姐，这儿没人，小弟请你赏脸，坐这儿可以吗？'咳，可惜呀，你连自己的'礼貌'信条都做不到，还想教训别人，真是土里的蚯蚓，一点蓝天都没见过！"

　　男青年自作聪明地擅自卖弄口舌，没想到一番唇枪舌剑之后，他话语中的把柄却被姑娘抓了个正着。**姑娘短短的几句话，就反击了男青年的"谬论"，语气中透露出讥讽之意。出现这样的结果，就在于男青年没有使用缜密的语言**，想到什么就说什么，最终败在自己的言语陷阱里。

　　谈判过程中，有的事情是出乎我们意料之外的，事情的变化将意味着我们思绪的变化、语言的变化，遇到难题，应该懂得灵活说话，说话前多想想，一旦情况有变，你也能说出周密之言来。当然，要想说"缜言"，还必须得有一个缜密的思维。如果一个人想事情总是那么一根筋，那么，他就很难说出周密而全面的话。

另外，说话不要只顾自己的感受，任意而为，应该想想自己的语言会不会给他人带来一些麻烦。要想不给别人添麻烦，就需要考虑周全再开口，多方面考虑，多替别人想一想，这样我们做事的成功率就会大一些。

那么，在谈判过程中，我们如何才能将话说得更缜密呢？

1. 三思而后说

俗话说："三思而后行。"说话也一样，语言经过大脑的思考才更有说服力，而且，也能经得起对方的"检验"。所以，在谈判场合，无论面对怎样的谈判对象，我们都需要"三思而后说"，嘴边留个把门的，这样的言语才会显得缜密、谨慎。

2. 懂得随机应变

面对对方咄咄逼人的问题，有可能你会乱了阵脚，于是，那些不该说的话就会脱口而出。在这样的情况下，对方有可能会从你的话语中抓住把柄，并且伺机通过言语攻击你。因此，在面对别人的提问时，我们要懂得随机应变，把回答的话说得滴水不漏，让对方找不到把柄。

五、巧装糊涂，让对方主动不想与你"纠缠"

巧装糊涂，也就是故意装傻充愣，以此避开尖锐问题。当我们为了某种目的，在无对抗的条件下，通过交往中的语言，用含蓄、间接的方式表达出一定的信息，以此模糊对方的眼睛，掩盖自己的真实想法。在谈判过程中，许多话都不便于直说，这时便可以假装糊涂，故意说出一些无稽之语，来向对方传递一定的信息。当你假装糊涂地说"不知道"时，试想，再愚笨的人也知道你是不想回答这个问题了，识趣的人自然就会主动离开，不再与你纠缠。如果对方是一个不识趣的人，那也没有关系，你就再继续跟他装糊涂，那么，他无疑是自讨没趣。通过大量事实证明，装糊涂比直言快语更能凸显出表达效果,因为它所表现出来的委婉,既巧妙传达出了自己的意思,又保全了对方的面子。

1972年,正在苏联访问的美国总统尼克松将去苏联其他城市访问。苏共总书记勃列日涅夫到莫斯科机场送行。正在这时,飞机出现故障,一个引擎怎么也发动不起来了,机场地勤人员马上进行紧急检修,尼克松一行只得推迟登机。勃列日涅夫远远看着,眉头越皱越紧。为了掩饰自己的窘境,他故作轻松地说:"总统先生,真对不起,耽误了您的时间!"一面说着,一面指着飞机场上忙碌的人群问:"您看,我应该怎样处分他们?""不,"尼克松说,"应该提升!要不是他们在起飞前发现了故障,飞机一旦升空,那该多么可怕啊!"

尼克松话语里暗含讽刺、挖苦、指责,但这些却是以异常糊涂的话语表达出来,而勃列日涅夫听了只能苦笑,什么话也回答不上来。虽然尼克松表达了自己的"厌恶之情",但却没有说什么难听的话,若直接回击,反而会显得自己心胸狭窄。

在谈判过程中,很多时候我们都无法直接表达自己的想法,这时候就需要假装糊涂了,或说"我不知道",或是一脸无辜的表情看着对方,或是佯装打电话,以此来躲开对方的纠缠。

那么,在实际谈判过程中,我们该如何装糊涂呢?

1. 揣着明白装糊涂

很多时候,我们明白问题所在,但为了**掩盖自己的真实想法**,你可以装装糊涂,将尖锐的问题抛给对方。比如,在谈到某些问题的时候,如果你不想发表什么看法,你可以反问:"这是真的吗?"

2. 故意曲解成另外一种意思

有时候,我们也可以装傻充愣,把大家都认为是这样的意思故意曲解成另外一种意思,巧用糊涂话能很好地化解尴尬。

3. 委曲求全难得糊涂

在协商无果的情况下,为了长久的目标,为了整体的利益,我们不得不委曲求全、难得糊涂。装糊涂是一种策略,当自己的条件还不具备、时机还不成熟的时候,为了达到最终目的,可以先装糊涂,以此来应付对手。

参考文献

［1］吴维库.阳光心态［M］.北京：机械工业出版社,2006.

［2］吴文铭.受益一生的心理学启示［M］.北京：中国纺织出版社,2008.

［3］成果.心理学的诡计［M］.北京：中国纺织出版社,2010.

［4］吴若权.人脉经营术［M］.北京：中国长安出版社,2010.